최근 인공지능, 빅데이터 등 디지털 기술과 초연결 정보 네트워크가 촉발한 4차 산업혁명은 우리나라의 경제·산업 구조뿐 아니라 일자리의 형태 등 삶 전반에 근원적인 변화를 가져올 것으로 예상됩니다. 이 같은 변화의 시기에 성공적으로 대응한다면 우리 사회가 한 단계 더 도약하는 좋은 기회가 될 것입니다.

《4차 산업혁명 2018: 경험 가능한 미래》는 4차 산업혁명으로 인한 대표적인 변화를 산업, 라이프, 문화로 구분해 독자들에게 생생하게 전달하고 있습니다. 또한 4차 산업혁명론 주창자인 클라우스 슈밥 세계경제포럼 의장과 인더스트리 4.0의 세계적 권위자인 헤닝 카거만 독일 공학한림원 회장을 비롯해 4차 산업혁명 현장에서 활동하는 한국의 혁신 창업가들의 목소리를 담고 있다는 것도 큰 장점이라 할 것입니다. 이 책은 그동안 일반인들이 막연하게 느꼈던 4차 산업혁명의 현주소와 경제·사회의 미래상을 구체적으로 제시하고 있다는 점에서 미래를 준비하는 학생부터 직장인, 기업인뿐 아니라 정책 입안자에 이르기까지 추천할 만한 도서라고 생각됩니다.

저는 장관으로 취임한 이후부터 지속적으로 '실체가 있는 사람 중심의 4차 산업혁명'을 강조해왔습니다. 정부는 이 책에서 소개된 것처럼 다양한 분야에서 나타나고 있는 혁신적 변화를 국민들이 체감할 수 있도록 모든 역량을 집중할 계획입니다.

4차 산업혁명에 대한 이해도를 한층 높여줄 최신 동향과 미래를 대비하는 통찰력을 담은 이 책이 실체가 있는 4차 산업혁명을 슬기롭게 추진해 나가는데 유용한 나침반이 되기를 희망합니다.

과학기술정보통신부 장관

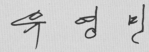

4차 산업혁명 2018

경 험 가 능 한 미 래

4차 산업혁명 2018

박혜민, 서지은 외 지음

북오름

그래서, 우리는 더 행복해질 수 있는 걸까

"4차 산업혁명이 대체 뭐지?"

이 책의 시작이 된 질문이었다.

촛불집회와 사상 초유의 대통령 탄핵, 그리고 이어진 새 대통령 선거 과정에서 만난 이 낯선 용어는 모호하기 짝이 없었다. 당시 대선 후보들은 일제히 자신이 4차 산업혁명을 이끌 적임자라고 장담하고 나섰다. 하지만 보통 사람의 상식으로는 대체 무슨 말을 하는 건지 알 수가 없었다.

산업혁명이 18세기 영국에서 증기기관의 발명으로 인해 시작됐다는 '상식'과도 안 맞는 거 아닌가. 2차 산업혁명에 대해서도, 3차 산업혁명에 대해서도 배운 적이 없는데 어느새 4차 산업혁명이라니 나도 모르게 그런 일이 벌어졌다는 말인가. 말도 안 돼.

뭔가 중요한 것 같기는 한데 뭔지는 모르겠고, 알긴 알아야겠기에 "4차 산업혁명이 뭐예요?"라는 질문을 던지기 시작했다.

장면 1. (임문영 인터넷 저널리스트를 만나)

"선배, 4차 산업혁명이 뭐예요?"

"음...... 그건 물고기 떼 같은 거야. 바닷속 거대한 물고기 떼가 어느 순간 방향을 바꿀 때가 있잖아. 그런 거야. 앞으로 산업의 방향이 바뀐다는 이야기지. 인공지능, 사물인터넷, 빅데이터, 센서 이런 핵심 기술들이 산업에 적용되는 순간 물고기 떼가 방향을 바꾸듯 세상이 바뀔 거야."

아, 그렇군. 인공지능은 들어봤다. 이세돌이 구글 알파고에게 1 대 4로 졌을 때.

장면 2. (김진형 지능정보기술연구원장을 만나)

"4차 산업혁명이 뭐예요? 인공지능이 제일 중요한 거죠?"

"사실 4차 산업혁명이라는 말 미국에선 안 써요. 디지털 트랜스포메이션이라고 하지. 3차 산업혁명이라는 말이 처음 나온 게 2011년인데 5년 만에 4차 산업혁명이 시작됐다고 할 수 있을까요. 중국은 인공지능 분야에 적극적으로 투자하고 있어요. 이대로 가면 우리나라는 뒤처지고 말 겁니다."

그러니까, 3차 산업혁명이라는 말이 있긴 있었구나. 4차 산업혁명이란 거 아직 정확한 정의가 내려진 건 아닌가 보군.

장면 3. (인하대 박재천 교수를 만나)

"4차 산업혁명이라는 말에 동의하세요? 아니라는 의견도 있던데요."

"학문적으로 검증된 말이 아니긴 합니다. 하지만 그 말이 사람들의 인식에 변화를 가져왔다는 점에서 성공한 마케팅이라고 할 수 있습니다. 정치인도, 기업도, 기술자들도, 노동계도 관심을 갖기 시작했으니까요. 이제 우리는 이런 변화를 잉태하는 유전자, 즉 수평적이고 소프트웨어적인 조직 문화를 주목해야 합니다."

맞아 맞아. 그런 거 같네. 그런데 만나는 사람마다 다른 말을 하는 것 같은 느낌인데?

장면 4. (이민화 창조경제연구회 이사장을 만나)

"요즘의 변화를 4차 산업혁명이라고 불러도 될까요?"

"직업의 절반이 바뀌는데 산업혁명이 아니고 뭐겠습니까. 4차 산업혁명은 현실과 가상이 융합하는 과정에서 거대한 변화와 충돌이 생기는 겁니다."

"음…… 그러면 4차 산업혁명 시대가 되면 더 행복해질까요?"

"네. 행복해질 겁니다. 하기 싫은 반복 노동을 하지 않아도 되니까요. 그 시간에 자신이 원하는 재미있는 일을 하면 더 행복해지지 않겠습니까."

4차 산업혁명이 좋은 건가? 4차 산업혁명 시대에 나는 뭘 하고 살지?

장면 5. (김정원 당시 지능정보사회추진단 부단장을 만나)

"인공지능 때문에 사람의 일자리가 없어질 거라면서요?"

"없어지는 직업도 있겠지만 생각지도 않은 새로운 일자리가 또 생길 겁니다. 지난 인류 역사가 항상 그랬어요. 낙관론자와 비관론자가 싸우면 항상 비관론자가 이깁니다. 하지만 세상을 바꾸는 건 한두 명의 낙관론자들입니다. 비관적으로 보면 안 됩니다."

멋진 말이군. 그래도 인공지능은 무서워.

장면 6. (송경진 세계경제연구원장을 만나)

"4차 산업혁명은 속도가 빠르고, 그래서 세상이 금방 바뀔 거라고 하잖아요."

"인간의 본질이 그렇게 빨리 바뀔까요? 현재 있는 직업의 50퍼센트가 사라진다는 학자도 있지만 반면 9퍼센트만 사라진다는 학자도 있어요. 기술을 받아들이는 것은 결국 인간입니다. 기술이 아니라 인간을 중심에 두어야 합니다. 인간이 쓸모없어지는 기술이 무슨 소용이 있나요."

흠, 4차 산업혁명이 그렇게 빨리 오지 않을 수도 있는 건가? 인간이 중심인 기술은 뭘까?

여전히 오리무중이었다. 장님 코끼리 만지기가 이런 건가 보다 했다.

하지만 4차 산업혁명이든, 3차 산업혁명이든, 3.5차 산업혁명이든 엄청난 변화가 빠르게 다가오고 있다는 것만은 분명했다.

그 변화가 이 세상을 어떻게 바꾸고 있는 걸까? 그 현장이 궁금했다. 현장을 보고나면 4차 산업혁명이 뭔지 알 수 있을 것 같았다. 그래서 우리는 그 현장을 찾아나서기로 했다.

4차 산업혁명이라는 말을 공론화시킨 클라우스 슈밥 세계경제포럼 의장의 정의대로 4차 산업혁명의 핵심 기술인 인공지능, 사물인터넷, 빅데이터가 산업에 어떻게 적용되고 있는지를 찾아봤다.

우리가 생각할 수 있는 거의 모든 분야를 들여다봤다. 자동차, 스마트 공장, 스마트 시티, 스마트 홈, 보안처럼 많이 알려진 분야뿐 아니라 진단, 치료, 피트니스 같은 건강 분야와 교육, 쇼핑, 뷰티, 엔터테인먼트, 통번역처럼 생활과 밀접한 분야 그리고 농장, 먹거리, 재난, 에너지처럼 4차 산업혁명과는 다소 거리가 있을 것으로 생각되는 분야까지 각 분야의 4차 산업혁명에 대해 취재했다. 국내뿐 아니라 우리보다 앞서 있다는 해외 사례들까지 샅샅이 뒤졌다.

취재 결과는 예상과 달랐다. 어떤 분야는 인공지능과 사물인터넷 등의 영향으로 그야말로 패러다임 변화를 목전에 두고 있었지만, 어떤 분야는 제도적, 법적, 정서적 이유 때문에 변화가 더디거나 거의 불가능해보이기도 했다.

2018년 올해가 끝날 때쯤엔 또 다른 양상으로 전개돼 있을 것이다. 4차 산업혁명 기술을 둘러싼 변화가 최근 들어 더욱 빠르게 일어나고 있다. 대기업뿐 아니라 스타트업들의 움직임도 눈부시다. 패러다임의 변화는 새로운 기회를 만들고 있다. 4차 산업혁명이란, 알 수 없는 미래가 주는 도전이자 기회의 또 다른 이름이었다.

보다 생생한 이야기를 전하기 위해 각 분야 20명의 스타트업 CEO를 만나 창업 스토리를 들었다. 창업하기까지의 과정은 제각각이었지만 20명의 CEO 모두의 공통점은 분명했다. 미래를 두려워하지 않는 것, 현재의 어려움을 달게 감수하는 것, 역경에 굴하지 않는 것!

이 책이 4차 산업혁명의 실체를 짐작하는 데 도움이 됐으면 하는 마음이다. 창업을 하든 직장생활을 하든 이 시대를 사는 사람들이 다가오는 변화의 방향을 알고 미래를 두려워하지 않을 수 있도록 하는 데 기여할 수 있다면 좋겠다.

이 책이 나오기까지 큰 도움을 준 해피북스투유의 김문식, 최민석 대표에게 감사함을 전한다. 한국에 4차 산업혁명을 전파한 책 《클라우스 슈밥의 제4차 산업혁명》을 출간했던 그는 이번에도 놀라운 기획력으로 우리의 책을 더욱 풍성하게 만들어줬다.

뭐든 해보라며 격려해주신 유권하 《코리아중앙데일리》 편집인과 이무영 국장, 무려 6개월 동안 23번의 주말을 바쳐 신문 지면을 제작하고 책 만드는 과정에까지 함께한 변주연 디자이너와 물심양면 지원해준 유영래 팀장, 우리의 무리한 요청에도 불구하고 최선을 다해 최고의 사진을 찍어주셨던 박상문 선배께 감사드린다.

그리고, 함께 고생한 《코리아중앙데일리》 경제산업부 이호정, 서지은, 박은지, 진은수, 김지희, 최형조, 송경선, 김영남 기자와 후반 작업에 참여한 강진규 기자에게 너무나 고맙다고 수고했다고 말하고 싶다.

2018년 1월
코리아중앙데일리 경제산업부장 박혜민

CONTENTS

3부 문화 혁명 Culture Revolution

한국과 4차 산업혁명

인공지능과 빅데이터는 인간을 더 행복하게 할 것인가

《코리아중앙데일리》가 SK플래닛 M&C부문(현 SM C&C 광고사업부문)에 의뢰해 20~59세 남녀 1,000명을 대상으로 실시한 설문조사에 따르면 응답자의 80퍼센트는 4차 산업혁명으로 삶이 더 편리해질 것으로 전망했다. 하지만 "4차 산업혁명이 삶을 더 행복하게 만들까"라는 질문에는 60퍼센트가 "아니다"라고 답했다.

응답자의 70퍼센트 이상은 4차 산업혁명이 자신의 일자리를 위협할 것으로 예상했다. 절반 정도(48%)는 4차 산업혁명에 대해 "들어는 봤지만 잘 모른다"고 답했으며, 10명 중 3명(30%)은 "관심을 갖고 있다"고 했다. SK플래닛 온라인 설문조사 플랫폼 '틸리언' 사업팀 오남경 씨는 "'알파고 쇼크' 이후 사람들 사이에 4차 산업혁명에 대한 인식이

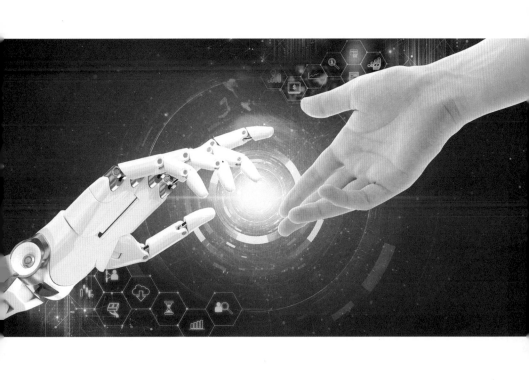

높아지고 있긴 하지만 그에 따른 일자리에 대한 불안 역시 큰 것으로 보인다"며 "4차 산업혁명 시대에 행복하지 못할 것으로 보는 것은 그 때문"이라고 분석했다.

설문조사 결과, 사람들은 첨단 의료기술을 가장 많이 기대하고 있는 것으로 나타났다. 31퍼센트가 첨단 의료기술을 가장 기대하고 있다고 답했으며, 그다음으로는 운전자 없이 도로주행이 가능한 자율주행차(22%), 인공지능에 의한 자동번역(18%)의 순이었다. VR과 개인 로봇기술에도 관심을 갖고 있었다.

4차 산업혁명이란 무엇인가

4차 산업혁명이 무엇인가에 대한 합의된 정의는 없다. 4차 산업혁명 시대가 시작됐는지에 대해서조차 의견은 엇갈린다.

3차 산업혁명이라는 말이 처음 등장한 것은 EU(유럽연합) 자문역이자 경제동향연구재단 대표인 제레미 리프킨이 2011년 《3차 산업혁명》을 출간하면서다. 그로부터 5년 후인 2016년 세계경제포럼 의장인 클라우스 슈밥이 '4차 산업혁명'을 주창하자 리프킨은 "3차 산업혁명(정보혁명)은 아직 끝나지 않았다. 4차 산업혁명을 언급하는 것은 시기상조다"라고 반박하기도 했다.

국내 전문가들 사이에서도 다양한 의견이 있다. 김진형 지능정보기술연구원장은 "미국에선 디지털 트랜스포메이션이라는 말이 더 대중적으로 쓰이고 있다"고 전하며 "산업혁명이란, 산업뿐 아니라 정치, 사회, 문화 등 각 분야에서 일어난 변화를 후대에 정의하는 것"이라고 말했다.

성균관대 하이브리드 미래문화연구소 문종만 연구원은 "4차 산업혁명이라는 말은 급조된 면이 있다. 최근 논의되는 4차 산업혁명이 사람들의 현실이나 필요에 걸맞은지 의문"이라고 말했다.

반면 이민화 창조경제연구회 이사장은 일자리가 빠르게 바뀌고 있다는 점에서 '산업혁명'이라고 부르는 게 적절한 표현이라고 말한다. 그는 "기술의 변화라는 측면에서만 최근의 변화를 보기 때문에 3차 혁명이니 4차 혁명이니, 3.5차 혁명이니 하는 말이 나오는 것"이라며 "사회 전체의 거대한 변화라는 점에서 4차 산업혁명이라는 말은 타당하다"고 말했다.

그간 산업혁명이라고 명명된 변화들은 산업의 구조뿐 아니라 인류의 삶의 방식을 통째로 바꿨다. 1차 산업혁명(1760~1840년) 당시 기계가 인간의 일을 대신하기 시작하면서 가내 수공업이 공장생산으로 바뀌고, 분업이 시작됐다. 철도 건설이 먼 거리 이동을 가능하게 하면서 공간에 대한 사람들의 생각도 변화했다.

인간의 일은 사고파는 상품 즉 노동이 됐고, 사회는 노동을 파는 프롤레타리아 계급과 자본을 소유한 부르조아 계급으로 나뉘었다. 사회주의와 자본주의라는 개념이 등장한 것도 이 때다.

2차 산업혁명(1850~1950년대) 시기에는 전기에너지와 증기기관의 사용을 통해 대량생산이 더욱 본격화했다. 1879년 미국의 토머스 에디슨이 백열전구를 발명하는 등 전기에너지 사용이 대중화됐고, 1913년에는 포드자동차가 컨베이어벨트 시스템을 적용해 'T1'을 생산하기 시작했다. 생산 조립 라인의 도입으로 자동차 1대를 만드는데 걸리는 시간이 720분에서 약 90분으로 줄었다. 차 한 대 가격은 850달러에서 300달러 미만으로 낮아졌다. 부자들만 탈 수 있던 자동차는 보통 사람들의 탈 것으로 대중화됐다. 마차는 완전히 사라졌다. 이 시기 인류는 두 차례의 세계대전을 겪었고, 세계는 미국과 소련 양대 진영으로 나뉘었다.

3차 산업혁명은 1960년대 후반을 일컫는다. 컴퓨터와 인터넷은 이 시기를 대표하는 핵심 기술이었다. 당시 스타트업 기업에 불과했던 마이크로소프트나 구글, 애플, 아마존은 단숨에 GE나 GM의 시가총액을 넘어섰다. 2007년 등장한 애플의 아이폰은 모바일 시대를 열었다. SNS를 통한 실시간 소통이 가능해졌고, 페이스북과 트위터가 글로벌 회사로 성장했다.

인간의 일자리는 사라질 것인가

산업혁명의 시기마다 사람들은 일자리를 잃을까 걱정했다. 세계경제포럼이 발표한 일자리 보고서는 2020년까지 미국, 영국 등 세계 주요 15개국에서 사무행정, 생산제조 등의 분야에서 710만 개의 일자리가 사라지고, 컴퓨터나 수학 등의 분야에서 200만 개의 새 일자리가 생겨서 510만 개의 일자리가 사라질 것으로 예측했다. 한국고용정보원도 2025년에는 국내 일자리의 60퍼센트가 인공지능으로 대체될 것이라는 보고서를 발표했다.

안상훈 한국개발연구원KDI 산업서비스경제 부문 부장은 "과거 사람들은 일자리를 잃을까 걱정했고, 실제로 일부 단순 제조업의 일자리는 사라졌다. 하지만 흥미로운 점은 산업혁명을 지나며 훨씬 많은 새로운 일자리가 나타났다는 점이다. 고용률은 산업혁명으로 인해 줄어들지 않았다"고 말했다.

하지만 안 부장은 4차 산업혁명은 이전의 산업혁명과 비교해 더 큰 변화의 가능성이 있다고 덧붙였다.

"4차 산업혁명이 한 가지 다른 점은 인간만이 할 수 있다고 생각했던 일부 직업들이 위협받을 가능성이 있다는 것"이라며 "사라진 직업들 대부분은 인간의 육체 활동이 필요한 단순 노동 같은 직업들이었지만 기계 학습, 즉 인공지능 기술을 사용하면 단순 반복 이외의 업무도 할 수 있다"고 말했다.

KT 빅데이터 비즈니스 사업부 류성일 선임연구원은 "작업현장에서 유연한 대처가 필요한 전기 배선이나 목수 등의 일은 좀처럼 기계가 완벽하기 해내기 어렵기 때문에 오히려 사람이 계속할 가능성이 있다고 보는 시각이 있다"며 "오랜 시간 공부와 훈련으로 학습된 고도화된 지식을 사용하는 전문직은 인공지능이 쉽게 넘볼 수 있는 분야일 수 있다"고 말했다.

반면 이민화 한국창조경제연구회 이사장은 직업이 사라질까 걱정할 필요는 없다고 주장했다.

그는 "일자리는 사라지지 않을 것"이라고 단언했다. "지난 250년 동안 일자리가 사라질 것이라는 주장이 200차례 이상 있었지만 그런 일은 벌어지지 않았다"고 말했다.

4차 산업혁명의 핵심 기술은

4차 산업혁명을 이끄는 핵심 기술로는 인공지능, 사물인터넷IoT, 빅데이터, 클라우드, 모바일이 꼽힌다.

스마트폰, 냉장고, 세탁기, 자동차, 의료기기 등 모든 사물이 인터넷으로 연결된다. 각각의 사물이 수집한 데이터가 인터넷에 있는 가상의 공간인 클라우드에 쌓여 빅데이터가 되고, 인공지능이 이 빅데이터를 분석해 사용한다.

예를 들어, 한 사람의 운전 습관과 그의 자동차에 대한 디지털 정보를 클라우드에 보내면 인공지능이 이 내용을 분석해서 언제 어떤 서비스가 필요한지 알려주는 것이다. 또, 개인 의료 기록 정보를 활용해서 인공지능은 환자를 더 정확하게 진단할 수 있게 될 것이다. 이런 시스템이 자동차에 활용되면 자율주행차, 공장에 적용되면 스마트 팩토리가 된다.

3차 산업혁명은 사람이 컴퓨터에 데이터를 입력하는 시대였기 때문에 노동이 필요했다. 하지만 4차 산업혁명 시대에는 인공지능이 IoT 기술을 통해 빅데이터를 수집하고, 판단해서 언제 어떻게 제품을 생산해 배송할지를 결정할 수 있게 된다.

4차 산업혁명의 핵심 플레이어인 독일은 2011년 '인터스트리 4.0' 정책을 통해 앞선 제조업에 인공지능, IoT 등을 결합해 산업 경쟁력 제고에 나서기 시작했다.

미국은 '스마트 아메리카', '산업 인터넷' 정책을 펼치며 IT 기술을 통한 제조업 활성화를 꾀하고 있다.

중국과 일본도 마찬가지다. 중국은 2015년 '제조 2025'을 선언하며 제조업의 혁신 능력을 강화하겠다고 밝혔으며, 일본은 2015년 6월에 발표한 '일본 재흥전략 개정 2015'에서 4차 산업혁명에 대응한다는 정책 기조를 밝혔다.

한국은 2016년 9월, 6개 관계부처 공동으로 당시 미래창조기획부 산하에 '지능정보사회추진단'을 구성하고 인공지능과 빅데이터, 사물인터넷 등 정보기술을 통한 4차 산업혁명 대응에 나섰다.

KT는 2018년 평창 동계올림픽에서 세계 최초로 5G 기술을 시범 서비스하고, '평창 5G 규격'을 기반으로 글로벌 표준을 선도한다는 방침을 밝혔다. 5G는 4차 산업혁명을 현실화시키는 데 중요한 역할을 할 것으로 전망되고 있다. 5G는 현재의 4G, 즉 LTE 기술보다 속도가 100배 이상 빠른 네트워크로, 상용화될 경우 1초 만에 영화 한 편을 내려받을 수 있다.

어떤 이들은 재앙을 예상한다

4차 산업혁명으로 우리 삶이 어떻게 달라질지, 그 세상에서 인간은 어떤 위치에 놓이게 될지, 사람들의 관계나 의사소통은 어떻게 달라질지 확실한 것은 아무것도 없다. 우선은 비관적인 전망, 혹은 우려가 크다.

어떤 이들은 4차 산업혁명으로 중산층이 몰락하고, 빈부격차가 심해질 것으로 전망한다. 어떤 이들은 인간이 로봇의 지배를 받게 되는 세상이 될 것이라고 예언한다. 정보 보안에 대한 우려, 유전자 조작 기술의 발달에 대한 걱정도 있다. 디스토피아적인 시각을 담은 영화 〈매트릭스〉나 〈트랜센던스〉, 소설 《뉴로맨서》 같은 작품에서도 이런 우려가 나타난다.

스티브 호킹과 일론 머스크도 인공지능을 통제하지 않으면 인류의 재앙이 될 수 있다고 경고한 바 있다.

과연 4차 산업혁명 시대에 우리는 더 행복해질 것인가. 이 질문에 대해 다양한 분야의 전문가들은 각기 다른 의견을 내놓았다.

이민화 이사장은 "더 행복해 질 수 있다"고 말했다. 그는 "단순하고 지루한 일을 나 대신 해주는 개인 비서를 누구나 한 명씩 갖게 될 것"이라며 "4차 산업혁명의 최대 가치는 물질적인 성장을 중시하는 GDP가 아니라 개인의 행복을 중심에 두는 GNHI(국가행복지수)가 돼야 한다"고 말했다.

미국 스탠퍼드대학교 역시 2016년 발표한 〈2030년 인공지능과 삶〉 보고서를 통해 "인공지능은 제품이나 서비스 비용을 낮추고 인간의 생활을 더 풍요롭게 만들 것"이라고 전망했다.

하지만 대부분의 전문가들은 막연한 낙관론은 경계해야 한다고 입을 모았다.

송경진 세계경제연구원장은 "기술을 받아들이는 것은 결국 인간이며, 인간을 중심에 두지 않는 기술은 결국 사라질 것"이라고 말했다. 그는 "4차 산업혁명에 대한 담론이 기술 변화에만 초점이 맞춰진 것 같아 안타깝다"며 "4차 산업혁명으로 확대될 수 있는 세대 갈등, 빈부 격차, 남녀 격차 등에 대한 대비책을 마련하고 사회 안전망을 강화해야 한다"고 강조했다.

경험 가능한 미래
4차 산업혁명 2018

1부

산업
혁명

Industrial Revolution

**The Fourth
Industrial
Revolution**

스마트 금융
Smart Finance

▌로봇이 투자상담을 하는 시대가 멀지 않았다

서울 우리은행 본점 입구에 들어서면 매끄러운 흰색 로봇이 반짝이는 파란 눈으로 손님을 맞는다.

한 여성이 로봇, '알파'에게 다가가 점심은 먹었냐고 묻는다. 알파는 고개를 돌리며 "안 사줄 거면 묻지 마세요"라고 장난스럽게 답한다. 그 여성은 유쾌하게 웃으며 알파에게 최근 주식시장에 대해 묻는다.

하지만 이렇게 재치 있는 말솜씨는 알파의 진정한 능력이 아니다. 알파의 진짜 능력은 고객의 투자 성향에 따라 금융상품을 추천하는 것이다. 알파는 투자자들에게 어느 정도의 리스크를 감당할 의사가 있는지, 어떤 타입의 투자를 선호하는 지를 묻고, 그에 맞은 펀드 상품 목록을 작성해서 추천한다.

알파는 한국 금융의 방향을 보여주는 사례다. 디지털 기술과 스마트폰 애플리케이션은 이제 금융 상담은 물론 투자 포트폴리오 관리, 실시간 시장 분석까지 다양한 금융 정보를 제공하고 있다.

2016년 2월 금융위원회는 '로보어드바이저' 사용을 허용함으로써 자동화된 투자 서비스 상용화의 길을 열었다. 대부분의 로보어드바이저는 체계화된 트레이딩 전략을 사용한다. 최적의 포트폴리오를 구성하기 위해 기대 수익과 리스크를 조율한다.

전문가들은 로보어드바이저가 대중화되면 고액 자산가 중심이던 자산관리 서비스가 일반 투자자들까지 확산될 것으로 보고 있다. IBK 경제연구원의 박선후 연구원은 "미국의 자산관리 서비스 수수료는 0.5퍼센트 이하인데, 한국의 주요 은행과 증권사의 자산관리 매니저들은 최소 1퍼센트의 수수료를 부과하고 있다"고 말했다.

로보어드바이저 대중화는 미국의 사례에서 보듯 한국의 밀레니얼 세대(1980~2000년 사이에 태어난 세대)를 자산관리 시장으로 끌어들이는 역할을 할 것으로 기대된다. 로보어드바이저의 타깃 고객은 젊은 층과 자산 규모 1억~10억 원 사이, 혹은 그보다 적은 중산층이다. 더 부유한 고객에 초점을 맞춘 기존의 투자 회사들이 간과했던 그룹이다.

로보어드바이저 회사 '파운트'의 최병길 이사는 "현재 프라이빗뱅커PB들은 적어도 6억 원 정도의 자산이 있는 고객이라야 상담할 시간을 내준다. 하지만 우리는 좀더 광범위하고 젊은 고객들, 즉 현재 자산 규모는 작아도 향후엔 커질 수 있는 잠재력 있는 고객을 주목하고 있다. 우리의 목표는 월 10만 원을 맡기는 고객에게 자산관리 서비스를 제

한국의 로보어드바이저 시장 규모

단위: 조원, 추정치

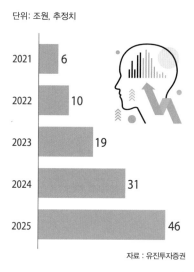

연도	규모
2021	6
2022	10
2023	19
2024	31
2025	46

자료 : 유진투자증권

공하는 것이다"라고 말했다.

한국금융투자협회에 따르면 국내에는 총 12개 종류의 로보어드바이저 펀드가 운영되고 있다. 로보어드바이저로 운영되는 총 자산 규모는 2,000억 원 정도로 추정된다. 미국과 비교하면 매우 적지만, 서비스가 허용된 지 1년밖에 되지 않았다는 점을 감안하면 상당한 규모다.

유진투자증권은 한국의 로보어드바이저 시장 규모가 2020년까지는 눈에 띌 만한 성장을 보이지 않다가, 2021년에는 6조 원, 2025년에는 46조 원 규모로 확대될 것으로 전망했다.

시장 초기 단계인 현재, 국내 주요 은행과 증권사들은 쿼터백자산운용, 디셈버앤컴퍼니, 파운트 같은 로보어드바이저 전문 회사와 파트너십을 맺고 있다. 쿼터백자산운용은 국민은행, 키움증권과 협업하고 있고, 디셈버앤컴퍼니는 NH아문디자산운용과 계약했다.

한국에서 가장 크고 오래된 로보어드바이저 회사인 쿼터백자산운용의 이승준 이사는 "로보어드바이저는 양적 분석을 통해 포트폴리오를 짜고 관리하는 것이 가능하며, 인간보다 훨씬 객관적"이라고 말했다.

▌도전장 내는 대형 금융사들

미래에셋자산운용, KB자산운용, 삼성증권 같은 한국의 주요 금융사들은 알고리즘 기반의 자산관리에 뛰어들고 있다. 대형사의 이러한 움직임은 로보어드바이저 업계 전반의 성장으로 이어질 것으로 보인다. 이들 3개 회사는 2017년 초에 로보어드바이저 펀드를 출시했거나 금융위원회에서 진행하는 시범 사업에 참여했다.

미국의 경우 작은 규모의 로보어드바이저 전문 회사인 베터먼트와 웰스프론트가 초기 성장을 주도했다. 이어 찰스슈왑, 피델리티, 뱅가드 같은 대형사들이 들어오면서 로보어드바이저 대중화가 급속하게 이뤄졌고, 지금은 이들이 시장을 주도하고 있다.

통계 전문 사이트 '스태티스타'에 따르면 미국 내에 로보어드바이저가 운용하는 자산은 약 2,248억 달러 규모이며, 2021년까지 연평균 47.5퍼센트씩 성장할 것으로 예상된다.

많은 로보어드바이저 펀드는 리스크에 따라 다양한 상장지수펀드 ETF를 포함해서 포트폴리오를 짠다.

한편, 강한 규제가 업계의 성장을 가로막고 있다는 지적도 있다.

현재는 고객들이 로보어드바이저 펀드에 가입하기 위해 창구나 증권사에 직접 가서 펀드매니저들의 설명을 들어야 한다. 자동화된 투자라고 해도 완전한 비대면 거래는 불가능한 것이다.

쿼터백인베스트먼트의 이승준 이사는 "비대면 일임을 허용하지 않는 규제 때문에 상담 인력이 필요하고, 비용을 줄여 수수료를 낮추는 것이 어렵다"고 주장한다. 디지털화를 통해 비용을 줄이는 구조가 가능하지 않는 상태이기 때문에 미국 수준으로 수수료를 줄일 수 없다는 것이다.

금융투자협회에 따르면 국내 12개 로보어드바이저 펀드의 수수료는 0.6~1.3퍼센트 수준이다.

금융위 관계자는 금융위가 로보어드바이저를 더욱 활성화할 방침이지만 비대면 일임 금지 규정을 없애는 방안에 대해서는 결정된 것이 없다는 입장이라고 말했다.

▍로봇 금융투자의 한계

금융 당국만 자동화된 자산운용 서비스에 조심스러운 것은 아니다.

한국 투자자들은 아직 확신을 갖고 있지 않다. 낮은 신뢰도와 낮은 수익률은 로보어드바이저의 대표적인 약점이다. 금융투자협회에 따르면 2017년 5월 기준, 로보어드바이저는 평균 0.86퍼센트의 수익을 기록했다.

일부 전문가들은 기계에 의한 투자가 보다 근본적인 한계를 갖고 있다고 주장한다. 바로 인간미가 부족하다는 점이다. 그리고 생애 주기에 따른 다양한 목표를 이해하지도 못하고 이를 포트폴리오에 반영

확대되는 금융의 디지털화

우리은행	• 자산관리 로보어드바이저 출시
KB국민은행	• 신탁 상품을 위한 로보어드바이저 출시 • KB금융과 카이스트 금융AI 연구센터 설립
미래에셋자산운용	• 고려대와 인공지능 금융센터 설립
키움증권	• 쿼터백자산운용과 로보어드바이저 펀드 출시
코스콤	• 인공지능(AI)과 빅 데이터를 활용한 공개 금융정보 분석 서비스 출시 예정
한국은행	• '동전 없는 사회' 시범사업 중

자료: 각 회사

할 수 있는 능력도 아직 갖추지 못했다. 유진투자증권의 서보익 연구원은 "로보어드바이저는 은퇴 계획, 미래 자산가치 전망 같은 보다 다양하고 복잡한 금융 컨설팅을 제공하지 못한다"고 말했다.

실제 2017년 초 한국금융투자자보호재단이 발표한 설문조사 결과에 따르면 응답자 2,530명 중 34.0퍼센트는 로보어드바이저를 이용할 의향이 없다고 답했다. 이용할 생각이 있다고 답한 비율은 18.9퍼센트에 불과했고, 나머지 41퍼센트는 중립이라고 답했다.

부정적인 답변을 한 응답자들은 그 이유로 낮은 신뢰도를 꼽았다.

인간의 필요는 로보어드바이저가 숫자를 기반으로 제공하는 분석으로 해결하기에는 너무 복잡한 것이라 게 그들의 생각이다.

때문에 미국의 로보어드바이저 전문 회사들은 인간 금융 전문가를 고용해 이러한 단점을 보완하고 있다. 예를 들어, 베터먼트는 금융 전문가의 상담을 제공하는 두 가지 옵션을 추가했다.

일부 애널리스트들은 로보어드바이저의 기술적 결함 가능성이나 해킹 위험을 지적하기도 한다. 자본시장연구원의 이효섭 연구원은 "아직은 로보어드바이저가 의도한 대로 움직이지 않을 때 피해를 입은 투자자들을 위한 어떠한 법적 보호도 정립되어 있지 않다"고 말했다.

펀드매니저들이 대량 해고될 수 있다는 우려도 한국에서 로보어드바이저가 확산하는 데 장애로 작용할 가능성이 있다. 이 같은 우려는 이미 외국에서 현실화됐다. 세계 최대 운용사인 블랙록은 이미 최소 7명의 주식포트폴리오 매니저들을 해고했고, 스코틀랜드 왕립은행은 220명의 투자 인력을 로보어드바이저로 대체하겠다고 발표했다.

한국에서는 2011년부터 증권가 인력이 계속해서 줄어들고 있다. 증권사 직원 수는 2016년 말 기준 3만 5,699명으로 전년 대비 19퍼센트 줄었다. 전문가들은 자동화된 투자 서비스가 대중되면 이 같은 추세는 더욱 심해질 것으로 전망했다.

▌경쟁력 줄어드는 금융 애널리스트

운용사 직원만 로봇에게 자리를 빼앗기고 있는 것이 아니다. 금융 애널리스트들도 거대한 데이터를 몇 분 만에 정리하고 분석할 수 있는 분석 소프트웨어의 등장에 위협받고 있다.

북한의 미사일 실험이 금융에 미치는 영향을 예로 들어보자. 만약 어떤 사람이 지난 30년간 북한의 미사일 실험과 코스피, 환율, 채권 간의 상관관계 수치를 구하려고 한다면 최소 며칠 또는 몇 주가 걸린다. 블룸버그 코드를 찾고 구글을 검색하고, 엑셀 작업을 하는 과정도 필요하다. 하지만 알고리즘은 그 작업을 5분 만에 끝낼 수 있다.

실제로 금융 분석 소프트웨어를 만드는 많은 스타트업이 생겨나고 있다. 그중 가장 눈에 띄는 업체는 골드만삭스에서 투자를 받은 '켄쇼'다. 켄쇼의 대표 플랫폼인 '워렌'은 수백만 가지 복잡한 금융 관련 질문에 바로 답할 수 있고, 정교한 금융 모델까지 만들어낸다.

한국의 '코스콤' 역시 2017년 초 인공지능에 기반한 시장 분석 시스템을 개발하고 있으며, 로봇이 작성하는 주가 리포트 서비스 제공을 시작할 예정이라고 밝혔다.

또 다른 한국 회사인 '위버플'은 한국의 켄쇼를 지향한다. 2013년 설립된 위버플은 '스넥'이라는 플랫폼을 개발했다. 스넥은 정부 발표, 공시, 애널리스트 리포트, 기사 등을 통합해 분석한 내용을 제공한다.

위버플은 스넥에 딥서치라는 키워드 기반의 검색 엔진을 탑재할 예정이다. 위버플의 주은환 매니저는 "현재 금융 분석은 제한된 시각을 제공하지만, 위버플은 이용자 중심의 더 광범위한 분석을 제공하고자 노력한다. 투자자들이 특정 사건과 금융시장 변동 사이의 상관관계를 도출할 수 있도록 한다"고 말했다.

▌블록체인, 거래의 새 지평을 열다

디지털 가상화폐인 비트코인에 활용되어 주목받은 블록체인은 금융의 판을 바꿀 차세대 신기술이다.

블록체인 기술은 기존 시스템보다 뛰어난 보안과 위조방지 기능을 갖고 있다. 현재의 거래는 기록을 남기기 위해 중앙집중형 장부를 사용하는데, 이는 거래 처리를 지연시키고 해킹에 취약하다는 단점을 안고 있다.

반대로 블록체인 기반의 시스템은 공유된 디지털 원장을 네트워크 상에 계속 업데이트시켜 보안성을 높이고 그때그때 기록을 더 정확히 남길 수 있다. 처리 속도도 빨라진다.

한국 최초의 가상화폐거래소 '코빗'의 김진화 공동창업자는 "비트코인의 더 중요한 가능성은 전에는 불가능했던 종류의 거래를 가능하게 하는데 있다"고 말한다.

2013년에 코빗을 설립한 그는 "블록체인이 정말 중요한 이유는 폭넓은 활용성"이라고 말했다. 예를 들어, 내가 전기를 쓰지 않을 때 다른 사람과 전기를 거래하거나 전기 자동차 배터리 교환이 가능해진다는 것이다.

블록체인은 아직 초기 단계다. 한국에서는 두 개의 컨소시엄이 비트코인의 원장 공유 기술을 테스트하고 있다. 그중 하나는 16개 은행으로 구성돼 있다. 이 컨소시엄은 국제 송금을 더 간단하게 하는 것에 우선 초점을 맞추고 있다. 25개의 증권사로 구성된 또 다른 컨소시엄은 블록체인을 본인 인증에 도입하려 한다. 현재 증권사들은 제각각 다른 인증 시스템을 가지고 있기 때문에 고객들은 매번 다른 인증 프로그램을 컴퓨터에 깔아야 한다. 블록체인은 증권사들에게 고객들의 공통된 디지털 표식을 제공해서 거래 기록을 더 수월하게 처리할 수 있다.

김진화 공동창업자는 "2020년이 지나야 대중이 가시적인 성과를 볼 수 있을 것"이라고 예상했다. 그는 "현재 우리는 개념 증명 단계에 있다. 프로토타입 프로젝트 결과가 향후 2~3년 내에 나오고 그 후에는 블록체인이 다양하게 활용되는 것을 볼 수 있을 것"이라고 예상했다.

블록체인의 활용 범위는 다양하지만 초기에는 인증 단계에 주로 활용될 것이라는 시각이 많다. IBM 코리아의 한정욱 전무 또한 2017년 4월 한 포럼에서 "초기에 업체들은 본인 인증에 집중할 것"이라고 말했다.

하지만 블록체인은 유가증권 발급, 청산, 결제 등에 폭넓게 사용될 것이다. IBM에서 실시한 설문조사에 따르면, 청산 결제와 유가증권 발급이 블록체인 활용이 가장 기대되는 분야로 지목됐다. 한국에서는 삼성SDS와 SK C&C와 같은 주요 IT 업체가 물류 부문 기록 보관에 사용되는 블록체인 시스템을 개발하고 있다.

디셈버앤컴퍼니 _정인영 대표

"4차 산업혁명의 본질은 라이프 스타일의 변화"

'투자 상담'이라는 말에서 가장 먼저 연상되는 모습은 깔끔하게 정리된 공간에 고급 양복을 입은 프라이빗 뱅커PB가 테이블 앞에서 고객과 대화하고 있는 모습일 것이다. 하지만 인공지능과 빅데이터 등 기술의 발달로 이 모습은 스마트폰을 보고 있는 고객의 모습으로 바뀔지 모른다.

인공지능 투자자문사 디셈버앤컴퍼니의 정인영(39) 대표는 이 같은 변화가 기술의 발달뿐 아니라 밀레니얼 세대의 의식과 라이프스타일을 반영한 결과라고 말했다. 정 대표는 한국의 로보어드바이저 시장의 형성 과정을 가장 가까이서 지켜보는 사람이다.

정 대표가 분석한 젊은 세대는 대박을 노리는 '한탕 투자'가 아니라 각자의 리스크 성향에 맞는 '안정 투자'를 선호한다. 알고리즘을 기반으로 움직이는 로보어드바이저 같은 자동화 시스템이 이들에게 더 적절한 것도 그 때문이다.

2013년에 설립된 디셈버앤컴퍼니는 한국에서 가장 오래된 로보어드바이저 전문 업체다. 아이작ISAAC이라는 펀드자산 배분 알고리즘을 통해 자동화된 투자 서비스를 제공하고 있다. 엔씨소프트의 김택진 대표가 개인 자산을 출자해 만든 회사로 이름을 알렸다.

미국 등 선진국에서는 로보어드바이저 전문 업체를 통해 운용되는 자산이 수백억 달러 규모에 이른다. 한국에서는 2016년부터 부분적으로 로보어드바이저 서비스가 허가됐다. 금융위의 서비스 검증 절차인 테스트베드를 통과한 상품은 증권사를 통해 판매 가능하다. 하지만 로보어드바이저를 통한 비대면 일임은 불가능하다. 로보어드바이저 업체가 직접 투자상품을 판매할 수 없는 상태다.

한국의 로보어드바이저 시장을 어떻게 평가하나.

아직 로보어드바이저가 시작됐다고 보기 어렵다. 지금 로보어드바이저라고 불리는 것들은 전부 금융회사들이 마케팅 수단으로 활용하고 있는 정도에 불과하다. 정부가 로보어드바이저를 통한 비대면 일임 서비스를 금지하고 있기 때문이다. 그게 가능해지는 시점이 로보어드바이저가 활성화되는 때일 것이다. 그 전까지 로보어드바이저는 또 다른 금융상품일 뿐이다. 기존의 패러다임 안에 머물러 있는 상황이기 때문에 혁신이라고 하기 어렵다.

로보어드바이저가 기존 금융 서비스보다 나은 점은 뭔가.

투자자의 리스크 성향을 제대로 분석해 투자를 할 수 있게 해준다. 투자에 있어 리스크 성향을 아는 것은 매우 중요하다. 개인 투자자가 손실을 많이 내고 있다는 것은 많이 알려진 사실인데, 실패의 가장 큰 이유가 수익률이 좋은 상품을 찾지 못해서라기보다 리스크 성향을 제대로 파악하고 있지 못하기 때문이다. 투자 성공의 핵심은 변동성이 있는 상황에서도 수익률을 잘 유지할 수 있는지, 즉 변동성 대비 수익률을 말하는 샤프레이쇼Sharp Ratio를 잘 유지할 수 있는지 여부다. 이부분이 충족될 때 고객은 편안하게 투자에 임할 수 있다. 로보어드바이저의 핵심은 이용자가 감내하거나 혹은 판단할 수 있는 범위 안에 있는 상품을 개인 맞춤형으로 만들어준다. 그래서 고객이 어떤 상황에서도 이탈하지 않게 한다. 또 다른 자산관리의 핵심은 돈을 불리기보다 지키는 것이 더 중요하다는 것이다. 분산투자 개념도 여기서 나왔다. 자산을 지키기 위해서는 어느 한 곳에 집중적으로 투자하기보다 잘 분산해서 투자해야 한다. 로보어드바이저는 글로벌 투자상품 등을 활용해 투자를 다변화함으로써 자산을 지킬 수 있도록 도와줄 수 있다.

게임회사에서 일하다가 금융 회사를 창업했다. 영역이 많이 다른 것 같은데.

엔씨소프트에서 투자경영실장으로 일하면서 주로 M&A와 벤처투자를 담당했다. 서비스에 대해 개인적으로 관심이 많았다. 내가 투자하고 인수했던 회사들이 다 서비스 회사였다. 고객에게 어떻게 서비스를 전달할 것인가에 대해 많이 고민했다. 금융은 그 부분에서 가장 취약하고, 동시에 가장 많은 혁신이 가능하다는 점에서 매력적이었다.

안정된 직장을 나와 스타트업을 창업했다. 가장 힘든 점은 뭐였나.

고등학교 후배 2명과 함께 4년 전 창업했다. 4년 동안 많은 일이 있었다. 4년 전 핀테크는 낯선 용어였고, 로보어드바이저라는 말은 있지도 않았다. 금융을 서비스로 접근한다는 관점 자체가 생소했다. 설명하기도 납득시키기도 어려웠다. 지금까지도 금융을 서비스로 제공한다는 개념에 대해 아직까지 사람들이 이해를 못 하는 것 같다. 예를 들어, 케이뱅크와 카카오뱅크 모두 인터넷 전문 은행인데 카카오뱅크가 훨씬 더 사람들에게 다가갔다. 그 차이는 서비스를 어떻게 이해하는지에 대한 관점의 차이다. IT 서비스 중심으로 금융 서비스를 재해석하는 것은 아직도 초기 단계인 것 같다. 갈 길이 먼 분야다.

그럼에도 불구하고 금융 산업에 뛰어든 이유는.

스마트폰 사업을 보면 삼성전자, 애플, LG전자 등 몇 개의 회사들이 시장을 지배하고 있다. 서비스와 IT가 결합된 업종 대부분에서는 그런 현상이 일어난다. 하지만 금융투자업은 그렇지 않다. 투자 일임 업자, 투자 자문 업자들이 굉장히 많다. 그리고 많은 회사가 영업을 잘하는 편에 속하고 회사별로 큰 차이가 나지 않는다. 그런데 카카오뱅크가 나타나고 쏠림 현상이 나타났다. 카카오뱅크는 서비스를 잘 이해하고 접근했다. 우리도 그런 측면에서 금융을 이해하려고 한다.

기술과 금융이 결합할 수 있는 분야는 많다. 지급결제 분야가 될 수도 있고 다른 핀테크 영역도 있는데, 로보어드바이저 전문 업체를 설립한 이유는.

디셈버앤컴퍼니를 설립한 건 그냥 적당한 벤처 하나 만들자고 시작한 게 아니다. 이왕이면 세상을 바꿀 수 있는 아이템을 찾아보자고 생각했다. 나는 핀테크 기술을 두 가지 관점에서 본다. 기술이 이미 많이 발달돼 있나, 그리고 서비스 면에서 개선이 어느 정도 이뤄졌나. 미국에선 금융투자업 외 다른 핀테크 기술의 경우 기술 발달이 이뤄진 상황에서 거기에 서비스를 어떻게 녹여낼까 고민한다. 하지만 한국의 금융투자업은 기술적인 부분 역시 아직 발전이 안 된 상황이다. 서비스도 중요하지만 기술적인 면에서 우리가 더 잘할 수 있는 분야라고 판단해서 로보어드바이저 영역에 뛰어들었다.

우리나라는 투자 수익률에 집착하는 경향이 있다. 현재의 투자문화가 바뀔 가능성이 있을까.

우리나라의 경제 성장은 미래 세대의 부를 끌어와서 축적한 측면이 있다. 대표적인 예가 부동산 투자다. 그래서인지 노력보다는 어떤 기지를 발휘해서 부를 축적해야 한다는 생각이 있다.

그런데 선진국들의 경우 스스로를 개발함으로써 부를 축적해야 한다고 생각한다. 다시 말해서 부란, 나의 가치를 높이는 활동, 즉 독서, 운동, 공부 등을 통해 이루는 것이라고 생각한다. 경제위기를 경험했고 2000년대 초 IT 붐과 최근 4차 산업혁명의 성공 사례들을 본 것도 영향을 미쳤다. 어떻게 하면 나의 가치를 높일까에 집중하는 것이다. 로보어드바이저도 그런 사회적 맥락을 봐야 한다.

미국의 젊은 세대는 여유 시간에 부동산을 살피거나 어떤 종목의 주식을 살까 하며 돌아다니기보다 자신의 자산을 리스크 성향에 맞춰서 편하게 관리하고 다른 것엔 관심을 두지 않는다. 우리나라에서는 이러한 변화가 조금 더디지만 장기적으로는 이와 같은 방향으로 갈 것으로 보고 기회를 살피고 있다.

기계의 투자가 인간의 투자보다 나은 점은 뭘까.

아직은 인간이 나은지 기계가 나은지 단순하게 답할 수 없다. 우리가 생각하는 기계의 수준은 똑똑한 사람 정도다. 하지만 인간이 한 번에 처리할 수 있는 데이터의 양에는 한계가 있다. 한 번에 숫자 10개를 못 본다. 아무리 뛰어난 사람이라 해도 50개 정도다. 반면 기계는 한 번에 50만 개의 숫자를 처리할 수 있다. 기계가 인간보다 낫다고 단정할 수 없지만 동시에 더 많은 양을 처리할 수 있는 기계가 더 좋은 판단을 할 거라고 생각한다. 우리는 그동안 인간이 하지 못했던 방식으로 금융시장을 이해하려 한다. 최대한 많은 데이터를 보고 동시에 판단하게 하는 것이다. 동시에 여러 가지 데이터를 해석할 수 있고 실수를 줄일 수 있다.

디셈버앤컴퍼니가 설립되고 이뤄낸 가장 대표적인 성과를 꼽는다면.

우리는 초기 2~3년 동안 플랫폼을 만드는 데 집중했다. 로보어드바이저를 통한 투자를 계좌별로 모두 관리할 수 있는 플랫폼을 만들었다.

그런 플랫폼을 기술적으로 갖추기 위한 회사는 한국에 유일하다. 이 플랫폼이 우리의 경쟁력이다. 지금은 규제 때문에 이 플랫폼이 제한적으로 사용되고 있다. 수익률도 나쁘지 않다. 가장 큰 성과는 기술을 쌓아가고 있다는 점이다.

아직 비대면 일임 거래는 허가받지 못했다. 새 정부와 이에 대해 논의한 적이 있나.

공청회 같은 자리는 이번 정부에서 아직 없었다. 지금 담당 사무관들이 다 바뀌어서 업무를 파악하고 있는 중인 것 같다. 아직 잘 모르니까 조심스러운 것 같다. 어쨌든 기존 패러다임 내에서 운영해야 하기 때문에 투자 일임업을 하는 별도의 운용 자회사를 만드는 것을 고려하고 있다.

어떤 회사들은 아예 자산운용사로 전환하기도 하지만 디셈버앤컴퍼니는 서비스와 상품에 대해 접근할 때는 구분을 해야 한다는 생각이다. 우리는 서비스 위주의 비즈니스를 하게 될 것 같다.

로보어드바이저도 사회적 맥락에서 이해해야 할 것 같다. 급격한 기술 발전으로 4차 산업혁명 시대가 열렸다고 보는 이들이 많다. 4차 산업혁명이 뭐라고 생각하나.

본질은 라이프스타일의 변화다. 우리가 더 오래 살게 되고, 더 오래 살게 되니까 사람들의 라이프스타일도 바뀌게 된다. 이전 산업혁명은 몸이 하던 걸 기계가 대신하는 것이었지만 지금은 머리가 하는 걸 기계가 대신하는 거다. 5년 전엔 유튜브 스타라는 개념도 없었다. 밀레니얼들은 내 자신, 내 몸에 대해 굉장히 관심이 많다. 그런 관심은 이런 사회적인 변화에서 생긴 것이라고 본다.

4차 산업혁명 시대 정부의 역할은.

4차 산업혁명에 대한 의식이 성숙하지 않은 상황에서 정부가 주도적으로 국민에게 알리고 교육해야 한다. 교과목에 이 내용을 포함시키는 것도 좋다고 생각한다. 물론 모든 청소년과 어린이들이 이해할 수 없다 할지라도 그중에 몇 명만이라도 그 교육에서 비전을 발견한다면 의미가 있다.

창업 선배로서 조언을 한다면.

스스로에 대한 성찰이 먼저 이뤄져야 한다. 아이디어는 문제가 아니다. 내가 인간적으로 어떤 사람인가에 대해 먼저 성찰해야 한다. 나 스스로를 이해하는 사람들이 성공한다. 또 법 규정에 대해 완벽하게 이해하고 시작하기를 권한다. 적어도 상법은 마스터해야 한다. 그렇지 않으면 좀 힘들어질 수 있다. 스타트업에서 살아남기 위해서는 끝을 낼 수 있는 사람이어야 한다. 끝을 본다는 것은 의사결정을 계속 해보는 것이다. 조금 고민하다가 '아 몰라, 안 할래' 이런 태도가 가장 안 좋다. 안 하기로 결정할 때도 이유가 있어야 한다.

디셈버앤컴퍼니의 인재상은.

이 분야에 어느 정도 지식이 있는 사람을 선호한다. 꼭 금융 분야가 아니어도 괜찮다. 논리력, 연산력을 중시한다. 불편하거나 이상한 것을 발견할 수 있는 관찰력도 중요하다.

The Fourth
Industrial
Revolution

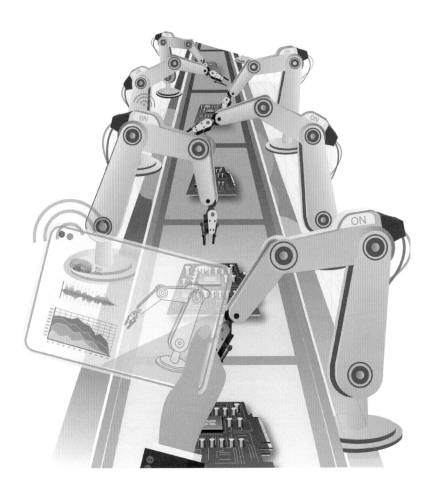

스마트 공장
Smart Factory

▌ 미래의 공장, 아직 갈 길이 남아 있다

'스마트 공장'이라고 하면 생산 라인에서 바쁘게 부품을 조립하고, 나사를 채우고, 박스에 조립품을 담아내는 로봇과 기계들이 연상된다. 사실 이런 자동화 공정은 꽤 오래전부터 공장에 적용돼왔다.

스마트 공장은 '정말로 똑똑하게' 만드는 지능을 갖춘 공장이다. 이 지능은 공장의 설비들이 스스로 제품 불량률을 줄이고, 기계 오작동을 미연에 방지하고, 고객 맞춤형 제품들을 생산해낼 수 있도록 한다.

여기서 언급한 스마트 공장에 가장 근접한 대표적 공장은 지멘스의 독일 암베르크 공장이다. 이곳에 설치된 1,000여 개의 센서들은 제품의 품질부터 각 기계들의 실시간 상태에 이르기까지 각종 데이터를 수집한다.

수집된 데이터는 지멘스의 빅데이터 플랫폼을 통해 분석되고, 분석 결과에 따라 공장 설비들이 자동으로 제어된다. 스마트 공장 도입 후 불량률은 현저히 낮아졌다. 20년 전 제품 100만 개 당 불량품 500개가 발생했지만, 지금은 10개로 줄었다. 에너지 소비량도 약 30퍼센트 줄었다.

글로벌 시장조사기관인 마켓앤마켓Markets and Markets은 스마트 공장 시장이 올해부터 연평균 9.3퍼센트씩 성장해 2022년이 되면 2,054억 달러 규모로 커질 것으로 예측했다.

▌기업들의 이유 있는 투자

스마트 공장이 생산성을 급격히 향상시킨다는 소식에 대기업에서 중소기업에 이르기까지 스마트 공장 시스템을 도입하려는 시도가 이어지고 있다.

포스코 광양제철소에도 설비 곳곳에 센서가 설치되어 있다. 철에 압력을 가해 후판을 생산하는 모든 공정에 관련된 데이터가 이 센서들을 통해 수집돼 포스코가 독자 개발한 스마트 공장 플랫폼 '포스프레임PosFrame'으로 전송된다.

국내 최대 철강사인 포스코는 2015년부터 포스프레임을 적용하고 있다. 공장에 설치된 센서들이 매일 테라바이트에 달하는 데이터를 수집해 전송하면 포스프레임은 데이터를 분석해 공장 관리자들이 손쉽게 불량의 원인을 파악하고 이를 해결할 수 있도록 돕는다. 이를 통해 엔지니어의 분석 업무 시간이 50퍼센트 이상 단축됐다.

한화테크윈 창원 2사업장 내 엔진부품 신공장에서는 생산되는 제품마다 블루투스 센서를 부착해 스마트 공장을 실현하고 있다. 이 센서들은 제품 생산의 전 과정을 효과적으로 추적할 수 있도록 도와준다. 기존에 주로 사용하던 바코드는 사람이 일일이 제품을 스캔해야만 제품의 위치를 알 수 있었다.

회사의 스마트 팩토리 태스크포스를 이끌고 있는 한화테크윈 임재영 상무는 "사물인터넷IoT을 통해 제품을 추적하는 새로운 센서는 납기 관리를 보다 효율화할 수 있다"고 말했다.

한화테크윈은 2017년 2,000여 개의 센서를 도입하고 2018년 말까지는 2만 개의 센서를 도입한다는 계획이다. 한화테크윈은 이 공장을 최첨단 스마트 공장으로 전환하는 데 2018년까지 약 1,000억 원을 투입할 예정이다. 이 공장은 GE나 P&W와 같은 해외 대형 업체들을 위한 항공 엔진 부품을 생산한다.

▌중소기업의 스마트 공장

대기업들이 막대한 자금을 쏟아 최첨단 스마트 공장 도입을 준비하는 와중에 국내 스타트업 울랄라랩은 중소기업에 초점을 맞춰 사업을 펼쳐나가고 있다. 울랄라랩이 제공하는 IoT 센서와 클라우드에 기반한 스마트 공장 플랫폼은 중소기업들이 사용하기에 최적화돼 있다.

이들의 기본 전략은 중소기업들이 이미 가지고 있는 설비 위에 스마트 공장 플랫폼을 추가하는 것이다. 포스코의 포스프레임이나 한화테크윈의 거대한 센서 네트워크와 견줄 수는 없지만 스마트 공장으로의 전환에 필요한 가장 기본적인 도구를 제공한다. 이 스타트업의 '웜 팩토리'라는 솔루션은 상대적으로 저렴한 가격에 중소기업들이 디지 털 공장을 구현하도록 돕는다.

셋톱박스와 자동차용 오디오 시스템을 만드는 제이앤에치텍은 최근 경기도 남사 공장에 울랄라랩의 스마트 공장 솔루션을 도입했다. 남사 공장 곳곳에는 온도와 습도 그리고 진동을 실시간으로 파악하는 센서 들이 설치되어 있다.

위콘Wicon이라고 불리는 울랄라랩 장비는 최대 4개의 센서들로부터 정보를 수집해 인터넷으로 클라우드에 기반한 웜엑스Wim-X 스마트 공 장 플랫폼으로 자료를 전송한다. 플랫폼을 통해 분석된 자료를 직원들 은 스마트폰이나 태블릿 PC를 통해 실시간으로 확인한다.

제이앤에치택은 울랄라랩 솔루션을 도입한 이후 작업에 걸리는 시 간과 에너지 소비가 줄었다고 평가한다. 제이앤에치택의 박리권 생산 관리팀장은 "울랄라랩의 솔루션 도입 이후 기계와 설비들의 상태를 관리하는 것이 훨씬 편리해졌다. 따로 정리하지 않아도 수집된 데이터 를 문서화해주기 때문에 고객들에게 공장의 성과를 보여주기에도 용 이하다"고 말했다.

제이앤에치텍 도입 이전 울랄라랩은 정부와의 협력 사업을 통해 2015년 11월 현대자동차 협력사에 웜팩토리 솔루션을 도입한 바 있다. 플랫폼 도입 3개월 후 기존 18퍼센트에 달하던 공장의 불량률은 8퍼 센트로 떨어졌다. 이는 매달 2,000만 원의 비용을 절감하는 효과다.

▌똑똑해지는 산업용 로봇

스마트 공장에 관한 이야기에서 로봇의 역할을 빼놓을 수 없다. 산업용 로봇은 1959년 GM이 미국 뉴저지에 있는 조립공장에 도입한 것이 시작이었다.

그 이후 로봇은 생산직 노동자에 대한 수요를 크게 감소시켰다. 공장 내 반복적인 작업들은 로봇이 대신 수행하게 됐고, 인간의 작업은 줄어들었다. 하지만 대부분의 로봇들은 특정한 직무만 수행하도록 프로그래밍되어 있기 때문에 모든 공장에는 사람의 손길이 필요했다.

하지만 인공지능과 초고속 인터넷의 등장은 이러한 사람의 역할마저도 흔들어 놓을 수 있다. 이제는 로봇들이 서로 소통하며 더 다양한 작업을 탄력적으로 수행할 수 있게 됐기 때문이다. 예를 들어, 산업용 로봇을 제작하는 스위스 ABB의 양팔 로봇 '유미YUMI'는 학습 기능을 통해 사람이 가르치는 동작을 금방 따라할 수 있다. 이런 로봇은 인간의 동작을 단 몇 시간이면 완벽하게 배울 수 있다. 이 로봇들은 사람들과 나란히 서서 서로 도와가며 일을 할 수도 있다. 이 때문에 이 로봇에는 '협동로봇'이라는 이름이 붙었다. 유니버설 로봇, 리씽크 로보틱스, 쿠카 로보틱스, 그리고 ABB 등이 이러한 협동로봇을 주로 생산하는 업체들이다.

국내에는 협동로봇 생산에 주력하고 있는 곳이 많지 않다. 한화테크윈은 최근 이 사업에 뛰어들어 2017년 3월 첫 협동로봇 HCR-5를 선보였다.

이제 막 걸음마를 뗀 상태지만 앞으로 스마트 공장에 대한 수요가

한국 주요 기업들의 스마트 팩토리

포스코	• 광양제철소에 설치된 센서들이 매일 1테라바이트에 달하는 데이터를 수집, 포스코가 독자 개발한 스마트 공장 플랫폼 'PosFrame'으로 자료 분석. • 인공지능 기반 도금량 제어 자동화 솔루션 개발로 자동차 강판 생산의 핵심인 융용아연도금 시 도금량 편차를 줄임.
LS산전	• 청주 공장의 경우, 부품 배송에서부터 완제품 포장까지 자동화.
	• 카메라로 수집한 빅데이터를 통해 품질 점검.
한화테크윈	• 창원2사업장 내 엔진부품신공장에서 생산되는 항공기 엔진마다 블루투스 센서를 부착, 전 공정에서 제품의 완성 단계 및 품질 점검.
SK이노베이션	• 울산 공장에 센서, 머신러닝, 빅데이터 분석 등 기술을 적용해 기계 고장을 미연에 방지.
현대자동차	• 자동차 공정 과정을 실시간 무선통신으로 제어하는 '스마트 태깅' 기술을 개발해 일부 공장에 적용. 점차 확대해나갈 예정.

자료 : 각 업체, 융합연구정책센터

증가하면서 로봇 사업의 성장 가능성 또한 크다. 시장조사기관 '마켓앤마켓'은 글로벌 협동로봇 시장이 연평균 60퍼센트씩 성장해 2022년에는 33억 달러 규모가 될 것으로 추정했다.

▍맞춤형 제조업

2015년 말 아디다스는 독일 본사 근처인 바이에른 주 안스바흐에 최첨단 신발공장 '스피드팩토리Speedfactory'를 세웠다. 이 공장은 3D 프린터를 사용해 운동화를 찍어낼 수 있다는 점에서 특별했다. 게르트만즈 아디다스 혁신 및 기술 부문 책임자는 2016년 7월 "스피드팩토리는 우리 산업의 전통과 현상을 뒤흔들어놓는 도전이다"라고 선언했다.

이 공장은 2017년 연 50만 켤레의 신발을 생산했다. 아디다스의 연간 생산량인 약 3억 켤레에 비하면 적은 숫자다. 하지만 이 공장이 새로 도입한 시스템이 신발 산업에 새로운 트렌드가 된다면 소비자들은 더 이상 대량생산된 제품이 아닌 맞춤형 비스포크bespoke 제품을 찾게 될 수 있다.

속도나 소재 등 3D 프린팅의 기술적 한계들이 극복된다면 공장들은 더 다양한 제품을 빠른 시간 안에 찍어낼 수 있게 될 것이다. 국내 스마트 공장 컨설팅 업체인 '스마트 머신&팩토리Smart Machine & Factory' 박한구 대표는 "3D 프린팅의 상용화는 시간문제다. 이미 항공, 자동차, 의료기기 분야에서는 3D 프린팅 기술을 제품 제작에 사용하고 있다"고 말했다.

GE는 연료 노즐을 3D 프린팅 기술로 만들고 있고, 또 다른 미국 업체 로컬 모터스는 차체를 3D 프린터로 인쇄해 44시간 만에 자동차 한 대 제작을 완료했다. 3D 프린터 기술을 활용하면 사용자 편의에 따라 다양한 차체 제작이 가능하다.

한국에서는 3D 프린터 도입이 상대적으로 느린 편이다. 2017년 3월 산업통상자원부 등 관계 부처 합동으로 발표한 '3D 프린팅 사업 진흥 시행계획'에 따르면 국내 3D 프린터 시장은 2014년 1,815억 원에서 2015년 2,230억 원으로 증가했고 2019년까지 5,082억 원 규모로 연평균 22.9퍼센트씩 성장할 전망이다. 하지만 한국 시장은 제조업에서의 활용 수요 부족 및 시장 미성숙 등으로 세계 시장 성장률이 연평균 31퍼센트보다 낮을 것으로 전망되고 있다.

▌앞으로의 과제

한국무역협회 산하 국제무역연구원은 2017년 4월 〈해외 스마트 팩토리가 한국에 주는 시사점〉이라는 보고서를 발표했다. 이 보고서에 따르면 스마트 공장 관련 기술 중 한국의 센서 기술은 독일과 미국 등 글로벌 기업의 30퍼센트 수준이다.

보고서를 작성한 이유진 연구원은 "생산설비와 네트워크 기술은 글로벌 기업에 준하는 수준이지만, 사물인터넷 기반 기술인 센서와 무선식별RFID 기술력이 크게 뒤떨어진다. 스마트 팩토리 확산 사업에 힘입어 스마트 팩토리 적용 업체 수는 크게 증가하였으나 대부분의 스마트화는 기초 수준에 불과하다"고 평가했다.

한국 정부는 국내 중소기업의 스마트 공장 시스템 도입을 지원하기 위해 2015년 6월 민관합동 기관인 스마트 공장 추진단을 설립했다. 추진단 사업을 통해 2016년 말까지 누적 2,800개의 중소기업이 스마트 공장 시스템을 도입했다. 추진단은 2020년 말까지는 1만여 개 중소기업의 스마트화를 지원할 계획이다.

하지만 이미 구축된 스마트 공장들 중 79.1퍼센트는 총 4단계의 스마트화 수준에서 1단계인 '기초 단계'에 불과하다. 기초 단계 스마트 공장은 생산 실적이 자동으로 집계되어 자재 흐름이 실시간으로 파악 가능한 정도를 말한다. 실제로 중소기업들이 해결하려는 과제 대부분은 공장 자동화 단계에 머물러 있는 경우가 많다.

하지만 정부는 기초적인 단계의 스마트 공장 숫자를 늘리는 것보다는 아디다스 스피드 팩토리같이 각 산업별로 좋은 선례가 될 만한 공장을 세울 필요가 있다. 스마트 공장의 양을 늘리는 것보다는 질을 높이는 데 집중해야 한다. 스마트 팩토리 보급이 아닌 제조업 스마트화라는 장기적인 비전을 제시해야 한다는 것이 전문가들의 견해다.

▌더 똑똑해진 로봇, 사람에게 위협 아닐 수도

아디다스의 스피드 팩토리는 공장 하나당 160여 명의 관리자를 고용한다. 기존 아시아에서 한 공장 당 1,000여 명의 작업자를 고용해 운동화를 만들던 것에 비하면 훨씬 적은 숫자다.

한화테크윈의 창원 공장도 24시간 동안 일을 하는 로봇 덕분에 기존 공장 대비 반 정도의 인력이 공장을 운영한다.

이러한 사례를 보면 스마트 공장이 사람들의 직업을 빼앗아 갈 것이라는 예측은 일리 있는 말처럼 보인다.

2015년 보스턴컨설팅그룹은 독일의 '인더스트리 4.0' 정책 도입으로 인한 직업 변화에 대해 "로봇 사용의 증가와 디지털화가 조립 및 생산 공정에서 61만 개의 직업을 앗아갈 것"이라고 전망했다.

그러나 동시에 이러한 직업 감소의 영향은 "새로 생성되는 96만여 개의 직업으로 인해 상쇄될 것"이라고 내다봤다. 새로운 직업은 고도로 전문화된 정보기술 분야, 즉 정보 분석, 기술 연구 및 개발 분야에서 만들어질 것이라고 예측했다.

이민화 창조경제연구회 이사장은 일자리에 대한 두려움은 "사라지는 일자리는 예측되지만, 새로 등장하는 일자리는 예측이 안 되기 때문이다. 역사상 일자리는 없어지지 않았다"고 말했다.

독일 '인더스트리 4.0' 정책을 만든 주역이기도 한 헤닝 카거만 독일 공학한림원 회장 역시 "모든 작업의 자동화가 이뤄짐에 따라 실업이 발생할 것이다. 이런 문제들은 더 큰 성장의 기회에 의해 상쇄될 수 있다. 하지만 여기엔 한 가지 전제가 필요하다. 즉 더 개인화되고 보다 유연한 직장 내 양질의 직업 훈련이 이뤄진다는 전제하에서만 가능하다"고 말했다.

각 대학들은 미래 직업이 달라질 것으로 보고 학생들을 위한 새로운 교육 방법을 고민하고 있다. 서울 건국대학교는 약 40억 원을 투자해 학생들을 위한 창의 연구 공간을 구축하고 2017년 5월 개방했다. '스마트 팩토리'라는 이 공간은 가상현실virtual reality 실험실, 3D 프린터실, 드론 운영 시험장 등 다양한 장비와 실험 공간을 갖추고 있다.

경기도 안산에 위치한 한양대 ERICA 캠퍼스와 LS산전은 2017년 스마트 공장 전문가를 양성하기 위한 협약을 맺었다. 협약을 통해 양측은 인터페이스 디자인 등 스마트 공장의 핵심 기술 분야 교육 프로그램을 개발하고 분야별 전문 인력을 양성한다.

2017년 3월 고용노동부는 관계부처 합동으로 마련한 '제4차 산업혁명 대비 국가기술자격 개편방안'을 국무회의에서 확정 발표했다. 이에 따르면 4차 산업혁명과 연관된 로봇, 3D 프린터, 바이오 등 새로운 노동시장 분야에서 17개의 국가 자격증이 신설된다. 학생들은 3D 프린터 개발, 3D 프린팅 전문 운용사, 로봇 기구 개발, 로봇 제어 하드웨어 개발 등 분야에서 국가 자격증을 취득할 수 있다.

"일자리 상실이 아닌 공익적 가치에 무게"

한때 노숙자로 살았다. 첫 창업은 14억 원의 빚으로 남았다. 죽으려고도 했다. 신용불량자 신세로 8개월 동안 노숙하며 전국을 떠돌았다.

국내 20여 개 중소기업에 스마트 팩토리 솔루션을 판매하고 있는 울랄라랩의 강학주(44) 대표 이야기다. 울랄라랩은 강 대표의 네 번째 도전이다.

강 대표의 첫 번째 도전은 군대 제대 1년 후인 1996년 창업한 샘틀 정보시스템SIS이었다. 대학에서 컴퓨터 언어를 전공하던 그는 PC통신 서버와 인터넷을 연결하는 통합 서버 기술 개발을 위해 창업해 큰 주목을 받았다.

하지만 결과는 참담했다. PC통신 시대는 빠르게 저물었다. 곧바로 인터넷 시대로 진입하면서 그가 개발하려던 통합 프로그램이 무용지

물이 됐다. 당시 대학생이던 강 대표가 자신보다 나이 많은 직원을 관리하는 것도 힘에 부쳤다. 갖가지 어려움 속에 2년 반을 버티다 문을 닫았다.

노숙자로 지내다 어떻게 재기했나.

대구에서 노숙하고 있는데 우연히 후배와 연락이 닿았다. 사업을 시작하려던 후배는 내게 조언을 구하려 했다. 그런데 후배가 하려는 사업의 중요한 부분을 내가 처리하면 될 것 같았다. 어차피 돈 쓸 거, 내게 기회를 주면 싸게 해주겠다고 했다. 두 번째 사업을 시작하게 된 것이다. '게임피아GamePia'라는 게임 총판 및 인터넷 상거래 회사였는데 나는 멤버 관리 시스템과 네트워크 분산 기술 구축을 담당했다. 사업을 시작하고 1년 반 만에 빚을 다 갚았다. 빚 다 갚던 날을 잊을 수 없다. 평생 가장 기쁜 순간이었다. 틀에 박힌 업무에 지쳐갈 때 쯤 회사를 아는 선배에게 넘기고 개인형 원 클릭 홈페이지 구축 솔루션 제공업체 스카이디엔에스SkyDNS를 만들었다. 큰돈은 벌지 못했지만 매출은 괜찮았다. 이 회사는 경쟁사에 매각했다. 그러고 나서 이제는 좀 편하게 살고 싶어 직장에 들어갔다. 2004년, 32세 때였다.

직장 생활은 어땠나.

처음엔 《동아일보》 계열 '디유넷'에서 개발 일을 하다가 SK로 옮겨 온라인 서비스 전략 관련 부서에서 일했다. 그런데 편할 줄 알았던 직장 생활이 오히려 힘들었다. 정해진 프로세스에 맞춰 일하는 게 형식적이라고 느껴졌다. 그러던 중 회사에서 좋은 아이디어를 내면 개발비를 지원해주는 프로그램이 생겨 지원했다. 거기에 선정돼 1억 3,500만 원을 투자받았다. 그 돈으로 다시 창업에 뛰어들었다. 그게 2009년인데 당시 내 아이디어는 '핀터레스트' 같은 소셜 큐레이션 플랫폼이었다. 우리는 '마이픽업'이란 이름으로 서비스했는데, 그땐 시장 반응이 거의 없었다. 하지만 얼마 후 비슷한 콘셉트의 '핀터레스트'가 나왔을 땐 반응이 폭발적이었다.

스마트 공장 솔루션을 만들게 된 계기는.

그다음 서비스로 뭘 할까 고민하다가 '웜펫'이라는 반려동물용 제품을 만들었다. 강아지의 생활 패턴을 찾아 상태를 파악할 수 있도록 해주는 기기였다. 그런데 많은 돈을 들여 주문한 웜펫 금형에 자꾸 불량이 발생했다. 1,000개를 주문하면 평균 20개의 불량품이 섞여 있었다. 그래서 그 공장에 20개를 다시 만들어달라고 하니 그 정도 불량은 어쩔 수 없다며 100개를 추가 제작해왔다. 작은 규모의 공장이었는데 불량 때문에 상당한 손실을 보고 있었다. 굉장히 좋은 기계들인데 왜 사소한 불량을 못 걸러내나 하는 생각에 반려동물에 사용하려고 했던 기기를 공장용으로 전환하게 됐다.

스마트 팩토리 솔루션이란 뭔가.

저렴한 비용으로 중소기업들이 공장을 디지털화하도록 돕는다. '웜팩토리Wimfactory'라는 울랄라랩의 스마트 공장 솔루션은 위콘Wicon이라는 통합 센서와 윔-엑스Wim-x라는 클라우드 기반 스마트 공장 플랫폼으로 공장 내 설비의 온도, 습도, 진동 등을 감지하고 분석해 불량률을 낮출 수 있도록 한다. 공장 설비나 구조를 바꾸지 않고도 생산성을 높일 수 있어 중소기업들이 많이 찾는다. 대기업처럼 인공지능이나 빅데이터 같은 첨단 기술 개발에 투자할 여력이 없는 중소기업들이 쉽게 스마트 팩토리를 구현할 수 있다. 저렴하고 간편한 스마트 공장 솔루션으로 2016년 국가생산성대상 창조경제 우수기업 부문 국무총리 표창을 수상했다. 2017년 6월 본격적인 제품 양산에 들어간 이후에는 국내 20여 개의 공장에 솔루션을 공급하고 있다. 해외 반응도 좋다. 인도 타타그룹, 독일 아디다스, 스웨덴의 아틀라스콥코 같은 글로벌 대기업들과 공동으로 기술 개발을 진행 중이다.

울랄라랩이라는 회사 이름이 특이하다.

울랄라랩이란 이름은 프랑스어 감탄사인 오, 랄라Oh, la la에서 따온 말이다. 다시 말하면 '오, 세상에!'라는 뜻이다. 인지하지 못하고 있다가 나중에 알게 되면 '와, 이런 거구나' 감탄을 할 수 있는 것을 연구하자는 의미에서 이렇게 지었다.

창업 초기 투자자들의 반응은 어땠나.

대부분 돈 안 되는 일을 한다며 좋게 보지 않았다. 무슨 스타트업이 스마트 공장을 만드느냐는 반응이었다. 스마트 팩토리에 대한 인식도 너무 낮았다. 불과 2~3년 전인데 분위기가 지금하고는 많이 달랐다. 정부 지원도 없었다. 2016년 3곳으로부터 투자를 받았다. 코사인 개인협동조합, 카이스트청년창업투자지주, 정부의 팁스Tech Incubator Program for Startups 프로그램으로 투자를 유치했다. 최근에도 투자하겠다고 한 회사가 몇 군데 있다. 투자자들은 사실 소프트웨어 쪽에는 투자를 많이 해도 하드웨어 기반의 스타트업에는 투자를 잘 안 한다.

울랄라랩의 수익 기반은 무엇인가.

'위콘'이라는 단말기 판매와 '윔엑스'라는 플랫폼 이용료가 주된 수익원이다. 궁극적으로는 공장 관련 데이터 사업으로 확대시키려고 한다. 울랄라랩은 아직까지 영업망이나 판매망을 구축하지 못한 초기 기업이다. 갈 길이 멀다.

다른 솔루션에 비해 가격이 10분의 1 정도에 불과하다고 들었는데.

사실은 10분의 1도 안 된다. 보통 1개 공장에 우리 같은 시스템이나 장비와 솔루션을 도입하면 적어도 작은 공장의 경우 2억~5억 원, 규모가 큰 공장은 10억 원까지 든다. 그에 반해 우리의 '위콘' 단말기는 개당 45만 원에 불과하다. 위콘을 설치하면 윔엑스 플랫폼을 통해 공장의 온도, 습도, 진동 등을 분석한 리포트를 받을 수 있다. 이상 신호를 미리 감지해 불량이나 고장을 어느 정도 방지한다.

울랄라랩도 공장을 가지고 있나. 직원 수는.

자체 공장은 따로 없다. 위콘 단말기 제작은 외부에 맡긴다. 회사 사무실은 경기도 안양시 창조경제융합센터에 있다. 직원 수는 1년 반 전엔 8~9명이었는데 지금은 두 배로 늘어서 17명이 됐다. 2017년 사업이 본격화하면서 국내외 마케팅과 영업 인력을 충원했다.

첫 제품은 어디에 판매했나.

판매라기보다 2015년 정보통신진흥원 사업을 통해 자금을 지원받고 사업화 검증을 위해 현대자동차 협력사에 설치했다. 프로젝트 기간이 약 8개월이었는데 성공적이라는 판정을 받았다. 그 공장의 불량률이 18퍼센트 정도였는데, 우리 솔루션 적용 3개월 뒤부터 불량률이 줄기 시작해 손실이 절반으로 줄었다.

현재 매출은.

본격적인 양산과 사업은 2017년 6월부터 시작했다. 아직 매출은 많지 않다. 월 평균 약 1억 원으로 현재는 시험 단계로 보면 된다. 시장 반응과 가능성을 충분히 검증한 만큼 2018년 3월에 본 비즈니스를 시작한다. 주력은 국내보다는 해외 쪽이다.

해외 기업들과는 어떻게 사업을 시작하게 됐나. 그들이 울랄라랩에 관심을 가지는 이유는.

처음에 중국 나이키 공장에서 온도 측정 관련 서비스를 문의해왔다. 그런데 우리 단말기와 플랫폼이 온도 측정뿐 아니라 다양한 형태의 스마트 팩토리 구축에 활용할 수 있다는 것을 알고 관심이 커졌다. 가격 대비 효율성이 높다는 점도 높은 평가를 받았다. 해외 쪽은 박람회를 주축으로 움직이고 있다. 해외에선 쉽게 적용할 수 있는 우리 회사의 솔루션에 관심이 크다. 2016년에는 리커창 중국 총리가 직접 방문했고, 코스타리카 대통령도 왔다. 언론을 통해 알려진 덕분에 해외에서 알고 찾아오는 경우가 많다. 중국 공장 이후 현재는 인도네시아 및 동남아 공장을 중심으로 우리 서비스를 활발하게 공급하고 있다.

한국 스마트 팩토리의 발전 방향에 대한 의견은.

제조 혁신을 진행하고 있는 미국, 독일, 일본, 중국 등 각 국가들은 각자 중심을 갖고 있는 것 같다. 미국의 경우 인공지능, 독일의 경우 스마트 공장, 일본은 로봇, 중국은 빅데이터를 중심으로 하고 있다. 한국은 삼성, 현대, LG 등 대기업과 그에 속한 협력 업체가 중심이 되는 구조다. 그런데도 독일의 사례만 따라가려고 한다.

또 해외에선 스마트 팩토리 핵심 기술 개발에 스타트업과의 협업이 중요한 부분을 차지한다. 이를 통해 스타트업들도 활성화하고 정부 정책에 적극 동참한다. 하지만 우리나라의 경우 정부 지원을 받아 스마트 팩토리 솔루션을 공급하기 위해서는 공급 기업으로 등록해야 한다. 이때 재무재표를 따지고 실적을 기준으로 평가한다. 그렇다보니 국내에서는 스마트 팩토리 관련 스타트업이 나오기 힘들다.

최근 대기업들이 앞다퉈 스마트 팩토리 도입을 선언하고 있다. 어떻게 생각하나.

긍정적이다. 국내의 경우 대기업과 그 협력사를 중심으로 제조업이 구성돼 있기 때문에 대기업의 움직임에 따라 중소기업들도 움직일 수밖에 없다. 다만 아직 뚜렷한 방향이 없고, 정부 기관도 어떻게 해야 할지 방법을 모르고 있어 그냥 해외 사례를 따라가는 경우가 많다. 하지만 제조업에 변화가 필요한 것은 분명하다. 이런 움직임만으로도 인식 변화에 도움이 되고 있다는 점은 긍정적이다.

스타트업 지원을 위해 정부가 해야 할 일은 뭐라고 생각하나.

규제 개선이 필요하다. 우리나라는 대기업 중심 경제 구조라 대기업에 해당하는 규제들이 많다. 의료법이나 위치사업자 법 등도 마찬가지다. 재무제표를 중시하는 것도 그렇다. 정부 사업을 수주해서 아무데나 돈을 쓰면 안 되니 재무제표를 확인해야 하는 것은 맞지만 대부분의 스타트업은 투자받은 돈을 개인적으로 쓰지 않는다. 스타트업이 이익을 내는 데는 2~3년 정도가 걸리는데 그 기간 동안 재무제표는 당연히 마이너스를 기록하게 돼 있다. 그런데 우리나라 지원사업은 대부분 재무제표를 가지고 평가한다. 그러니까 막상 중요한 R&D 지원사업은 참여를 못 하고 마케팅 지원사업 등에만 참여하게 된다. R&D를 활발하게 할 수 있게 하는 기반을 조성해줄 필요가 있다.

울랄라랩의 비전은.

우리가 하고 있는 것이 스마트 팩토리의 본질이라고 하기는 어렵다. 공장이 똑똑해져서 공장에서 해야 하는 업무가 좀 줄어든 것 가지고는 안 된다. 새로운 가치를 만들어가려면 다른 연구를 하고 고민을 해야 한다. 한국에선 아디다스의 스마트 팩토리를 보면서 직원 10명이 신발 50만 족 만드는 공장을 운영하게 되었다는 데 집중한다. 하지만 본질은 그게 아니다. 스마트 팩토리를 통해 이제 아디다스는 더 이상 신발을 파는 회사가 아니라 시스템을 파는 회사가 되었다. 향후 아디다스 대리점들은 아디다스 설비를 사다가 고객의 발 사이즈를 측정하고 바로 그 고객만의 디자인으로 신발을 만들어낼 것이다. 우리는 스마트 공장을 통해 일자리를 줄이려는 것이 아니라 공익적 가치를 늘리고 싶다. 공장에서 내가 어렵게 해야 했던 일은 기계나 시스템에게 맡기고 나는 가족과 시간을 보내는 등 더 가치 있는 생활을 할 수 있어야 한다.

창업을 준비하는 사람들에게 조언을 한다면.

낭떠러지 위에 서 있어야 한다. 그러면 물러날 데가 없다. 스티브 잡스도 'Stay Hungry!'라고 말했듯 그런 문화 속에서 아이디어를 내고 도전해야 한다. 한국에선 애플, 페이스북, 픽사 같은 문화가 나오기 어렵다. 대학에서 창업 교육을 해보면 정부에서 주는 창업 지원으로 차 사고 좋은 음식 사 먹으며 탕진하는 학생들이 있다. 이전 정부에서 구직난 해결을 위해 창업을 지원한다며 무조건 돈을 주다 보니 취업하기 어려운 학생들이 악용하는 경우가 있었다. 낭떠러지에 서기 위해서는 내가 만들고자 하는 서비스와 제품이 사회에 어떻게 공헌하는지 이해해야 한다. 내가 만드는 제품이나 서비스가 어떤 형태로든 사회에 변화를 일으키고 있다고 생각하면 절실해진다. 그러면 말려도 하게 된다.

여러 번의 실패를 경험하고 이번에는 성공한 거 같다. 스스로 성공했다고 보나 어떻게 평가하나. 운인가, 노력인가.

아직 성공은 아니다. 적어도 몇 년은 더 있어야 우리가 꿈꾸는 비전을 달성했는지 알 수 있을 것 같다. 그래도 우리의 비전을 이해하고 함께 하겠다는 멤버들이 있으니 성공 가능성이 높아졌다고 생각한다. 여기 까지 오는 데 오랜 시간과 투자가 있었다. 우리 모두가 엄청난 노력을 해왔다고 감히 말할 수 있다.

경험 가능한 미래
4차 산업혁명 2018

The Fourth
Industrial
Revolution

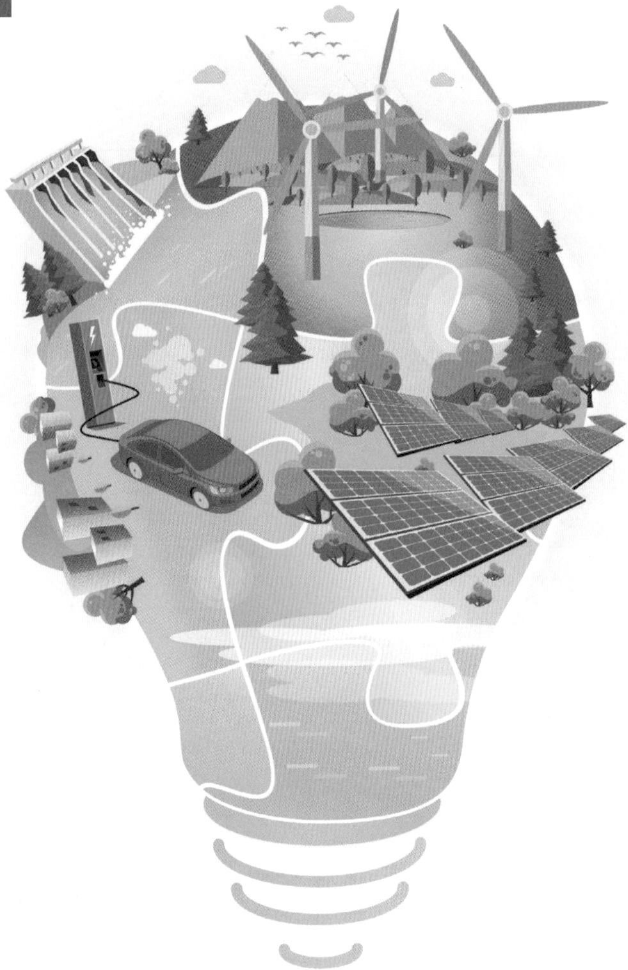

스마트 에너지
Smart Energy

▌생산 중심에서 효율적 소비로 진화하는 전력산업

인류가 처음 불을 사용한 것은 약 100만 년 전이다. 이후 인류는 각종 천연자원의 혜택을 받으며 살아왔다. 석탄과 석유에서 현재 태양광과 풍력발전에 이르기까지 에너지는 인류 역사에 가장 중요한 역할을 했다.

20세기 초 세계 각국의 환경운동가, 지식인, 정치인들은 자연자원이 한정돼 있고 머지않아 고갈될 것이라고 주장했다. 실제로 1939년 미 국무부는 미국의 석유가 13년 이내에 고갈될 것이라고 발표했다. 급격히 늘어난 자동차와 기차 등에 의해 자원이 고갈될 것이라는 소위 '오일 패닉'이 일어났던 때다. 이어 1949년 또다시 "미국의 석유 고갈이 눈앞에 다가왔다"고 성명을 냈다.

이러한 주장은 지질학자 킹 허버트 등을 비롯한 학자들에 의해 힘을 얻었다. 허버트는 1956년 '허버트 커브'라는 이론을 발표했다. 미국의 석유 생산이 1970년에 정점에 달한 뒤 급격히 줄어들 것이라는 주장이었다.

허버트의 주장은 1970년에 정점에 달한다는 점에선 맞았지만, 석유 생산이 급격히 감소한다는 점에서는 틀렸다. 각종 기술 발전으로 인해 인류는 석유를 더욱 효율적으로 생산하는 것은 물론, 모래 등에서 기름을 추출하는 셰일가스나 태양광으로 에너지를 생산하는 방법을 터득했다.

정부는 2030년까지 현재 7퍼센트 수준인 재생에너지 발전량을 20퍼센트로 끌어올리겠다는 목표를 세웠다. 이를 위해 2016년 기준 13.3기가와트에 머물던 신재생에너지 발전 용량을 2030년까지 63.8기가와트로 높인다는 계획이다.

4차 산업혁명 시대는 물건을 싸게 많이 만드는 것이 아니라 각자 필요할 때 필요한 물건이 있어야 하는 시대가 될 것이라고 한다. 따라서 낭비가 줄고 에너지 사용과 세계 물동량 등이 줄기 시작할 것이라고 한다. 최적화가 이뤄지는 것이다.

▌효율적인 에너지 생산

세계 각국은 스마트 그리드 산업을 키우기 위해 노력하고 있다. 스마트 그리드는 기존의 전력망에 정보통신기술ICT을 접목하여 에너지 효율을 극대화하는 기술이다.

본격적인 스마트 그리드에 대한 연구는 2000대 초 미국을 중심으로 추진됐다. 이후 한국 정부 역시 그리드를 통해 전국의 에너지 소비를 관리하는 기술을 개발하기 시작했다. 한국은 2014년 제주 가파도에 에너지 자립섬을 구축했으며 2015년에는 대용량 에너지 저장 시스템ESS을 구축했다.

스마트 그리드는 소비자가 전기를 필요로 할 때 공급받아 저렴한 가격에 사용하는 것이다. 인공지능 기술이 접목된 스마트 그리드를 활용하면 전력 수요를 보다 정확히 관리할 수 있다. 과학기술정보통신부는 2017년 발표한 보고서에서 스마트 그리드를 통해 폭염, 혹한 등 기후변화로 인한 전력 수요 증가에 대비할 수 있으므로 블랙아웃 등 전력 공급 차질로 인한 피해 발생 가능성 또한 획기적으로 줄어들 것으로 전망했다.

세계 각국은 원전을 포기하고 있지는 않지만 신재생에너지나 스마트 그리드 등에 더욱 집중하는 추세다. 전기 수요는 크게 줄어들지 않을 것이다. 미래의 각종 산업이 전산화될 것이므로 전기에 대한 수요는 여전히 클 것이다. 따라서 미래의 가장 큰 과제는 현재와 다를 바 없이 어떻게 전력 소비를 줄이고 수요를 효율적으로 관리할 것인가가 될 것이다.

에너지를 보다 효율적으로 소비하려는 추세에 따라 한국의 전력회사 및 통신회사 역시 이 부분의 사업에 집중하고 있다.

KT는 2016년 건물의 에너지 상태를 검진하고 비용 절감을 돕는 '에너아이즈' 서비스를 출시했다. 건물의 소비 패턴을 분석해 에너지를 절감할 수 있는 요소를 도출하고 데이터 분석을 통해 전력 사용량을 예측함은 물론 최고점에 달하는 예상 시간까지 파악한다.

KT는 이 서비스를 다른 기업 및 건물에도 제공할 계획이다. KT에 따르면 실제로 대구에 위치한 한 아파트의 경우 에너아이즈 서비스를 통해 연간 아파트 공용 전기요금이 약 70퍼센트 절감됐다고 한다.

KT는 2017년 상반기 스마트 에너지 부문에서 467억 원의 매출을 달성했다. 이는 전년도 연간 스마트 에너지 부문 매출액인 420억 원을 상회하는 실적이다.

많은 회사는 스마트 그리드 산업이 계속해 성장할 것으로 전망해 투자를 늘리고 있다. 과학기술정보통신부 보고서는 미국에선 2022년, 한국에선 2024년에 인구 100만 명 이상의 광역도시에 스마트 그리드 시스템이 구현될 것으로 내다봤다. 한국과학기술연구원은 아시아 지역의 스마트 그리드 시장 규모가 2014년 76억 달러에서 2019년 139억 달러로 늘어날 것으로 예측했다.

시장조사업체 네비건트리서치에 따르면 마이크로 그리드 기술은 2013년 83억 달러에서 2020년 400억 달러로 늘어날 전망이다. 마이크로 그리드는 작은 섬 등에서 에너지 저장 장치 등을 사용해 에너지를 공급하는 데에 사용된다.

한국전력 역시 2017년 초 4차 산업혁명 9대 전략 과제에 2020년까지 7,640억 원을 투자한다고 밝혔다. 인공지능 기술 등을 통해 에너지 사용 정보 및 설비를 실시간 분석하고 제어해 효율 향상 및 비용을 절감하겠다는 취지다.

한국전력은 또 2016년 세계 최초로 열화상 자동진단 시스템을 개발했다. 열화상 카메라를 통해 전신주 등의 상태를 파악해 문제가 발생하면 곧바로 분석하는 시스템이다. 한국전력 배전운영처 문일주 부장은 "정전이 크게 줄었는데 여기에는 각종 예방 진단 기술이 기여한 것으로 보고 있다. 각종 기술이 진단에 들어가는 시간과 인간의 노동을 줄여줄 뿐 아니라 더욱 정확한 결과를 도출할 것"이라고 말했다.

▌에너지 패러다임의 변화

에너지 전문가들은 과거 에너지를 어떻게 생산할지를 고민하던 것에서 미래에는 어떻게 사용할지가 중요해질 것으로 내다봤다.

카이스트 최준균 교수는 "기술 혁신에 따라 다양한 에너지 생산 수단과 에너지 저장 및 제어 수단이 생겼다. 아무리 에너지 생산 및 전달 비용이 저렴하다 하더라도 필요한 순간에 필요한 만큼, 필요한 형태로 소비할 수 없다면 효율이 낮은 것이다. 공유경제를 통한 신수익창출이 에너지 판매 수익보다 더 클 것이다"라고 말했다.

과학기술정보통신부 등의 보고서 역시 에너지 산업이 생산 중심에서 서비스 중심으로 변화할 것이라고 설명했다. 보고서에 따르면 에너지 공급망은 중앙공급형에서 분산거래형으로 전환된다. 이에 따라 전력 송배전 손실이 줄어들고 친환경 에너지 이용이 확대될 것이다. 소비자가 태양광, 풍력 등 신재생에너지를 이용해 전력을 직접 생산하여사용하고, 여유분을 통합 플랫폼을 통해 판매하는 에너지 프로슈머가 늘어날 것이다.

곽대종 연구원은 정부가 스마트 그리드 기술을 활용해 신재생에너지 산업 개발에 나서야 한다고 말했다. 곽 연구원은 "원전 의존의 불가피성과 외견상 이율배반적인 것으로 보이는 재생에너지 및 스마트 그리드를 통한 스마트 전력 혁명이 필요하다. 한국 역시 2016년 영국 정부가 추진한 '스마트 에너지 혁명'과 같은 정책을 추진해야 한다. 국내의 스마트 그리드 확대와 병행하여 국외 그리드 연결망을 모색하는 전략도 신중하게 모색할 필요가 있다. 스마트 그리드의 실현을 촉진하기 위해 현재 취약한 센서 등 하드웨어 산업의 육성 방안이 시급히 수립될 필요가 있다"고 주장했다.

▎스마트 배터리

신재생에너지 기술을 통한 에너지 생산이 늘고 더 많은 디지털 기기를 사용하게 되면서 에너지 저장 기술 역시 주목받고 있다.

배터리 기술은 MP3 플레이어, 디지털카메라, 노트북, 스마트폰의 사용 증가와 함께 발전했다. 큰 성과를 이룬 분야는 전기차의 핵심부품인 고용량 배터리다. 각국의 자동차 회사들은 이 기술에서 우위를 차지하기 위해 노력하고 있다.

테슬라가 2016년 출시한 '모델S'의 주행거리는 470킬로미터다. 과학기술정보통신부는 1회 충전으로 800킬로미터를 주행할 수 있는 전기차가 미국에서 2022년에, 한국에선 2024년에 출시될 것으로 전망한다. 과기정통부 보고서는 "1회 충전 시 최대 주행거리가 800킬로미터인 전기차 상용모델이 처음으로 국내 시장에 출시되면 점차 승용차를 포함하여 SUV, 버스, 화물차 등 경제성 있는 다양한 전기차가 출시될 것으로 예상된다"고 말했다. 또한 신재생에너지를 이용한 발전이 가정마다 일반화되면서 초고용량 배터리를 이용해 전력 수급을 관리할 수 있을 것으로 내다봤다.

▌한국은 탈원전 논의, 주요국은 원전 재가동

문재인 대통령이 원전에 대한 의존도를 낮추기로 결정함에 따라 에너지 문제가 최근 이슈로 떠올랐다.

이와 관련 일각에서는 전기료 인상과 수급 문제를 걱정하고 있다. 반면 탈원전을 지지하는 측은 정부의 방침이 후쿠시마 원전 사태 등을 사전에 방지할 수 있을 것이라 주장한다.

한국에서 벌어지는 이와 같은 논쟁은 해외 여러 나라에서도 있었던 일이다. 1970~80년 미국 정부는 방사능 오염 등을 이유로 3곳의 원전 공사를 중단했다. 이는 1979년 미국 스리마일섬, 1986년 소련 체르노빌 원전 사고로 인한 두려움에서 비롯됐다.

하지만 20~30년이 지난 뒤 중단됐던 공사는 전력 수급 문제 등으로 인해 재개됐다. 대만 역시 2014년 중단한 원전 공사를 최근 재개했으며 필리핀 정부는 체르노빌 원전 사고 이후 중단된 공사를 재개하는 방안을 논의 중이다.

김창락 국제원자력대학원대학교 교수는 "미국은 1970년대부터 원전 신규 건설을 중단하고 천연가스 등을 쓰는 화력발전소 가동을 확대했지만 원전을 포기할 수는 없었다. 90년대 말부터 온실가스 문제가 부각되자 원전이 환경오염 방지에 도움이 된다고 판단해 중단된 건설을 재개했다"고 설명했다.

원전의 안전성에 대한 문제가 부각되며 많은 국가가 신재생에너지 개발에 중점을 두고 있다. 하지만 새로운 에너지 시장이 급격히 부상하며 이에 따른 일종의 사기 행위도 발생하고 있다.

최근 국내에서 태양광 발전기 설치를 담당하는 한 회사는 저렴한 투자로 전력을 생산, 한국전력을 비롯한 전력회사에 이를 판매할 수 있다고 홍보하고 있다. 하지만 전문가들은 이러한 투자자들이 말처럼 쉽게 이익을 얻을 수 없을 것이라 지적했다.

유재국 국회입법조사처 조사관은 "한전이나 대형 발전사가 사줄 에너지 물량은 한정돼 있는데 입찰은 경쟁 상대가 많아 소규모 업자들이 피해를 볼 수 있다"고 말했다.

코트라(KOTRA, 대한무역투자진흥공사)는 최근 해외에서 진행되는 태양광 발전 사업에 투자하는 국내 기업에 신중한 접근이 필요하다고 경고했다. 일부 사업이 거짓 정보로 투자자를 유인한다는 것이다. 코트라에 따르면 최근 신재생에너지 산업을 중점적으로 추진하고 있는 태국에서 이와 같은 사기 사례가 발생하고 있다. 왕족 등 고위층과의 커넥션을 미끼로 투자를 유치한 뒤 연락이 두절되는 경우 등이다.

"인류가 직면할 문제를 미리 해결"

유병훈(20) 이비온Evon 대표는 "스마트폰을 사면 으레 카카오톡을 설치해야 한다고 생각하는 것처럼 전기차를 사면 당연히 이비온 애플리케이션을 설치하게 만들고 싶다"고 했다.

선린인터넷고등학교 3학년에 재학 중인 유 대표를 만난 건 수능시험을 약 보름 앞둔 2017년 11월 7일이었다. 그는 전기차 충전소 위치 서비스 및 전기차 관련 통합 서비스 플랫폼을 준비하고 있었다. 관련 애플리케이션은 2017년 12월 출시됐다. 이비온은 한국전력 선정 'K-에너지 스타트업' 지원 기업으로 지원금 1억 원을 받았다. 환경부로부터는 '2017 공급급속충전기 안내 우수 애플리케이션' 상을 받았다.

이비온 애플리케이션은 사용자들이 각 지역에 몇 개의 전기차 충전소가 있는지 확인하고 원하는 충전소 타입을 쉽게 검색할 수 있게 도와준다. 유 대표는 앞으로 결제 기능을 추가해서 전기차 유지에 대한 모든 정보를 데이터화한다는 계획이다.

고등학생으로 스타트업을 시작하는 건 흔치 않은 일인데.

대학에서 건축공학을 전공하고 현재 건축설계사무소를 운영하고 계신 아버지 덕분에 어린 시절부터 집에 있는 컴퓨터를 고치거나 분해하는 걸 좋아했다. 중학교 1학년 때부터는 '게임중독자'란 별명을 얻을 정도로 게임에 빠졌다. 그러다 문득 '난 미래에 무엇을 해야 할까'라는 고민을 하게 됐다. 중학교 2학년 때였다. 당시 공부에 대한 흥미가 별로 없었다. 게임 중독 상태에서 '난 무엇을 좋아하지?' 고민하다가 게임을 좋아하니까 한번 만들어볼까 생각했다. 게임을 만들려면 코딩을 배워야 한다고 해서 인터넷고등학교에 진학하기로 마음먹었다. 어머니가 반대하셨지만 내 생각을 말씀드리고 허락받았다.

고등학교 1학년 때부터 돈을 벌기 시작했다고 들었다.

고등학교 1학년 때 프로그래밍을 잘하는 친구 세 명과 애플리케이션 제작 업체 '해쉬소프트'를 만들었다. 외주를 받아 교육 애플리케이션을 만들었다. 3~4개 정도의 애플리케이션 개발을 대행했다. 당시 1건당 1,200만 원 정도를 받았다.

전기충전소 안내 애플리케이션을 개발하게 된 계기는.

선린인터넷고등학교 진학 이후엔 게임보다 생활 관련 애플리케이션 개발에 관심을 갖게 됐다. 외주를 받아 애플리케이션을 만들고 나니 '우리가 스스로 기획해서 만들 수 있겠다'는 생각이 들었다. 친구들과 어떤 애플리케이션을 만들까 생각하다가 테슬라가 한국 시장에 진출한다는 소식을 들었다. 전기차 충전소 하나를 찾기 위해 두 시간 넘게 헤맸다는 기사도 봤다. 우리가 충전소를 직접 세울 순 없지만, 세워진 충전소의 위치와 정보를 제대로 알려주는 애플리케이션을 만들 수 있지 않을까 생각했다.

어려운 점은 없었나.

운전면허가 없다 보니 운전에 대한 이해가 떨어진다. 그래서 전기차 카페 운영자를 만나 어떤 서비스의 개선이 필요한지 물었다. 그런 식으로 약 3개월 동안 기획하고, 2017년 초부터 개발에 들어갔다. 나는 애플리케이션 인터페이스, 디자인, 총괄기획을 맡았다. 코딩 지식이 큰 도움이 됐다.

한국전력이 제작한 앱에도 전기차 충전 안내 서비스 기능이 있다. 어떻게 다른가.

한국전력을 포함한 기존 애플리케이션들을 보면서 '왜 이걸 이렇게 만들었지?' 생각했다. 한국전력 애플리케이션은 웹 페이지를 애플리케이션에 올려놓은 형태다. 그래서 인터넷 환경에 따라서 속도가 굉장히 느려진다. 지도에 충전소 숫자를 군집화를 한 클러스터링 기능도 없다. 이비온 애플리케이션의 경쟁력은 사용자의 편의성을 최대한 고려했다는 점이다. 클러스터링, 필터링 기능을 넣은 것도 이 때문이다. 또

충전소에 있는 충전기 중 급속충전기는 몇 개고 현재 사용 가능한 충전기는 몇 개인지에 대한 정보도 보여준다. 전국 모든 전기차 충전소 3,101개의 위치와 가격 정보 등을 손쉽게 확인할 수 있다.

충전소 위치 안내 외에 추가 기능은.

QR코드를 통한 결제 기능을 추가할 계획이다. 결제 서비스의 경우 현재 특허 신청 중이라 2018년 중 업그레이드해서 적용할 예정이다. 충전소 안내, 결제뿐 아니라 궁극적으로는 전기차 통합관리 시스템 구축을 목표로 하고 있다. 총 주행 거리는 물론 결제에 대한 정보를 이용해 지금까지 충전에 들인 총 지불 정보를 이용자에게 보여주려고 한다. 이외에 총 이동 거리, 총 충전에 들어간 시간 등을 분석해서 배터리 점검, 교환 시기 등을 알려줄 수 있다. 충전소 리뷰 등의 서비스를 통해 사용자와 긴밀하게 연결된 전기차 종합관리 서비스를 선보이겠다.

개발 과정에서 어려운 점은 없었나.

크게 어려운 점은 없었다. 환경부 환경공단 데이터베이스 서버와 우리 서버가 연결되어 관련 정보를 공유하고 있다. 공식적으로 공문을 보내서 공유 요청을 했고 허락을 받아냈다. 환경부에서 처음엔 우리 나이를 알고 당황했지만 사업계획서를 보여주니 우리 사업모델에 고개를 끄덕였다. 최근 한국전력으로부터 지원금 1억 원을 받았다. 투자금이 아니라 상환이 필요 없는 지원금이다. 애플리케이션을 제작해 번 돈으로 창업에 필요한 서버 비용, 도메인 구입 비용을 충당했다.

앞으로 계획은.

서버 기술에 대한 특허, 결제 기술 등에 대한 특허를 준비 중이다.

수익 모델은.

급속충전의 경우 30~40분 정도의 자투리 시간이 생긴다. 그때 방문 세차를 이용해서 세차가 가능한데 우리가 그런 세차 업체와 제휴해 수수료 이익을 얻을 수 있다. 그 외에도 전기차 이용자들로부터 수집한 빅데이터를 한국전력 등 관련 회사에 판매할 수도 있을 것이다.

연세대학교 글로벌융합공학과 수시에 지원했다고 들었다. 대학 공부가 꼭 필요하다고 보나.

우리가 개발한 기술은 모방하기 어렵지 않은 기술이다. 대학에 간다면 해당 분야에 대해 좀더 전문적 공부를 통해 학술적 기술을 더해보고 싶다. 하이테크 기술이 들어간 사업을 구상할 수 있지 않을까 기대하고 있다.

롤 모델이 있을 것 같다.

테슬라 CEO 일론 머스크다. 그의 사업모델은 공통적으로 인류가 직면한, 혹은 직면할 문제를 해결하려 한다. 인류에 공헌하는 모습이 존경스럽다. 수익을 목표로 하기보다 산업 발전을 선도하는 모습이 멋지다. 자부심을 느끼면서 일하고 있다. 내가 좋아서 하는 일을 하는, 그런 회사를 만들고 싶다.

**The Fourth
Industrial
Revolution**

스마트 물류
Smart Logistics

▌당신의 다음 배송기사는 로봇이 될 수도 있다

드론 하나가 서울에서 배달된 상자 하나를 싣고 교외 지역을 날아다닌다. 드론이 자기의 목적지를 찾자 서서히 하강하며 가져온 상자를 보관함에 떨어뜨린다. 기다리던 고객은 미리 문자메시지를 통해 받은 비밀번호를 보관함에 입력하고 상자를 수령한다. 드론은 다시 출발한 기지로 돌아가 다음 배송을 기다리며 배터리를 충전한다.

이 시나리오는 CJ 대한통운이 꿈꾸는 미래 드론 배송의 모습이다. 현재 CJ 대한통운은 'CJ 스카이 도어Sky-Door'라는 이름의 드론을 계속해서 업그레이드하고 있다.

CJ 대한통운 관계자는 "아마존이나 중국의 징둥닷컴 같은 대형 경쟁사들이 라스트 마일 배송(최종 목적지까지 배송하는 과정)에 드론을 도입하기 위한 시도를 계속하고 있어 아마 결국엔 드론 배송의 시대가 올 것 같다. 아직 법규나 기술적인 문제들이 있어 당장 드론을 도입하기는 어렵겠지만 장기적인 계획을 가지고 드론을 개발하고 있다"고 말했다.

기술의 발전은 유통업계 전반, 소비자들의 소비 패턴, 그리고 물류에도 혁신적인 변화를 불러일으켰다. 기업들은 이제 창고 관리나 라스트 마일 배송에 점차 로봇의 도입을 늘리고 있다. 또 빅데이터 분석을 통해 배송의 전 과정을 가시화하는 데 힘을 쏟고 있다.

영국의 리서치기관인 테크나비오는 물류로봇 시장이 2016년부터 2020년까지 매년 33퍼센트씩 성장할 것으로 예상했다.

테크나비오는 글로벌 물류로봇 시장에 관한 보고서에서 "이 시장의 성장을 이끄는 주 동력은 온라인 쇼핑의 증가이며, 이 같은 시장 상황의 변화가 당일 배송 같은 더 빠르고 효율적인 배송에 대한 수요를 높이게 될 것"이라고 내다봤다.

통계청에 따르면 국내 온라인 쇼핑 시장은 2014년 약 45조 3,000억 원 규모에서 매년 20퍼센트 이상 꾸준히 성장해 2017년에는 64조 9,000억 원 규모로 커졌다.

독일의 인더스트리 4.0이 제조업에서의 디지털 혁신을 대표한다면 물류업계는 물류 4.0시대로 접어들고 있다고 전략 컨설팅사 롤랜드버거는 말했다. 스마트 물류의 정의는 아직 모호하지만 물류의 전 과정에서 사람의 개입이 급격히 줄어들 것으로 내다봤다.

▌미래의 물류

아마존이 드론을 통한 배송에 대한 아이디어를 공개한 이후 무인배송은 미래 물류사업의 변화를 대표하는 예로 자리 잡았다.

아마존 프라임 에어는 드론을 통해 고객의 문 앞까지 30분 이내에 배송하는 것을 목표로 한다. 아마존은 빠른 시일 내 이 서비스를 론칭하겠다는 계획이지만 여전히 미 연방항공국 등의 규제에 묶여 있다.

중국의 온라인쇼핑 및 택배 회사인 징둥닷컴 역시 드론을 통한 배송을 중국 전역에 도입할 계획을 발표한 바 있다.

한국 정보통신정책연구원이 2017년 상반기 발표한 자료에 따르면 징둥닷컴은 전국적으로 15만 개의 드론 거점을 구축하는 계획을 수립했으며, 대표 드론 거점 간의 거리는 약 10킬로미터 이하로 설정했다. 이 회사는 중국 지방 권역, 소규모 마을 단위로 드론 대표 거점을 구축해 드론이 거점까지 택배 화물을 묶음 단위로 운송하고 이후 각 소비자 가정으로는 기존의 배송 인력을 활용할 계획을 가지고 있다.

중국은 넓은 영토, 세계 최대의 인구 규모에 걸맞은 배송 품질 향상을 위하여 온라인쇼핑 기업과 택배 기업들이 스마트 물류에 관심을 쏟고 있다. 징둥닷컴은 2016년 10월 중국 내 처음으로 무인택배로봇을 시범 운영했다. 징둥닷컴에서 선보인 무인택배로봇은 가로 1미터, 세로 0.6미터이며, 택배상자를 적재할 공간이 6칸으로 나누어져 있는 차량형 로봇이다.

한국에서는 CJ 대한통운이 미래 배송 수단 개발에 성과를 내고 있다. 이 회사가 개발하고 있는 드론 중 하나는 창고 관리용 드론이다. 창고 관리용 드론은 경로를 학습할 수 있어 몇 번의 시범 운행 이후 창고 내에서 움직일 경로를 알아서 인식한다. 이 드론은 창고의 높은 선반까지도 자유자재로 움직일 수 있어 재고를 관리하는 데 주로 쓰일 예정이다

운송용 드론 도입은 기술적 요인 외에도 풀어야 할 과제가 많다. 한국에선 특정 지역에서 드론을 사용하기 위해서는 정부의 허가를 받아야 한다. 건물과 사람이 많은 서울 도심의 경우 제한된 몇 개 지역에서만 드론을 사용할 수 있다. 또 장기적으로는 도시 계획 단계에서부터 드론 배송이 반영되어야 드론이 충돌 없이 도시의 장애물들을 피해갈 수 있을 것이다.

▎물류 전 과정의 가시화

사람들은 종종 물류가 단순히 창고에서 물건을 실어다 문 앞까지 배송하는 것이라고 생각한다. 하지만 제품을 물류 창고에 보관하고, 주문에 따라 선별하고, 포장하고, 트럭 등에 실어 여러 도시 또는 나라를 돌아다니며 배송하는 물류 전 과정에는 사실 매우 많은 이해관계자가 엮여 있다. 때로 제품은 한 물류창고에서 고객의 문 앞까지 바로 배송되는 것이 아니라 최종 배송지에 따라 물류센터에서 또 다른 물류센터로 몇 차례의 이동 끝에 고객에게 전달되기도 한다.

이러한 복잡한 과정 때문에 IT 기업들 또한 물류산업에 뛰어들고 있다. 그들은 인공지능, 빅데이터, 그리고 사물인터넷이 적용된 소프트웨어를 기반으로 물류 전반을 가시화할 수 있는 솔루션을 만들어 기

업들에 제공한다.

대표적인 예로, 삼성SDS가 있다. 이 회사는 2010년부터 물류 BPOBusiness Process Outsourcing 사업에 뛰어들어 '첼로'라는 물류 솔루션을 만들었다. 빅데이터와 인공지능이 적용된 이 솔루션은 2012년부터 매출을 내기 시작했다.

2017년 8월 17일 방문한 삼성SDS 판교 캠퍼스에는 첼로가 적용된 물류망을 한 눈에 관찰할 수 있는 글로벌컨트롤센터Global Control Center라는 컨트롤타워가 있었다. 유리와 벽으로 구분된 글로벌컨트롤센터 안에는 12개의 모니터가 연결돼 서너 명의 직원들이 실시간 물동량을 비롯해 지역별 기상 또는 재난정보, 해상 배송 현황 등 물류의 전 과정을 모니터링한다.

가운데 4개의 모니터는 서로 연결되어 하나의 큰 세계지도를 나타내고 있었는데, 이 지도는 배송 단계에서의 불규칙성을 찾아내 보고하는 역할을 담당한다. 예를 들어, 어떤 배가 하루에 어느 정도 움직였어야 하는데 사흘 째 비슷한 자리에 있거나 움직이는 경로가 평소와 다르다면 삼성SDS는 첼로 솔루션을 통해 이를 바로 파악할 수 있다. 이 정보를 바탕으로 삼성SDS는 해운회사에 즉각 원인 규명을 요청하고 화주(화물의 주인)들에게는 미리 상황을 설명해 혹시나 발생할 수 있는 배송 지연에 따른 빠른 대처를 돕는다.

회사에서 관제하고 있는 정보는 31개국에 분포해 있는 물류 네트워크와 공유가 가능하며 일부 정보는 스마트폰으로도 열람이 가능하다.

삼성SDS의 신우용 상무는 "곳곳에 산재되어 있는 정보를 첼로 하나로 다 모아 물류의 가시성을 높였기 때문에(한진해운 사태와 같은) 비상시에 우리와 연계된 화주들은 해운회사들로부터 입는 피해를 최소화할 수 있다. 과거에는 해운회사가 배에 이상이 있어 화물 납기에 어려움이 생길 것이라는 정보를 화주들에게 통보하는 형식이었지만, 이제는 화주들이 해운회사와 비슷한 시점에 문제를 인식하고 역으로 상황을 물어볼 수 있게 됐다"고 말했다.

최근 삼성SDS는 물류에 블록체인 기술을 도입한다고 밝혔다.

2017년 6월엔 국내 물류업체, IT 서비스업체들과 더불어 유관 정부 기관들까지 포함한 컨소시엄을 구성해 해운과 물류에 블록체인 기술을 도입하는 방안을 논의하기로 했다. 컨소시엄은 관세청, 해양수산부, 현대상선, 한국 IBM 등으로 구성돼 있다.

블록체인은 분산 데이터베이스의 한 형태로, 암호화된 거래 내역이 분산 저장된 장부에 계속해서 업데이트 된다. 가상화폐인 비트코인에 적용된 기술로 가장 잘 알려져 있다. 이러한 기록 체계는 정보의 투명성을 보장하고 전자계약문서의 임의 조작이 불가능해 거래정보 해킹을 막는 데 효과적이다.

블록체인 기술이 물류에 완전히 적용된다면 제품이 생산되어 창고에 보관되고 운송되는 전 과정이 분산된 저장소에 세밀히 기록되어 제품의 유통기한 등 상세 정보를 허위로 유포하거나 과장하는 일이 불가능해질 것이다.

SK C&C는 대만 팍스콘의 물류 자회사 '저스다'와 합작기업을 설립해 물류사업 개척에 나서고 있다. SK C&C가 개발하고 있는 인공지능 프로그램을 통해 물류에 대한 고객의 수요를 미리 예측한다든지 최적화된 배송 경로를 찾아주는 등의 서비스를 제공할 수 있다.

SK C&C는 2017년 블록체인을 이용한 물류 서비스를 개발했다고 발표했다. 블록체인 기술을 통해 화물의 위치 및 관리 정보를 자동으로 수집하고 물류 관계자 모두에게 실시간으로 공유돼 운송 중 발생하는 과실에 더욱 신속하게 대응할 수 있다.

▌라스트 마일 배송의 혁신

화물이 항공기, 배 또는 트럭을 통해 지역 물류센터로 옮겨지면 라스트 마일 배송을 통해 실제 고객들의 집 앞까지 물건이 전달된다. 라스트 마일은 고객의 집 문 앞까지 도달하기 전 마지막 배송 단계를 일컫는다.

이 단계에서는 물류회사가 실제 고객과 얼굴을 마주하고 제품을 전달하는 경우가 대부분이기 때문에 물류의 전 과정 중 가장 중요한 단계다. 제품이 아무 이상 없이 제 시간에 도착하는 것이 이 마지막 단계의 핵심이다.

국내 '메쉬코리아'라는 스타트업은 이륜차를 통한 라스트 마일 배송 과정을 혁신해 주목받고 있다. '부릉 TMS'라고 불리는 이 스타트업의 통합 물류관리 솔루션은 데이터에 기반한 컴퓨터 알고리즘을 통해 배송기사들에게 최적화된 배차 및 배송 경로를 추천한다. 이 솔루션 덕에 주문량이 급증하는 시간대를 제외하고는 모든 배차가 무인으로 이루어진다. 배송기사가 자신에게 배치된 주문을 수락하면 배송지 주소는 물론 최적의 배송 경로, 도착해야 하는 시간, 제품을 제공하는 상점의 연락처와 제품을 수령할 고객의 연락처 등을 스마트폰 애플리케이션을 통해 한 눈에 볼 수 있다.

메쉬코리아에서 직영 라이더로 근무하고 있는 김동주 씨는 "이런 애플리케이션이 만들어지기 전까지는 주문이 들어올 때마다 지도에서 배송지를 찾거나 잘못 전달된 배송지 정보를 확인하기 위해 멈춰서야 했지만 이제는 주문을 처리하는 속도가 빨라지는 것은 물론 배달의 전 과정이 편리해졌다"고 말했다.

메쉬코리아는 CJ 대한통운, 이마트, 롯데마트, BGF 리테일, 롯데리아, 피자헛 등에 물류 서비스를 제공하고 있다. 해외에서는 싱가포르의 최대 식료품 온라인 판매 및 배송 서비스업체 어니스트비Honestbee가 이 '부릉 TMS'를 사용하고 있다.

2017년 7월 메쉬코리아는 네이버로부터 240억 원의 투자 유치에 성공했다. 메쉬코리아의 유정범 대표는 "배송 서비스에 대한 소비자들의 요구가 다양해지고 복잡해질 것이다. 고도화된 소비자들의 배송 니즈에 부합하기 위해서는 소비자 경험을 차별화하는 것이 필요한데, 이를 위해서는 소비자들과의 접점을 확대할 수 있는 라스트 마일에서 배송 서비스의 질을 향상하는 것이 중요해졌다"고 말했다.

'원더스'라는 또 다른 국내 스타트업은 이륜차를 활용해 소호몰 전용 당일배송 솔루션을 제공한다. 원더스는 서울 전 지역에 거리 상관없이 단일가 5,000원에 퀵 배송을 해주는 것으로 잘 알려져 있다.

SK텔레콤 박정호 사장은 최근 "과거의 기업 물류는 총무나 구매 부서가 수행하는 단순 반복 업무에 불과했지만, 글로벌 무한경쟁 속에 기술, 상품, 가격의 차별성이 줄어들면서 물류가 기업의 차별화된 핵심 경쟁력으로 자리 잡았다"고 말했다.

▌아직 넘을 산 많은 자율주행트럭 상용화

자율주행트럭이 곳곳에서 개발되고 있다. 하지만 정부의 규제와 안전에 대한 우려 등으로 상용화까지는 아직 시간이 걸릴 것으로 보인다.

언뜻 보면 자율주행트럭에 대한 논쟁이 자율주행차와 관련한 논의의 연장선상인 것처럼 보이지만 미국 매사추세츠공대가 발행하는 과학전문지 《테크놀로지리뷰》는 자율주행트럭이 가져올 경제적 파급력은 일반 무인자동차의 도입이 가져올 경제적 파급력보다 클 것이라고 예상했다. 왜냐하면 트럭은 화물을 운반하는 운송업의 비용 절감 및 고용 문제와 직결되기 때문이다.

자율주행트럭 도입으로 인한 비용 절감은 '플래투닝Platooning', 즉 트럭이 열을 지어 앞선 차량을 일정한 간격을 두고 따라가는 운송 형태에서 비롯된다. 이러한 대열은 주행에 있어 바람의 영향을 줄여주고 이는 연료 절감으로 이어진다. 이 대열은 또 교통 혼잡을 줄일 수 있다.

자율주행트럭이 사람이 운전하는 것보다 오히려 더 안전하다는 연구 결과도 여럿 있다. 2017년 초에 발행된 《테크놀로지 리뷰》에 따르면 치명적인 트럭 교통사고 일곱 중 하나는 운전자의 피로로 인해 발생하는데, 자율주행트럭은 이런 사고의 위험이 적다. 이제까지 미국에서 트럭과 버스 충돌로 인해 발생한 사망자는 연평균 4,000여 명에 달하고 부상자도 평균 10만여 명에 달한다.

한국교통연구원 이창운 원장은 "사람들은 흔히 사람이 운전을 하지 않으니 신뢰를 못 하고 불안해하지만 실제 자율주행차가 보편화될 경우 사고는 줄고 교통안전은 개선될 것이다. 그러나 사고 발생 시 책임 소재에 대한 문제가 존재한다. 지금은 운전자 개인이 지고 있는 책임을 자동차 회사도 함께 져야 하기 때문에 좀더 논의가 필요하다"고 말했다.

자동차 사고 책임 소재에 관한 문제는 아직까지 보험회사나 자동차 회사 그리고 법규를 만드는 정부에게 해결해야 할 숙제로 남아 있다. 자율주행차가 보편화되면 자동차회사의 역할은 단순히 자동차를 만들고 공급하는 것에서 지속적인 차량 관리와 후속 조치를 제공하는 쪽으로 무게중심이 옮겨질 수 있다.

여기에 더 큰 문제로 주목받는 것은 자율주행트럭의 도입으로 사라지게 될 100만여 개의 일자리다. OECD 산하 국제교통포럼이 2017년 5월 발행한 보고서는 "자율주행트럭의 도입은 2030년까지 트럭 운전자에 대한 미국과 유럽의 수요를 50~70퍼센트 감소시킬 수 있다"고 말한다. 미 노동통계국 자료에 따르면 현재 미국에는 약 170만여 명의 트럭 운전사들이 근무하고 있다.

한국 상황도 별반 다르지 않을 것으로 보인다. 한국직업능력개발원은 2017년 5월 발표한 보고서에서 컴퓨터의 발달로 인해 가장 큰 위협을 받고 있는 직업군으로 운송업을 꼽았다. 도매업 및 소매업과 금융 및 보험업이 그 뒤를 이었다.

반면, 자율주행트럭의 도입이 인구의 고령화와 트럭 운전 업종에 대한 기피 현상으로 부족해진 인력을 채우기 위해 필수적이라고 이야기하는 사람들도 있다. 국제교통포럼에 따르면 이미 항만이나 광산과 같은 제한된 구역에서 자율주행트럭이 도입된 사례가 있으며, 미국과 유럽 지역에서는 점차 자율주행트럭 도입을 위한 시범 운행이 공공도로에서 진행될 예정이다.

한국에서는 현대자동차가 2017년 5월 25일 열린 '현대 트럭&버스 메가페어' 개막식에서 2020년까지 상용차 연비를 30퍼센트 개선하고, 플래투닝으로 불리는 군집 주행기술을 확보할 것이라고 밝혔다.

"투명하고 안전한 물류 플랫폼"

수백 명의 배달기사를 만났다. 상점 수백 곳의 문을 두드렸다. 그야 말로 '맨땅에 헤딩'이었다. 하지만 상점 주인들은 처음 접하는 서비스에 마음을 열지 않았다. 배달기사들로부터는 현장 상황을 제대로 모르는 서비스라고 욕을 먹기도 했다.

유정범(37) 메쉬코리아 대표는 창업 초기를 회상하며 "내가 건넨 명함을 칼로 자르는 사람도 있었다"며 "그런 과정을 겪으며 현장에서 답을 찾아야 한다는 걸 마음에 깊이 새기게 됐다"고 말했다.

2013년 설립된 '메쉬코리아'는 이륜차로 기업 또는 상점들의 '라스트 마일' 배송을 대행하는 스타트업이다. 메쉬코리아의 물류 브랜드는 '부릉Vroong'이다. 오토바이(이륜차) 배송 기사들이 부릉에 소속돼 있다. '부릉 TMSVroong Transportation Management System'라는 통합 물류 관리 솔루션을 통해 배달이 이뤄진다. 예를 들어, 고객이 메쉬코리아와 제휴한 업체의 음식을 주문하면 '부릉 TMS' 솔루션이 음식점과 주문 고객의 위치, 그리고 배송기사의 위치를 파악해 가장 빠른 시간에 배달할 수 있는 기사를 제안해준다. 배송기사는 직접 최적 경로를 검색하지 않고도 메쉬코리아가 추천한 경로를 이용해 배달할 수 있다.

메쉬코리아에는 현재 전담 기사 3,000여 명을 포함해 전국 1만 3,000여 명의 배송기사가 100여 개의 '부릉 스테이션'을 통해 연결돼 있다. 2017년 3분기까지 누적 매출액은 197억 원을 기록했다. 전년 동기 대비 658퍼센트 성장한 실적이다. 지난 7월 네이버로부터 240억 원의 투자를 유치하는 등 총 누적 투자금 755억 원을 확보했다.

자체 배달 수단이 없는 상점들뿐 아니라 CJ 대한통운, 신세계, 이마트, BGF 리테일 등 국내 물류 및 유통업체에 대행 서비스를 제공하고 있고, 싱가포르 최대 식료품 온라인 판매 및 배송 서비스 업체 어니스트비에 '부릉 TMS'를 공급했다.

왜 이륜차 배송대행 사업에 뛰어들게 됐나.
IT기업에서 병역 특례로 근무하면서 편의점 앞이나 거리에서 무리 지어 시간을 보내거나 휴대전화만 들여다보고 있는 배송기사들을 많이 봤다. 왜 그렇게 시간을 보내는지 궁금했다. 그들과 이야기를 나누면서 IT 기술을 적용해 배송기사들의 어려움을 해소하고 업무를 더 효율적으로 할 수 있겠다고 생각했다.

창업 이전에는 뭘했나.

미국 컬럼비아대학교에서 MBA를 마친 뒤 뉴욕 딜로이트 컨설팅에서 컨설턴트로 근무했다. 이때 모은 돈을 기반으로 사업을 시작했다.

창업 과정은.

직접적인 계기가 된 건 아버지의 장례식이었다. 장례식에 친구들과 과외했던 후배들이 찾아왔다. 그들과 이야기를 나누다가 마음 맞는 사람들끼리 창업에 의기투합했다. 공식적인 공동창업자는 2명이다.

배송기사들의 수가 많다. 어떻게 관리하나.

아직도 한국 사회에는 이륜차 화물기사에 대한 부정적인 인식이 있다. 이 때문에 종사자의 근속 기간이 짧아 서비스 품질 개선에 어려움이 있다. 회사 자체적으로 다양한 의식 함양 교육 및 안전 캠페인을 진행하고 있지만 계속 규모가 커져서 운영에 어려움을 겪고 있다. 하지만 예전에 비해 정부의 이해와 지원이 늘고 있다. 덕분에 법인 단체로는 국내 최초로 이륜차 종합보험 가입 승인도 받을 수 있었다.

이륜차 배송 대행이 물류 혁신사업으로 인정받고 있다. 비결이라면 .

스마트 물류란 물류에 IT 기술을 접목한 모든 것을 일컫는다고 생각한다. 그중 축적된 데이터 분석을 통해 물류 업무를 효율화하는 게 가장 중요하다고 생각한다. 부릉 TMS는 배송 기사들의 노하우를 학습해 데이터화하고 자동배차를 통한 배송 최적화를 구현하고 있다. 앞으로 TMS 같은 물류 IT 솔루션과 물류 컨설팅 서비스를 제공하는 제4자 물류 서비스가 물류 시장의 새로운 트렌드가 될 것으로 보고 있다.

사업을 하면서 가장 보람을 느꼈던 순간이 있다면.

사업 초기에는 쓴소리 하던 배송기사들이 주변에 부릉 서비스에 대해 칭찬하면서 입소문을 내줄 때다. 내 방향이 틀리지 않았다는 생각과 함께 안도감과 기쁨 등 복잡 미묘한 감정이 든다.

미래 배송 수단으로 드론이나 로봇을 활용하려는 움직임도 보인다. 메쉬코리아는 어떻게 대응할 계획인가.

드론과 자율주행트럭이 인간 배송을 대체한다 해도 도심 내 상품 픽업 공간을 갖춘 전국 부릉 스테이션을 계속 활용할 수 있다. 또 빅데이터를 활용해 효율을 높이는 TMS 솔루션을 통해 보다 정교한 기술을 구현할 수 있다. 이륜차뿐 아니라 드론, 자율주행트럭, 배송로봇 등에도 활용할 수 있는 차원 높은 새로운 비즈니스 모델로 성장할 것이다.

현재 한국은 물류와 IT가 어느 정도 접목된 단계인가.

아직 초기 단계라고 생각한다. 한국의 IT 기술력은 그야말로 세계에서 최고다. 다만 뛰어난 IT 기술력을 물류에 활용하는 경우는 아직 많이 없는 듯하다. 미국 아마존과 중국 알리바바는 스마트 물류에 많은 투자를 하고 있다. 한국도 스마트 물류에 관심을 갖고 투자해 경쟁력을 갖춰야 한다.

이를 위해 필요한 정부의 지원은 뭔가.

기존 불합리하거나 불편했던 점들을 혁신적으로 개선하고 대안을 제시하는 것이 스타트업의 역할이다. 하지만 현실을 제대로 반영하지 못한 규제들로 한계에 봉착하는 경우가 많다. 우리는 이륜차 택배와 배송 대행 서비스를 하다 보니 보험 관련 이슈가 있었다. 이전에 없던 새로운 시장이기 때문에 정부가 아직 단순 퀵서비스와의 차이점을 잘모르는 것 같다. 사실상 퀵서비스와 이륜차 택배는 사업 영역이 다른데 퀵서비스에 적용했던 방식을 그대로 적용하고 있어 아쉽다. 성장을 위한 규제 완화는 반드시 필요하다고 생각한다. 스타트업의 목소리에 조금 더 귀 기울여주기 바란다.

한국의 4차 산업혁명은 어떻게 발전해나가야 한다고 생각하나.

글로벌 시장 전체를 두고 봤을 때 한국에서 4차 산업혁명의 붐이 더크게 일고 있는 것은 사실이다. 후발주자로서 선발주자를 잡기 위한노력의 일환이 아닐까 싶은데, 이를 위해 정부는 관련 제도 개선과 인재 개발에 힘써야 한다. 각 업계 리더들은 4차 산업혁명을 앞두고 어떻게 대비할지에 대해 대응책을 면밀히 강구해야 한다. 사회 각 분야의 구성원들이 유기적으로 발전해나가야 한다.

창업을 꿈꾸는 이들에게 남기고 싶은 말이 있다면.

창업은 마냥 핑크빛이 아니라는 점이다. 창업을 할 때는 자신감을 갖고 시작하지만 주변 환경이 따라주지 않아 생각지도 못한 어려움을 겪게 되는 것이 대부분이다. 마냥 낙관적으로 생각하기보다는 비판적으로 분석하고 성공한 비결보다는 실패 원인을 물어야 한다. 실패하지 않기 위해 노력하는 것이 성공에 한 걸음 더 가까이 나아가는 길이라고 생각한다.

메쉬코리아의 비전은.

투명하고 안전하게 배달기사들을 연결하는 물류 플랫폼이 되는 것이다. 부릉은 정보와 정보를 연결해 새로운 가치를 창출하는 서비스다.

**The Fourth
Industrial
Revolution**

푸드 테크
Food Tech

▌실험실에서 식탁으로… 새로운 푸드 체인

2017년 살충제 파동이 터지자마자 국내 대형마트들은 계란 판매를 중단했다. 갑작스런 계란 판매 중지에 대체 품목을 찾을 수 없는 국내 소비자와 식품업계는 큰 타격을 입었다.

생명공학의 발전에서 기대할 수 있는 건 언젠가 완벽한 식품 대체품을 얻을 수 있다는 것이다. 가격이 적당할 뿐 아니라 가축을 도살할 필요도 없을 것이다. 대체 식품은 실험실에서 생산될 것이기 때문이다. 환경 오염을 줄이는 효과도 기대된다. 가축 사육에서 발생하는 온실가스가 기후변화의 주요 원인 중 하나로 여겨지기 때문이다.

유엔식량농업기구FAO 보고서에 의하면 가축 사육에서 발생하는 온실가스가 지구 전체 온실가스 배출량의 약 15퍼센트를 차지한다. 가

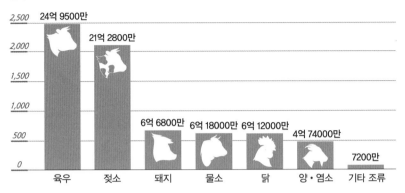

가축 사육이 유발하는 온실가스

단위: t

- 육우: 24억 9500만
- 젖소: 21억 2800만
- 돼지: 6억 6800만
- 물소: 6억 18000만
- 닭: 6억 12000만
- 양·염소: 4억 74000만
- 기타 조류: 7200만

자료 : 유엔식량농업기구

축 사육 생산 과정에서 발생하는 연간 71억 톤의 온실가스는 인류가 만들어내는 온실가스 전체량의 14.5퍼센트를 차지한다. 종으로 봤을 때 육우와 젖소 사육이 연간 45억 톤의 가장 많은 양의 온실가스를 배출한다.

식량농업기구의 다른 보고서는 축산업에서 발생하는 온실가스는 취약 계층의 식량 부족을 악화시키고 지구상의 기아, 영양실조, 빈곤 근절을 지연시킬 것이라고 예상했다. 게다가 기후변화의 심각성에 따라 2080년도에는 6억 명의 사람들이 식량부족을 겪을 수도 있을 것이라고 한다.

세계 식량안보를 위협하는 것은 또 있다. 인구 증가와 도시화다. 세계 인구는 점점 더 늘어나고 있으며 그로 인해 식량 수요는 기하급수적으로 늘어나고 있다. 식량농업기구는 인구와 소득이 증가하고 도시화가 빠르게 진전되면서 2050년의 세계 식량 수요는 2006년 대비 최소 60퍼센트 이상 증가할 것으로 예상했다. 이 때문에 세계 식량안보를 위한 지속가능한 방안을 찾아야 하는 상황이다.

육류 소비를 완전히 막는 건 불가능하다. 따라서 전문가들은 이제 세계는 육류 생산 방식에 대한 대안을 찾아야 한다고 주장한다.

▌연구실에서 나온 고기

독일의 정치 싱크탱크인 'Sentience Politics'는 실험실에서 가축 세포 배양을 통해 얻어지는 배양육이 이런 문제들에 대한 답을 제시할 수도 있을 것이라고 한 정책 제안서에서 주장했다. 배양육은 동물복지, 환경에 미치는 영향, 그리고 인간의 건강 등 다양한 면에서 막대한 이득을 제공할 것으로 예상했다.

영국 옥스퍼드대학교는 배양육의 생산 과정이 일반 축산 방식보다 약 96퍼센트나 적은 온실가스를 배출하며 공간은 약 99퍼센트나 절약한다는 내용의 연구 결과를 발표했다. 이 프로젝트의 선임 연구원인 한나 투오미스토Hanna Tuomisto 교수는 "배양육은 더 효율적이고 환경 친화적인 방식으로 인류의 식탁에 고기를 제공해줄 수 있을 것"이라고 말했다.

서울대학교 농생명공학부 이기원 교수는 "배양육이란 시험관 고기 in vitro meat를 뜻한다. 가축을 사육하는 과정을 거치지 않고 연구실에서 세포를 배양하여 얻게 되는 식용고기를 말한다. 세포공학기술cell engineering과 골격근조직공학기술skeletal muscle tissue engineering이 이 과정에 포함된다"고 말했다.

네덜란드 마슈트리히드대학교의 마크 포스트Mark Post 혈관생리학 교수는 배양육 생산 기술의 개척자 중 한 명이다. 그는 2008년 소의 근육세포로 배양한 고기를 선보였다.

배양육 기술은 아직 초기 단계에 있다. 최근 관련 기술들은 큰 발전을 이뤄냈다. 처음 개발 당시에는 100그램의 고기를 배양하는 데 무려 32만 5,000만 달러가 투입됐지만, 최근에는 8달러 수준으로 낮아졌다.

미국 샌프란시스코 소재 식품종합 회사인 '멤피스 미츠Memphis Meats'는 이 신흥산업을 선도하는 기업이다. 이 회사는 2016년 연구실에서 배양된 소고기로 만들어진 미트볼을 출시했다. 2017년 3월에는 가축의 세포로 만든 배양 닭고기와 오리고기를 세계 최초로 선보였다.

이 회사 관계자는 생산 과정에 대해 "최상급의 가축으로부터 육류세포를 수확하고 난 후 자기 재생이 가능한 세포를 추린다. 또 어떤 세포가 우리가 원하는 맛, 질감 그리고 향을 내는지 파악하고, 이 세포들을 깨끗하고 안전하며 영양분이 많은 환경에서 고기로 배양한다"고 설명했다.

멤피스 미츠는 2017년 8월 약 1,700만 달러의 투자를 유치했다고 발표했다. 투자자 가운데는 빌 게이츠, 리처드 브랜슨, 잭 웰치 및 세계적인 육류회사인 카길Cargill 등이 포함돼 있었다. 이 회사는 2015년 설립 이후 약 2,000만 달러의 투자를 받았다. 이 회사는 생산 단가를 더 낮춰 현재의 육류 가격보다 더 낮은 가격에 고기를 공급하는 것을 목표로 삼고 있다.

하지만 배양육이 일반 소비자들의 식탁에 오르기까지는 아직 시간이 더 걸릴 것으로 보인다. 진짜 고기 같은 맛을 내는 배양육이 나오려면 근육 외에도 지방, 혈액, 조직감 등 맛에 영향을 주는 다른 요소들까지 고려하는 기술이 개발돼야 하는데, 현재의 기술 수준은 아직 거기에 이르지 못한 상황이기 때문이다.

▌계란을 대체하다

계란의 대체재를 찾는 것은 국제생명공학 산업에겐 지속적 숙제로 남아 있다.

퓨처마켓인사이트Future Market Insights에 따르면 2016년부터 2026년 사이 세계 계란 대체재 산업은 매년 약 5.8퍼센트씩 성장할 것으로 예상된다.

미국 샌프란시스코에 위치한 '햄튼 크릭 푸드'는 식물성 계란 대체품 제조를 위해 2011년 설립돼 계란 없이 콩으로만 만든 '저스트 마요'와 같은 상품으로 성공을 거뒀다. 햄튼 크릭은 전 세계의 큰손들에게서 투자를 받았으며, 그중에는 홍콩 재벌 리카싱 그리고 야후 공동설립자 제리 양 등이 있다.

하지만 이 회사는 성분 정보 조작, 식품안전법 위반 등의 혼란에 휘말려 미국 식품의약국으로부터 조사를 받았다. 미국 대형 할인마트인 '타겟'은 햄튼 크릭의 상품을 미국 전 지점에서 판매 중단했다.

미국, 유럽과 달리 한국에서는 아직 관련 기업을 찾기 힘들다.

기술적인 면에서는 뒤처지지 않았지만 상업화를 위해 필요한 식품

안전성 기준, 생산 및 유통 방법에 대한 기준, 생명윤리에 대한 기준 등이 아직 마련되지 않은 상태이기 때문이다. 한국의 생명공학 및 의료기기 개발 회사인 엠비지는 현재 배양육에 대한 실험을 진행 중인 것으로 알려지고 있다. 회사는 현재 근육위성세포 추출 실험 단계에 있는 것으로 전해진다.

▌음식을 대체하다

대체식품을 위한 생명공학적 연구나 상업적 발전은 찾기 힘들지만 전통적인 식사를 대체하려는 회사들은 등장하고 있다.

'랩노쉬Lab Nosh'는 한 끼 식사로 충분한 가루형 대용식이다. 이 제품은 걸러진 우유의 잔여물에서 추출되는 동물성 단백질인 '유청단백질'을 기반으로 만들어진다. 단백질 쉐이크나 파우더와는 달리 랩노쉬는 탄수화물, 지방, 20여 가지의 비타민과 미네랄이 함유되어 있어 한 끼 식사로 충분하다.

랩노쉬의 제조사 이그니스Egnis의 박찬호 대표는 단백질 기반 식사 대체품을 판매하는 미국 회사 소이렌트Soylent에서 아이디어를 얻었다.

해외 식사 대체 시장은 40년 전인 1970년대부터 시작됐다. S. 다니엘 아브라함이 설립한 톰슨 메디칼Thompson Medical을 비롯해 1977년 슬림패스트SlimFast에서 다이어트 쉐이크 제품을 출시했다. 이후 시장은 계속 확대됐다. 소이렌트는 이제 다이어트 목적이 아닌 식사 대체 제품들을 만들어내고 있다. 세계 이동식 식사 시장은 앞으로 연 7퍼센트 이상의 성장세를 기록할 것으로 보는 전문가도 있다. 현재 이 시장이 가장 큰 나라는 미국으로, 전 세계 시장의 50퍼센트를 차지한다.

한국에서 식사 대체용 파우더 제품을 판매하기 위해 이그니스가 공을 들인 것은 바로 맛이었다. 미국과 유럽의 제품들은 맛보다 기능을 강조한다. 하지만 한국이나 아시아는 식품의 기능이 아무리 뛰어나도 맛이 없으면 사람들이 외면한다. 이그니스는 세계 식량위기의 궁극적인 해결책이라고 생각하는 배양육을 만들 계획도 갖고 있다.

▌변형 식품을 거부하는 소비자들

지난 30여 년 동안 세계적으로 식품 생산량 확대를 가능케 함에도 불구하고, 유전자변형식품GMO. genetically modified organism의 안정성에 대한 논란은 끊이지 않고 있다. 한국에서도 이에 대한 논란은 계속되고 있다.

국민의당 김종회 의원은 2017년 8월 학교급식용 식재료에 유전자변형 농산물이 쓰이는 것을 금지하는 '학교급식법 개정안'을 제안했다. 개정안은 학교급식용 식재료로 국내산 농수산물을 우선적으로 사용하도록 한다는 내용이다. 김 의원은 급식의 안전성을 확보하고 지역 농업 육성을 위한 것이 개정안의 목적이라고 설명했다. 김 의원의 개정안은 유전자변형 농산물이 사람의 건강에 위험을 초래할 수도 있다는 여론이 불거지고 있는 가운데 발의됐다.

2017년 6월에는 한 텔레비전 프로그램이 한국의 가장 잘 팔리는 라면 약 50퍼센트가 유전자변형 농산물을 재료로 만들어졌다고 해서 유전자변형 재료에 대한 우려가 불거진 바 있다. 당시 언급된 일부 라

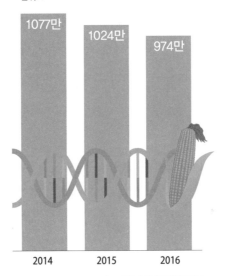

한국의 유전자 변형 식품(GMO) 수입량

단위: t

1077만 1024만 974만

2014 2015 2016

자료 : 한국바이오안전성정보센터

면들은 해외에서 판매금지를 당하기도 했다. 이 사건으로 식품의약품
안전처는 유전자변형 재료 검출 경위 조사에 나섰다. 결론은 식용으
로 승인된 유전자변형 재료들이 검출됐을 뿐이라는 것이었다.

　한국바이오안전성정보센터에 따르면 한국은 지난 3년간 1,000만 톤
의 유전자변형 농식품을 수입했다. 세계 최대 GMO 식품 수입국이다.
가축용 유전자 변형 옥수수의 경우 2016년에 858만 톤이 수입됐다.
식용으로는 옥수수, 콩 등 7가지 농식품이 수입되고 있다. 인체에 해
를 주는 농식품 수입은 이뤄진 바가 없다는 게 당국의 설명이다.

　하지만 일부 전문가들의 의견은 다르다. 서울대학교 농생명공학부

이기원 교수는 "GMO 자체의 문제는 아니지만 GMO 농산물을 재배할 때 사용되는 제초제인 글리포세이트glyphosate의 부작용이 보고된 적이 있다"고 말했다. 미국 MIT 공대는 글리포세이트가 어린이들에게 자폐증 증세를 유발한다는 결과를 공개하기도 했다.

이 가운데 GMO 재료 표시를 더 엄격하게 규제해야 한다는 목소리가 높아지고 있다. 현행법상으로는 검출된 GMO 혼입 수치가 3퍼센트 이내인 경우 GMO를 표시할 필요가 없다. 이런 규제는 해외 다른 나라들에 비해 느슨한 편이다. 유럽연합EU의 경우 혼입치가 0.9퍼센트 이상일 경우 GMO 제품으로 표기한다. 어떤 국가들은 GMO 재료를 철저히 금하기도 한다.

"라이프 스타일의 변화를 이끈 식탁 혁명"

'이그니스'의 박찬호(33) 대표는 창업 전까지 3년 동안 수시로 끼니를 거르는 직장인이었다. 2012년 가루형 식사 대용품을 만드는 미국의 '소이렌트Soylent'라는 스타트업을 알게 됐고, 끼니를 자주 거르고 자취집에서도 수시로 배달음식을 시켜먹는 자신에게 유용한 아이템이라고 생각했다.

"종합상사에서 신사업을 검토하는 부서에 있었다. 소이렌트를 새 아이템으로 제안했는데 단칼에 거절당했다. 건설, 플랜트 같은 사업을 주로 하는 회사였으니, 신입이라 할 수 있는 제안이었다."

하지만 그는 소이렌트가 계속 성장하는 걸 보면서 이런 수요가 한국에도 분명 있을 거라고 생각했다. 그래서 직장 생활 3년차, 대리 진급을 앞둔 시점에 박 대표는 퇴사했다. 그리고 대학 동기인 윤세영(33)

대표와 가루형 대용식 개발에 착수했다. 식품에 대한 기초 지식도 없는 상태였다. 지인들의 만류, 투자기관들의 외면에도 불구하고 두 사람은 시작했다.

제조업체 관계자 100명 중 98명은 이 사업이 성공하지 못할 거라고 했다. 첫 투자를 받기도 전에 둘의 퇴직금을 모아 만들었던 자금 8,000만 원은 몇 달 만에 다 떨어졌다. 박 대표는 "시제품조차 만들지 못한 채 은행 잔고가 0을 찍었던 순간이 사업을 하면서 가장 무서웠던 순간"이라고 말했다.

사업이 모양을 갖추기 시작한 건 크라우드 펀딩 '와디즈'에 가루형 식사 대용품 '랩노쉬'를 선보이면서부터였다. 2년이 지난 지금 랩노쉬는 전국의 헬스앤뷰티 스토어 '올리브영'과 편의점 CU에서 판매되고 있다. 홍콩, 러시아, 싱가포르로 수출도 한다. 창업 첫해인 2015년 1억 원이 조금 안 됐던 연매출은 올해 60억 원을 바라보고 있다.

겉으로 볼 때 '랩노쉬'는 플라스틱 병에 미숫가루를 담은 것처럼 보인다. 하지만 이 300킬로칼로리의 병 하나에 우유 단백질을 바탕으로 20가지가 넘는 비타민과 미네랄이 함유돼 영양상으론 성인용 식사로 손색이 없다. 맛은 블루베리 요거트, 녹차, 초콜릿에서 시작해 이제는 10가지 맛으로 늘었다.

창업을 하게 된 계기는.

대학생 때부터 윤 대표와 사업을 해보겠다며 아이템을 구상했다. 남들은 취업 준비와 토익 공부를 할 때였다. 실제로 5~6개의 아이템을 각각 3~4개월씩 분석하다가 돈만 날리기도 했다. 돌이켜 보면 너무 순진했다. 지금이야 대학생 창업지원 등 프로그램이 많지만 그 당시만 해도 스타트업 붐이 일기 전이라 노하우를 알려주는 사람이 없었다. 정말 아무것도 안 됐다. 결론은 경험과 돈이 부족하다는 거였다. 그래서 일단 대기업에 취직하기로 했다. 회사에서 3년 정도 근무하면서 돈과 경험을 쌓고 나오기로 했다.

대기업에 근무를 하면서 왜 대학생 때의 시도가 모조리 실패했는지 알았나.
대학 때 단기 프랑스 유학을 다녀온 윤 대표가 프랑스로 한국 문구류를 수출하는 사업을 구상한 적이 있다. 하지만 방법을 몰라 그냥 생각만 하고 말았다. 대기업에 근무하면서 알게 된 건, 먼저 길을 만들어야 한다는 것이었다. 한국 문구 제조사와 현지 바이어랑 계약을 체결하고 싸게 제품을 구매한 다음 프랑스로 운송하고 그곳에서 판매할 네트워크를 만들어야 하는데 당시만 해도 전혀 그런 개념이 없었다. 누구와 연락하고 누구랑 협상을 해야 하는지 전혀 몰랐다. 자금도 없었다. 과외를 해서 모은 1,000만 원이 가진 돈의 전부였다. 만나주는 사람도 없었다. 그땐 열정만으로 할 수 있을 줄 알았다. 지금 생각해보면 돈도 없고 경험도 없었고 협상을 할 만한 역량도 없었다. 기획하고 시장 분석만 했지 실행력은 없었던 것이다. 행동을 하기엔 뭘 해야 될지에 대한 지식 자체가 너무 부족했다.

경제학과 출신으로 식품사업을 하게 된 계기는.

랩노쉬를 시작했을 당시에도 철없기는 마찬가지였다. 퇴사한 직후에 가루형 식사 대용품 외에 IT 쪽도 기웃거렸으나 우린 개발 역량이 없었다. 그나마 식품이 접근 가능해 보였다. 해외에서 영양소나 단백질 가루 사와서 직접 우리 손으로 타 먹고 지인들에게도 먹여보고 그랬다. 현재 판매하는 랩노쉬 제품에는 미네랄이나 비타민 같은 영양소가 100분의 1, 1,000분의 1그램씩 들어가는데, 처음엔 함유량 측정도 안 하고 넣어 먹었다가 배탈도 나고 두통도 겪고 그랬다. 2014년 10월 우연히 디캠프에서 강의한 것을 계기로 펀딩을 받고 나서 식품 전문가를 영입했고, 맛과 영양을 갖춘 지금의 제품 형태를 만들어갔다.

랩노쉬가 입소문을 타고 난 이후에 미투 제품이 꽤 많이 생겼다. 억울하지 않나.

지금은 랩노쉬를 따라 만든 가루형 식사 대용품이 20~30개나 나왔다. 하지만 카피 제품이 생기는 것 자체가 큰 어려움이라고 느껴본 적은 없다. 사업이 잘되면 충분히 예상할 수 있는 문제기 때문이다. 소이렌트도 유럽 전역에 40~50개의 경쟁 업체가 있다. 대기업이 진출하는 것도 시장이 커지면 당연히 발생할 수 있는 일이라고 생각한다. 카피 제품들의 진입 자체는 소비자가 우리 것과 혼동할 정도로 비슷하게 만들지 않는 한 괜찮다. 다만 단순 카피가 아니라 '잘' 만들었으면 좋겠다. 그래야 대용식 시장 자체가 커진다. 지금 랩노쉬는 타사 제품에 비해 가격은 약간 비싸지만 영양소, 포만감, 맛, 다양함 등 품질과 브랜드 면에서는 선전하고 있다고 생각한다.

사업을 하면서 가장 힘들었던 순간은.

첫 투자를 받고 첫 시제품을 만들기 전 윤 대표와 전국의 제조공장들을 찾아다녔다. 50개 공장을 돌았는데 모조리 거절당했다. 그때까지만 해도 가루를 파우치가 아닌 병에 담은 제품은 전무했다. 공장들이 지방에 위치하기 때문에 윤 대표와 둘이 4시간씩 운전을 해서 만나러 다녔다. 몇 시간을 달려서 제품을 만들어달라고 사정해도 무시당하고 거절당한 후 서울로 올라오는 그 4시간이 그렇게 조용하고 힘들 수가 없었다. 그래도 그때 찾아다니고 관계를 만들어둔 덕에 첫 시제품을 개발한 후엔 금방 제조업체를 구할 수 있었다. 수도 없이 문전박대를 당했지만, 망하더라도 한 번은 제품을 시장에 내놓아야 한다고 생각했다. 그 일념으로 버텼다.

가장 기뻤던 때는.

랩노쉬의 시장성을 확인한 크라우드 펀딩이 성공했을 때였다. 시제품조차 없는 상태에서 운 좋게 투자를 받았고 식품영양사와 3개월 동안 그럴 듯한 제품을 만들 때까지도 사실 제품 수요에 대한 확신이 없었다. 와디즈에서 크라우드 펀딩을 모집하기 한 달 전인 2015년 9월에 소비자 테스트를 의뢰했다. 맛이 없다, 돈 주고 사먹을 수가 없다는 이야기를 들었다. 그 후 한 달 동안 기능에 치우쳐 있었던 제품의 맛을 개선시키는 데 매달렸다. 창업한 지 1년이 되던 그해 10월에 목표 금액을 1,000만 원으로 잡고 크라우드 펀딩을 했다. 결과는 1억 4,000만 원을 펀딩 받는 대성공이었다. 당시 리워드형(목표 금액에 달성하면 해당 프로젝트의 제품을 보내주는 크라우드 펀딩 방식)으로는 와디즈 사상 최고 금액이었다. 제작한 물량이 모자라서 배송을 3차까지 나눠 하고 5명의 직원이 매달려 병 라벨을 헤어드라이어기로 붙였는데도 전혀 힘들지 않았다.

가루형 식사 대용품 이후 청사진이 있나.

단기적으로는 랩노쉬 액체 버전의 출시를 앞두고 있다. 궁극적인 목표는 아시아 최대 기능성 식품회사다. 기능성 식품 시장은 반드시 커질 것이다. 한국은 아니지만 미국이나 일본 같은 곳에선 이미 이 시장이 커지고 있다. 가루형 식사 대용품은 시작일 뿐이고 장기적으로는 식물성 육류, 곤충 쪽도 염두에 두고 있다. 기능성 식품 시장이 주류가 될 때까지 기술을 개발하고 브랜딩하면서 버티다가 때가 오면 그 시장의 선두 주자가 되어 있는 게 목표다. '버틴다'고 했지만 꾸준히 수익도 늘어갈 거라고 예상하고 있다.

언제쯤이면 한국에서 기능성 식품 시장이 본격적으로 확대될까.

빠르면 2020년, 늦어도 2025년이 되지 않을까 싶다. 국민소득 4만 달러를 넘어가면 음식 시장이 기능성 위주로 바뀐다. 미국과 일본이 그렇다. 국민소득 3만 달러 수준인 국가에서 지배적인 식품산업은 가정식 대체식품HMR인데 한국이 딱 그 단계에 와 있다. 소득이 일정 수준을 넘기면 먹거리에 대한 인식이 바뀌기 시작한다. 채식주의나 지속가능한 단백질 원에 대한 환경적 고민도 이에 포함된다.

대학생 창업 꿈나무였고 목표를 달성했다. 후배들에게 해주고 싶은 말이 있나.

내가 대학에 다닐 땐 사업한다고 하면 불안정하다, 사기꾼 같다는 이미지가 컸다. 사실 하는 일은 비슷한데 요즘 흔히 쓰는 스타트업이라는 단어엔 뭔가 있어 보이는 긍정적인 뉘앙스가 있다. 나는 오히려 그래서 안타깝다. 스타트업 창업은 대기업 직원보다 바닥에서 굴러야 하는 일이 많다. 현혹되지 않길 바란다. 사업을 할 수 있는 성향은 따로 있다고 본다.

어떤 사람들이 사업을 할 수 있나.

첫째는 스트레스를 잘 해결할 수 있는 사람이다. 불확실한 길을 가는 매 순간이 스트레스이기 때문이다. 둘째로 사람들과의 관계를 잘 조율할 수 있는 능력이 중요하다. 틀어졌을 때도 동기부여시키고 당장 돈이 모자라도 으쌰으쌰 해서 조직을 끌어갈 수 있는 능력이 요즘 들어 중요하다고 느낀다. 셋째로는 대표라는 직함을 다는 순간 자금을 생각하지 않을 수 없다. 결국 돈을 잘 끌어와야 한다. 솔직히 이게 없으면 하면 안 된다고 생각한다. 직원 데려와서 일 시켜놓고 돈 못 주는 것만큼 무책임한 것도 없다. 투자를 끌어오든, 빚을 내든, 정부 지원을 받든, 대출을 받든, 무슨 수를 써서라도 자금을 만들어야 한다고 생각한다. 굉장히 똑똑한 친구들이 스타트업에 뛰어들려고 하다가 자금이 없어서 사라지는 경우가 많다. 하지만 역시 돈을 못 끌어오면 사업하면 안 된다. 나도, 동료들도 고생시키는 길이다.

경험 가능한 미래
4차 산업혁명 2018

스마트 팜
Smart Farm

▌허수아비 대신 센서 사용하는 스마트 팜

고액의 연봉이 보장되는 대기업을 뒤로한 최씨는 아내와 함께 경상북도 영주로 귀농을 결심했다.

올해 58세인 최씨는 대형 중공업 회사에서 품질관리 담당으로 일했다. 육체적으로 힘든 일에는 충분히 익숙했기 때문에 농사 일 정도는 큰 문제가 되지 않을 것이라 생각했다.

하지만 자신의 생각이 틀렸다는 것을 알기까지는 한 달이 채 걸리지 않았다. 애호박을 기르고 판매해 생활비를 벌기란 예상보다 훨씬 힘들었다. 너무나 많은 육체노동이 필요했다.

귀농을 포기하고 도시로 돌아가는 많은 사람과 달리 최씨와 아내는 아직 농사를 포기하지 않았다. 하지만 최씨와 아내는 육체노동을 덜

늘어나는 귀농인구와 줄어드는 농업인구

단위: 명

◗◖ 귀농인 수*
◼ 농업인구

296만 2000
291만 2000
284만 7000
275만 2000
256만 9000
249만 6000

1만 9657
1만 8825
1만 7464
1만 8864
1만 9860
2만 559

2011　2012　2013　2014　2015　2016

*귀농인 본인 및 가족 포함
자료: 통계청

어줄 방법을 찾고 있다.

농사일과 기술을 결합하는 스마트 파밍은 이러한 사람들에게 도움
이 될 수 있다.

한국농촌경제연구원은 보고서에서 스마트 팜을 "ICT를 비닐하우
스, 축사, 과수원 등에 접목하여 원격, 자동으로 작물과 가축의 생
육 환경을 적정하게 유지, 관리할 수 있는 농장을 의미"한다고 정의
했다. 스마트 팜 시설 도입 이후 시설원예 농가의 생산량이 이전 대비
44.6퍼센트 증가했고, 수익은 40.5퍼센트 상승했다고 한다.

스마트 팜 기술을 도입하는 농부들은 보통 각종 센서를 통해 작물
이 자라는 환경을 모니터링한다. 온도, 습도, 이산화탄소, 산소의 양
등을 측정할 수 있다.

데이터 분석 또한 중요하다. 시설 제어장치는 센서로 수집된 정보를 데이터 분석을 통해 이해하고 해석한다. 예를 들어, 딸기의 당도를 높일 수 있는 적정 온도가 섭씨 20~26도라면 이를 바탕으로 제어 시스템은 비닐하우스 안의 온도를 그 범위 내로 유지한다.

이러한 스마트 파밍의 개념은 아직 한국에서는 생소한 편이다. 한국 농업인구의 노령화는 그 한 가지 이유다. 나이든 농부들은 새로운 방식의 도입을 꺼린다.

한국의 농업인구는 갈수록 줄고 있다. 2011년 약 2억 9,600만 명이던 농업인구는 2016년 2억 5,000명으로 줄었다.

농촌경제연구소는 "한국의 농가인구는 고령화되고 감소하고 있다. 노동 투입 중심의 영농 방식이 한계에 달하고 있으며 농업 분야에 대한 자본 투자도 위축되고 있다"고 분석했다. 하지만 한국인들은 여전히 영농 방식을 바꾸는 것을 꺼린다.

농촌경제연구소는 보고서를 통해 한국 농가들은 "막상 스마트 팜을 어떻게 운영해야 할지 모르는 경우가 대부분이다. 이는 스마트 팜이 생산성 향상, 노동력 절감 효과가 크지만 기존 농가들이 따라갈 수 있는 모델이 없거나 효과에 대한 확신이 없기 때문이다"라고 밝혔다.

▌현실 속 스마트 파밍

한국에선 아직 제자리를 찾지 못했지만 스마트 파밍의 개념은 이미 세계 다른 지역에서 많이 실행되고 있다.

미국의 대형 농장들은 2000년대 초반에 이미 자동화 트랙터 및 기

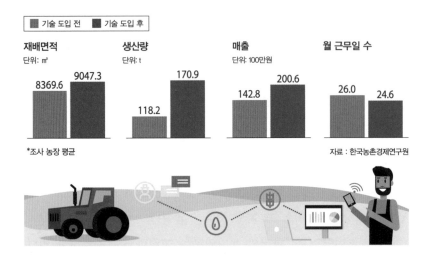

기술의 영향

■ 기술 도입 전 ■ 기술 도입 후

재배면적
단위: ㎡

8369.6 9047.3

생산량
단위: t

118.2 170.9

매출
단위: 100만원

142.8 200.6

월 근무일 수

26.0 24.6

*조사 농장 평균

자료 : 한국농촌경제연구원

구들을 사용해 적은 인력으로 농장 관리를 해왔다. 그리고 최근에는 기계의 정밀화를 통해 자동화의 수준을 높이고 있다.

미국 농업 기구 제조사인 존 디어John Deere는 10년 전부터 트랙터와 기구에 GPS를 장착하기 시작했다. 트랙터의 움직임을 감지해 이미 경작한 땅을 다시 경작하는 일을 줄이는 것 같은 비효율을 없앴다.

미국의 몬산토 역시 농산업에 기술을 접목시키는 데 앞장서고 있다. 이 회사는 최근 데이터 과학을 통한 생산량 극대화에 나서고 있다. 과거 날씨 데이터를 활용하는 것은 그 한 가지다. 미국 내 약 2억 에이커에 달하는 농장들이 이미 몬산토의 날씨 관련 플랫폼을 도입했다.

미국 내 스마트 팜 관련 스타트업에 대한 투자도 활발하다. 2017년 미국 에어로팜스AeroFarms는 약 3,400만 달러의 투자를 유치했다. 에

어로팜스는 수직형 팜하우스로 공간 사용을 극대화하는 실내 농장을 운영한다. 회사는 상추와 같은 작물을 분무경재배라는 기술을 이용해 생산한다. 흙 없이 분무경을 이용해 작물을 생산하는 기술이다.

█ 한국의 상황

한국 대전에 위치한 '팜패스'는 스마트 팜 솔루션을 제공한다.

'팜내비'라는 서비스는 센서를 이용해 비닐하우스의 환경에 대한 정보를 수집하고 분석하며 조종한다. 모니터링은 농부의 스마트폰이나 비닐하우스 가까이 설치된 키오스크를 통해 이루어진다. 수집한 데이터는 클라우드 시스템에 업로드되며, 축적된 데이터를 다른 사용자들의 데이터와 비교해 식물의 성장을 최적화하고 생산량을 극대화한다.

컴퓨터 프로그래머 출신인 팜패스의 장유섭 대표는 2011년 국내 농산업에 기술 도입이 필요하다는 생각에 회사를 설립했다.

장 대표는 40여 년간 축산업에 종사하고도 빚만 지게 된 자신의 부모를 보며 농부들의 수고가 헛되지 않으려면 더 생산적으로 농사를 지을 수 있도록 하기 위한 기술을 접목할 필요가 있다고 생각했다.

복잡한 한국의 유통 시스템이 문제라고 생각한 그는 농부들이 가꾸고 판매한 상품의 유통 경로를 추적하는 시스템을 만들기로 결심했다. 그가 만든 솔루션 애그리시스는 농부의 생산품에 관련된 각종 정보를 수집한다. 수집되는 정보는 농작물의 생산지뿐 아니라 최종 판매 가격 등도 포함되어 있다. 시간이 지나 이러한 정보가 쌓이게 되면 애

그리시는 생산품의 실제 가격을 추정하고 농부들에게 특정 기간에는 어디에 물품을 판매하면 가장 좋은 가격을 받을 수 있는지 또한 알려 줄 수 있을 것으로 기대하고 있다.

▌도시 농업

팜내비가 전통 농장에 기술을 도입하는 모델을 채택했다면, 엔씽의 김혜연 대표는 작물 재배에 새로운 방법으로 접근을 하기로 했다.

김 대표의 비즈니스 모델은 작은 화분에서부터 시작되었다. 스마트 화분이라고 불리는 이 작은 화분에는 작물의 상태들을 모니터할 수 있는 센서가 부착돼 있다.

그는 이 화분으로 컨테이너 안에 완전한 농업 생태계를 만드는 일에 도전했다. 이 공간에는 각종 센서뿐 아니라 LED 전등과 온도 제어 시스템도 갖췄다. 이 컨테이너는 2017년 8월 덴마크에 수출됐다. 도시 한복판에서 채소를 재배할 수가 있다는 것이 이 컨테이너의 가장 큰 매력이다.

충청북도 진천에 자리한 '만나씨이에이'는 기후변화에 대항할 수 있는 농업 환경을 조성하는 데 성공했다. 이 회사는 아쿠아포닉스, 즉 수경재배 시스템을 도입했다. 이 시스템은 민물고기가 만들어내는 박테리아를 사용해 식물을 키운다.

일반적인 농업 시스템보다 물 사용량을 약 90퍼센트 절감할 수 있으며, 생산량을 많게는 2배로 늘릴 수 있다고 한다. 농약을 전혀 사용하지 않는 것도 장점이다.

물론 아직까진 기술 회사들이 국내 농산업에 진출하기 위해서는 넘어야 할 관문이 많다. 가장 큰 과제는 바로 농부들에게 농업 방식을 바꿀 필요성을 일깨워주는 것이다.

칠레, 미국 등과 같은 나라와 자유무역협정FTA이 체결된 이후 수입 농산품의 양은 약 2배로 늘었다. 2004년에는 약 145억 달러에 머물렀던 농산품 수입량은 2015년에는 305억 달러로 늘어났다.

자연재해 등과 같은 위험요소에 적응하지 못한 농부들의 생산량은 줄어들었고, 그로 인해 수입량은 늘어날 수밖에 없었다. 예를 들어, 당근과 같은 품종의 자급률은 약 50퍼센트 이하로 하락했다.

정부의 인식 부족도 문제점으로 지적된다. 팜패스의 장 대표는 "IT 업체들이 이 분야에 들어왔다가 접는 경우가 많은데, 정부의 지원이 부족하기 때문이다. 개발 지원이 하드웨어 쪽에 맞춰져 있는데 소프트웨어에 대한 지원을 늘릴 필요가 있다. 현장에는 예외 상황이 많은데 거기에 맞도록 소프트웨어가 조절해주기 때문이다"라고 말했다.

"모든 것이 통합되고 소프트웨어가 세상을 지배한다"

농부가 아닌 사람이라도 농사를 지을 수 있는 세상을 만드는 것, 그런 서비스와 기술을 개발하는 것이 바로 엔씽의 비전이다.

이 회사는 2017년 8월 덴마크의 한 호텔에 '컨테이너 팜'을 수출했다. 컨테이너 팜이란 컨테이너 안에 농작물을 재배할 수 있도록 만든 것을 말한다. 도시에서도 경작이 가능하다.

엔씽의 '플랜티 큐브'라는 컨테이너 팜 안에는 '스마트 화분'이 설치돼 있다. 네트워크에 연결돼 있어서 'IoT 화분'이라고도 불린다. 이 화분들이 만드는 공간은 농경지 400평에 해당한다. 화분 속에 장착된 여러 가지 센서와 LED 화분들이 화분에서 자라는 식물의 상태를 점검하고 거기서 나오는 데이터를 분석해 중앙시스템에 전송한다. 그러면 중앙시스템은 각 화분의 환경을 작물이 잘 자랄 수 있도록 조절한다. 사람이 컨테이너 내 화분의 상태를 일일이 체크할 필요가 없다. 농부가 아니어도 쉽게 작물을 재배할 수 있는 것이다.

김혜연(33) 엔씽 대표는 "컨테이너 팜을 이용하면 일반인도 누구나 쉽게 작물을 키울 수 있다"고 설명했다. 호텔, 식당 등이 필요한 작물을 직접 재배해서 쓸 수도 있다. 필요한 작물을 구하려 노력할 필요도 없고 직접 시장에 가서 사오는 수고를 할 필요도 없다.

왜 농업 분야 스타트업 창업을 결심했나.

고등학교 때부터 창업을 하고 싶었다. 원래 관심 있던 분야는 인터넷 서비스였다. 그래서 고등학교 땐 학교 홈페이지를 운영하거나 동네 가게들의 홈페이지를 만들어주는 아르바이트를 했다. 대학은 한양대학교 에리카 캠퍼스 전자과를 졸업했다. 농업에 관심을 갖게 된 건 외삼촌 덕분이다. 외삼촌이 농자재 관련 회사를 운영했다. 나는 군 제대 이후 1년 정도 해외에서 유학 후 경기도 포천에 있는 외삼촌의 회사를 도왔다. 당시 외삼촌은 우즈베키스탄에서 조인트 벤처로 공장 부지에 토마토 농장 만드는 사업을 했다. 실제로 작물 재배를 할 수 있는 사람이 없으면 농사를 지을 수가 없다는 걸 그때 알게 됐다.

나중에 IoT 플랫폼 개발 프로젝트에 잠시 참여할 기회가 있었는데, 그러다 IoT를 활용해 작물을 재배해볼 수 있겠다는 생각이 들었다. 그래서 2013년 6월 정도에 한양대학교 에리카 캠퍼스 안 여러 연구소에서 일하던 친구들과 함께 팀을 만들고 이쪽으로 파고들기 시작했다. 그리고 대학생이 만들 수 있는 제품이 뭘까 생각하다가 스마트 화분을 만들게 된 거다.

컨테이너 팜은 뭐고 스마트 화분은 뭔가.

컨테이너 팜의 기본은 스마트 화분이다. 스마트 화분은 플랜티라고 부른다. 화분에 각종 센서를 붙여보자는 아이디어에서 출발했다. 화분에 센서를 달아 화분 속 흙의 습도, 화분에 대한 조도, 물 주는 주기 등을 관찰하고, 측정된 데이터를 분석해 물 줄 필요가 있을 때 스마트폰으로 알려주는 간단한 제품을 구글이 주관한 스타트업 경진대회에서 선보였다. 그랬더니 센서에 대한 의뢰가 많이 들어왔고, 그래서 센서만 따로 떼어내 별도의 상품으로 제작했다. 서울시 도시농업 마을 텃밭 사업에도 참여했다. 마을 공동의 텃밭을 만들고 텃밭 환경을 동네 주민들이 스마트폰 등으로 모니터할 수 있는 시스템을 구축했다.

스마트 팜이라고 불리는 기술과 같은 건가.

우리는 스마트 팜의 핵심 기술인 센서 기술과 재배 기술을 주로 다룬다. 2016년 6월부터 1년 동안 경기도 시흥에 있는 약 500평 규모의 농장에 운영 체제를 공급했다. 센서를 통해 농장 내부 환경을 모니터하고 우리 회사의 농업 전문가들이 농장주에게 언제 물을 주고 빛의 양을 어떻게 조절하라는 등의 지시문을 필요할 때마다 보내주는 방식이었다. 그런데 하다 보니 기존의 설비 농업 방식으로는 환경문제를 해결하고 깨끗하고 신선한 먹거리를 키우는 데 한계가 있다는 걸 알게 됐다. 그래서 아예 외부 환경을 차단하고 실내에서 농약을 쓰지 않고 작물을 키우는 방향을 고안했다. 이것이 바로 컨테이너 팜이다. 현재 강원도 고성군에 약 20평 정도의 테스트 농장에 센서와 모니터링 소프트웨어를 제공하고 재배 환경을 모니터하고 있다. 계속 데이터를 모으는 중이다. 농약을 전혀 쓰지 않을 뿐 아니라 물 사용량도 약 90퍼센트 절감할 수 있다. 기존 방식의 농장에선 지하수를 뽑아 거기에 농약을 타서 사용한다. 이 물은 나중에 버려지기 전에 정화해야 하는데 그럴 만한 장소를 찾기가 힘들다. 하지만 컨테이너 팜 안에선 물을 순환해서 재사용 한다. 따라서 식물이 흡수하는 물과 증발되는 물 외에는 계속 재사용된다. 버려지는 물이 없다.

투자는 어떻게 받았나.

2013년 구글과 미래창조과학부(현 과학기술정보통신부)가 주관한 '글로벌 K스타트업'에서 경쟁력 있는 스타트업으로 선정됐다. 이를 계기로 스파크랩, 엔젤클럽, KDB 산업은행 등 다양한 기관에서 투자를 유치했다. 산업은행에선 2015년 11월에 약 20억 원을 투자받았다. 2016년에는 중국 엠파워 인베스트먼트에선 약 6억 원을 받았다.

엔씽이 추구하는 가치는.

신선하고 안전하고 맛있는 먹거리 재배다. 농업은 연구가 필요한 분야인데 유통 방식, 가공 및 저장 방식 등이 많이 뒤떨어져 있다. 또 농부들이 해야 할 일이 너무 많다. 이는 농사짓기 힘든 이유 중 하나다. 작물 재배에 힘과 시간을 다 쏟아붓다보니 마케팅에는 신경 쓰기 힘든

상황이다. 그래서 우리는 작은 센서를 이용해 자동으로 재배하는 시스템을 만들려고 하고 있다. 농부들이 안전하고 깨끗한 먹거리를 생산하고 판매하도록 돕고 있다. 일단은 재배를 잘할 수 있는 솔루션에 집중하고 있다. 재배 시설을 소형화하는 것도 하나의 솔루션이다. 나중에는 판매 채널 확보에도 도움을 주고 싶다. 현재 마진의 60~70퍼센트를 차지하는 유통채널을 줄이려는 것이다.

엔씽의 현재 매출은.

일단 2016년까지는 기술 개발에 계속 투자했다. 매출은 모두 공개할 수 없지만 2016년 한 해 매출을 2017년 초 약 한 달 만에 돌파했다. 현재 직원은 12명이다.

덴마크 호텔 반응은 어떤지. 이후 사업 성과는 .

덴마크 호텔은 이제 약 50개 작물을 따로 구매할 필요 없이 스스로 경작해서 요리할 수 있는 상황이다. 해외에서 수요가 있다. 중동이나 싱가포르 등지와도 계속 접촉을 하고 있다. 하나가 성사되면 큰 단위로 움직인다. 중국에선 지금까지 2곳으로부터 투자를 받고 아시아로 더 많이 진출하려고 계획하고 있다. 국내에선 쇼핑몰, 백화점 등에서 문의가 오고 있다.

한국 농업 실태를 어떻게 보고 있나.

현재 우리나라뿐 아니라 전 세계의 농업이 변화하고 있다. 특히 우리나라는 기후변화가 빠르게 일어나고 있다. 딸기는 원래 충남 논산이 재배지로 유명한데, 지금 논산은 10년 전 논산과 다르다. 이제 남부 지방에선 해외 열대 과일이 재배되고 있다. 남부 지방에서 키우던 작물들은 강원도에서 재배된다. 나중엔 알지도 못하던 병충해가 생기고 기존 방식으로는 농사가 불가능한 상황이 될 수도 있다. 이를 대비하기 위해선 기후를 모니터하고 수집, 연구해 데이터를 모아야 한다. 그래야 나중에 기후가 바뀌더라도 수집된 데이터를 토대로 솔루션을 찾고 작물 재배를 문제없이 할 수 있다. 하지만 아직은 이런 부분에 대한 인식이 높지 못한 상황이다.

4차 산업혁명은 농업을 어떻게 변화시킬까. 그리고 농업이 4차 산업혁명에 얼마나 중요한 분야라고 생각하나.

모든 것이 통합되고, 소프트웨어가 세상을 집어삼킨다는 것이 4차 산업혁명의 핵심이라고 생각한다. 산업 간의 구분이 없어진다고 하는데, 지금 그 과정이 진행되고 있는 것 같다. 사람들은 개개인의 취향에 맞는 제품을 찾게 될 것이다. 그런 소비자 수요를 위해 적은 양도 생산할 수 있는 설비가 필요할 것 같다. 한 개 단위로도 찍어낼 수 있는 설비 말이다. 결국 농업도 그렇게 될 것 같다. 대량생산보다 그때그때 개개인의 수요에 맞춰 필요한 작물을 파는 그런 시스템으로 바뀔 것이다. 또 농업의 유통 과정 자체가 바뀌어야 한다. 지금은 생산자 중심의 시스템이다. 소비자와 농부들의 사이가 단절돼 있다. 그런데 식문화 자체가 다양해지면서 원래 우리나라에서 먹지 않던 식품이나 바질, 고수 같은 작물에 대한 수요가 늘어나기 시작했다. 하지만 농부들은 소비자들이 뭘 원하는지 모르고 계속 키우던 것만 키운다. 팔리지 않고 버려지는 작물이 많다.

우리 모델은 온디맨드on-demand로 소비자들이 원하는 작물을 연중 동일한 수준으로 재배하는 것이다. 그리고 지금보다 더 데이터를 활용하는 재배 방식이 적용될 것이다.

그 중심에는 하드웨어를 컨트롤하는 소프트웨어가 있을 거라고 생각한다. 테슬라가 소프트웨어 업데이트만으로 연비를 늘리는 시대다. 농업도 피해갈 수 없을 것이다. 앞으로 농업도 하드웨어인 농업 설비보다 소프트웨어의 발전이 더 중추적인 역할을 하게 될 시대가 도래할 것이다.

농업 스타트업은 흔치 않은 것 같다. 어려운 점은 없나.

우리가 하는 게 새로운 분야다 보니 설득을 많이 해야 한다. 검증에 큰 비용이 들어가는데 투자자들은 이미 검증돼 있는 걸 원한다. 예를 들어, '생산량이 얼마나 되나' 같은 걸 따진다. 미래가능성에 대한 투자를 한국에서는 아직 꺼리는 것 같다. 우리는 운이 좋았다. 하지만 한국은 당장 돈 되는 데만 투자하려는 성향이 있어서 사업 지원을 받기가 조금 어려운 상황이다. 특히 농업 관련 스타트업의 경우 당장 보여줄 만한 결과를 내기가 힘들기 때문에 더욱 그런 것 같다. 정부에서 스마트 팜을 지원하는 제도가 있는데 실내에서 하는 소위 식물공장이라고 불리는 우리 같은 모델은 포함이 안 된다. 또 우리는 농업회사나 농장이 아닌 IoT 회사로 분류되어서 농지를 이용하려고 해도 지원을 못 받는다.

창업 다시 하라면 하겠나.

다시 하겠다. 하다 보니 여러 가지가 보인다. 다른 분들께 조언을 드릴 수준은 아니다. 그저 창업이라는 게 자기 희생을 굉장히 필요로 하는 거 같다는 생각을 한다. 특히 스타트업 초기엔 매우 그렇다. 그리고 시장의 변화, 사람들의 움직임을 끊임없이 관찰하는 것도 중요하다.

앞으로의 채용 계획은.

앞으로 농업은 재배 설비 기술뿐 아니라 판매 방식도 바뀌어야 한다. 그래서 소프트웨어, 재배 기술, 유통 분야 전문가를 더 영입할 계획이다.

**The Fourth
Industrial
Revolution**

▌재난 구조의 열쇠는 정보의 정확성에 있다

2017년 8월 말과 9월 초 미국 휴스턴을 휩쓴 허리케인 하비는 근래 미국에서 발생한 자연재해 중 최악으로 기억될 것이다.

4급 허리케인에서 열대성 폭우로 지위가 낮아졌지만 하비로 인한 피해는 1,800억 원에 이를 정도로 컸다. 텍사스 주와 미국재난안전청 FEMA은 56만 가구가 집을 잃고 60명이 사망한 것으로 집계했다. 최고 5등급 바로 아래인 4급 허리케인은 풍속 210~249.4km/h으로 건물은 물론 사람과 동물에까지 피해를 입힐 수 있다.

미국 기상 전문가들은 하비의 경로를 정확히 예측했으며 위협적인 홍수를 동반할 것이라는 경고를 발령해 대비했다. NBC뉴스에 따르면 에큐웨더AccuWeather 등의 기상 전문 업체들은 인공지능과 글로벌 데이터 분석을 통해 조기 경보의 정확성을 높일 수 있었다.

미국 정부는 허리케인 기상 연구 및 예보 컴퓨터 모델을 통해 단기 예측을 강화함으로써 태풍 하비의 세기를 사전에 예측할 수 있었다. 2016년 발사된 기상위성 GOES-16은 고화질의 이미지를 전송하여 그 경로와 강수량 예측을 더 높였다. 이와 동일한 기술은 하비보다 규모가 더 컸던 허리케인 '어마'의 강도와 피해를 예측하는 데도 사용됐다.

▌한국 정부의 재난 대비 노력

한국 기상청도 4차 산업혁명의 기술을 도입해 기상예보의 정확성을 높이고 있다.

기상청은 2011년부터 슈퍼컴퓨터를 이용한 빅데이터 기반 한국형 기상예보 모델을 개발하고 있다. 실제 도입은 2019년이 목표이며, 2018년부터 시험운용을 시작한다. 하지만 기술 개발과 데이터 수집에 시간이 필요하다는 점 때문에 새로운 기술을 실제 상황에 적용하기는 어려움이 있을 것으로 예상된다. 한국의 기상 조건은 독특한 지형적 특징 때문에 예측하기가 더 어렵다.

기상청 관계자는 "각 나라마다 독특한 환경이 있다. 한국의 경우 삼면이 바다이고, 중국 대륙이 옆에 있다. 좁은 땅에 지형은 동고서저다. 작은 변화에도 민감하게 반응한다"고 말했다.

국토교통부는 드론이 각종 재난구조 및 환경 연구에 쓰일 수 있도록 재도 개선과 정책 도입에 적극 노력하고 있다. 현재는 90퍼센트가 방재와 촬영에 쓰이고 있다. 하지만 앞으로는 구조대원이 직접 들어가기 힘든 산불이나 고층건물 화재 등과 같은 재난 상황에서 드론을 통해 얻은 영상을 활용해 가장 적합한 침투 경로를 찾는 등 중요한 역할을 할 것이다.

▌재해에 대한 다른 인식

융합정책연구소의 이현숙 연구원은 2016년 9월 12일 발생한 경주 지진, 2017년 11월 15일 발생한 포항 지진은 한국도 자연재해로부터 안전하지 않다는 인식을 일깨워주는 기회였다고 말했다.

이 연구원에 따르면 1978년 처음으로 한국 정부가 지진 기록을 시작한 이후 2014년까지 총 1,168개의 크고 작은 지진이 발생했다. 그중 43개는 리히터 규모 4 이상이었다. 경주의 5.8지진은 국내 가장 강도 높은 지진으로 기록됐다.

경주와 포항의 지진은 한반도 남동쪽에 몰려 있는 원자력발전소에 대한 우려도 불러일으켰다. 경주에만 해도 6기의 원자력발전소가 가동 중이다.

지진은 우리 정부가 재난으로부터의 안전을 위해 첨단기술을 도입하는 데 더 적극적으로 임하도록 하는 계기가 됐다.

▌재난 커뮤니케이션

재난에 대비하고 안전을 높이기 위한 첨단기술 개발은 민간에서도 활발하다. KT 황창규 회장은 2017년 4월 재난 및 안전 플랫폼 개발을 KT의 주요 미래 사업 중 하나로 선정했다. KT는 'PS-LTE' 통신 개발에 힘을 쏟고 있다. PS-LTE는 일반 LTE와 다른 주파수를 쓰기 때문에 기지국을 통하지 않고 단말기끼리 바로 통화할 수 있다는 장점이 있다. 또 여러 명과 동시에 연결할 수 있어서 구조대원 한 명 한 명에게 데이터를 보낼 필요 없이 다수의 구조대원과 효과적으로 소통할 수 있다.

현재 미국과 유럽 그리고 중국에서도 PS-LTE가 도입되고 있다. 삼성전자 또한 PS-LTE 개발을 하고 있으며 2017년 2월 이를 통한 실시간 이미지 전송 실험도 마친 상태다.

KT는 철도용과 해상용 PS-LTE 개발도 진행 중이다. KT는 오차가 1~2미터인 초정밀 GPS 정보시스템을 한국항공우주연구원과 개발 중이다.

SK텔레콤은 2017년 1월 노키아와 공동 개발한 무전통신기술MCPTT 재난망을 폴란드에 있는 노키아의 R&D센터에서 선보였다. 'VoLTE' 기술을 기반으로 하는 무전통신기술은 구조원들의 안정적인 커뮤니케이션을 가능하게 해준다. 한꺼번에 여러 명이 사용해도 통신에 지장이 없다.

2005년 설립된 국내 중소기업 JBT는 2017년 3월 강원랜드에 스마트통합관제 플랫폼 JBMS-GeoBoard를 설치했다. 이 회사는 부산시와 국내 23개 원자력발전소를 운영하는 한국수력원자력에 이 통합관제 시스템을 도입했다.

이 시스템은 디지털 지도인 GIS를 기반으로 CCTV를 포함, 여러 센서들과 연결돼 있다. 연기가 발생하거나 하는 이상 상황이 발생하면

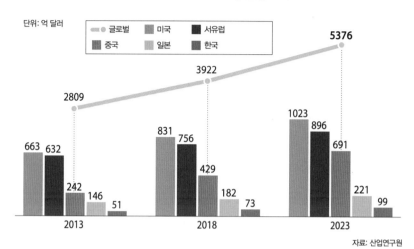

공공 재난 안전 시장 전망

단위: 억 달러

글로벌　　미국　　서유럽
중국　　일본　　한국

2013
663　632　242　146　51

2018
831　756　429　182　73
3922

2023
1023　896　691　221　99
5376

2809

자료: 산업연구원

컨트롤 센터의 모니터에 실시간 영상이 자동으로 올라와 상황 판단을 빨리 할 수 있게 도와준다.

'코너스톤즈 테크놀로지'는 IoT 기반 대피 경로를 알려주는 시스템 전문 개발 업체다. 이 회사는 각종 센서가 설치된 LED를 벽이나 기차 내에 부착해 열이나 연기 밀도를 측정, 화재 위치와 경로를 파악한 후 LED 등에 화살표를 표시하면서 최적의 대피 경로를 알려주는 음성을 내보낸다. 이 시스템은 부산역과 롯데백화점 등에도 도입됐다.

재난 상황에서 살아남느냐 아니냐는 몇 초 안에 결정된다. 기존 시스템으로는 대피 경로를 파악하는 데 6분이 걸리지만 코너스톤즈의 프로그램을 사용하면 1초밖에 안 걸린다.

세계 안전 시장의 성장 잠재력은 크다. 산업연구원은 세계 안전 시장이 2013년 2,800억 원 규모에서 2023년 5,376억 원 규모로 성장할 것으로 내다봤다. 연간 6.7퍼센트씩 성장할 것으로 예상했다. 특히 중국 시장은 10년 동안 같은 기간 242억 원 규모에서 3배 넘게 성장해 2023년에는 691억 원 규모로 커질 것으로 보인다. 이와 관련된 빅데이터 시장의 성장은 더 가파를 것으로 보인다. 2015년~2022년 사이 연간 17.5퍼센트씩 성장할 것으로 예상된다.

▌앞으로 남은 과제들

한국과학기술원KAIST 한동수 교수는 "인프라 면에서 한국은 세계 최고 수준이며 첨단 기술력 또한 갖추고 있다. 문제는 이를 활용하는 데 있다. 기술 발전은 재난 예방과 관리의 첫 관문일 뿐이다"라고 말했다. 기술적으로 한국은 이미 상당한 위치에 올라섰지만 이 기술들이 실제로 상용화가 될 수 있어야 한다는 것이다.

2010년 한 교수는 사람이 머물고 있는 층수까지 파악을 할 수 있는 실내용 모바일 위치 추적 시스템을 개발했다. 이 기술은 납치나 심장마비 등 위험에 처한 사람을 제한된 시간 내에 빨리 찾아내는 걸 돕는다. 그는 "재난이나 범죄 상황에서 생명을 구하는 데 가장 중요한 것은 시간이다. 오늘날 기술은 대응할 수 있는 시간을 상당히 줄여줌으로써 생존의 기회를 높여준다"고 말했다.

비용 측면에서도 효율적이다. 행정안전부에 따르면 재난으로 인한 피해는 5조 4,000억 원이고, 복구하는 데 들어가는 비용은 그 2배인 10조 8,000억 원이다. 세계은행은 글로벌 재난을 복구하는 데는 5,200억 원의 비용이 들고 연간 재난재해로 2,600만 명이 빈곤층으로 전락한다고 밝혔다.

부경대학교 환경대기학과 오재호 교수는 재난 예방과 관리에 있어 가장 중요한 요소는 정확성이라고 지적했다. 이를 개선하고 향상하기 위해서는 재난 발생 원인을 먼저 이해해야 하는데 인공지능과 빅데이터가 큰 도움이 될 것으로 봤다. 그는 "과거에는 재난이 발생하는 원인을 추정할 뿐 왜 일어났는지 정확히 알 수 있는 데이터는 없었다. 하지만 요즘엔 이를 분석할 수 있는 기술력을 가지고 있다. 아무리 컴퓨터가 뛰어나다 해도 과거 데이터 없이는 미래를 예측할 수 없다. 기계학습을 통해 사람이라면 놓칠 수 있는 아주 미세한 부분까지 계산해낼 수 있다"고 말했다. 오 교수는 6월 인공지능형 기후예측 시스템 알파멧을 선보였다.

성균관대학교 측지정보 및 방재안전연구실 안홍식 교수는 방대한 국내 정보들이 인공지능이나 빅데이터에 바로 쓰일 수 있게 재정비하는 게 우선이라고 말했다. 그는 성균관대학교 자연과학대 캠퍼스 내에 있는 위험물질의 위치와 양 등의 정보를 보여주는 디지털 안전지도를 개발했다. 지도에는 대피 경로까지 포함했다. 윤 교수는 "정부는 방대한 데이터를 갖고 있다. 하지만 그 정보들은 정리가 되어 있지 않고 서로 연결도 돼 있지 않아서 인공지능과 빅데이터에 활용할 수가 없다. 기술력이 아무리 뛰어나도 단순 데이터는 활용이 어렵다. 미국이나 유럽 등은 우리보다 앞서 있고 중국은 상당한 속도로 따라잡고 있다. 그러나 아직 시장을 선점한 나라는 없다. 기회는 누구에게나 열려 있다"고 말했다.

"4차 산업혁명은 새로운 영역 창출의 기회"

이은정(52) 제이티비 대표가 창업에 도전했던 2002년에 스타트업이란 말은 없었다. 창업 환경은 지금과 많이 달랐다. 정부지원 같은 건 꿈도 못 꿨다.

처가에서 빌린 돈 5,000만 원을 자본금 삼아 사무실 임대료를 내고 사무용 집기를 구입했다. 삼성SDS 재직 당시 함께 일하던 동료 2명을 포함해 모두 5명이 창업 과정을 함께했다.

이제 제이티비는 직원 50명에 50억 원 연매출의 기업으로 성장했다. 창업 당시 내비게이션 주문자상표부착생산OEM을 주로 하던 기업에서 이제는 재난 안전 관리 솔루션 전문 업체로 이름을 날리고 있다. 2015년 중소기업혁신대전 산업통상자원부장관상을 받았고, 2016년엔 고용노동부가 선정한 강소기업으로 뽑혔다. 행정안전부, 한국가스공사, 한국수력원자력, 강원랜드 등에 서비스를 제공하고 있다.

창업 이후 12년이 흘렀다.

최근엔 스타트업이 붐을 이루고 있지만 10여 년 전엔 열악했다. 독보적인 기술 하나만 가지고 창업에 도전한다는 건 당시엔 쉬운 일이 아니었다. 투자도 받지 못했다. 몇 차례 투자 제의를 받긴 했지만 지분과 투자 금액에 대한 의견 차이가 심했다. 투자자들은 단기적인 실적이 나오길 바랐지만, 난 장기적인 안목으로 개발하길 원했다. 투자 방향이 안 맞았다. 첫 해 매출은 2억 원이 좀 안 됐다. 직원들 월급 주고 사무실 운영비를 빼면 남는 게 없었다.

알아주는 대기업을 나와 창업을 했다.

처음부터 창업을 계획한 것은 아니었다. 1988년 동국대학교 전자계산학과를 졸업하고 군 병역특례 모집을 하던 유니온시스템에 들어갔다. 첫 업무는 종이지도를 컴퓨터에 입력하는 것이었다. 이때의 경험이 창업에 도움이 됐다. 지리정보시스템GIS을 응용한 솔루션 개발의 기반이 됐다. 1995년에 삼성SDS에 입사해 7년 동안 직장생활을 하다가 2002년 퇴사했다. 공공 SI 사업 관련 업무용 시스템 개발을 하던 중 일반인들이 사용하고 활용할 수 있는 범용 소프트웨어에 관심을 가지게 됐다. GIS LBS 분야에 맞는 범용 프로그램을 개발하기 위해 창업했다.

자신 있었나 보다.

GIS 소프트웨어로 내비게이션을 개발하려고 했다. 당시 미국과 일본엔 관련 시장이 형성되고 있었지만 국내는 아니었다. 창업을 했을 땐 닷컴 버블 붕괴의 여파로 벤처투자도 활발하지 않았던 때였다. 그 때문에 투자 유치가 어려웠다. 적지 않은 나이였는데 엔지니어 출신이라 투자 유치에 대해 잘 몰랐다. 첫해 매출이 2억 원이었는데, 임대료와 월급을 주고 나면 남는 게 하나도 없었다. 사정이 어렵다보니 사업을 B2C로 확장해야 할 시기를 놓쳤다. 결국 그 대안으로 솔루션 사업을 시작했다.

가장 어려웠던 순간을 꼽는다면.

6년 전 한 대기업과 공급 계약 체결을 앞두고 있었는데 계약 체결 직전에 갑작스럽게 취소 통보를 해왔다. 직원 수를 20여 명으로 늘린 상황이었는데 하마터면 월급도 못 주고 회사 문을 닫을 뻔했다. 우여곡절 끝에 계약은 맺었지만 기술력뿐 아니라 기획과 마케팅 능력이 필요하다는 걸 뼈저리게 느꼈다. 그 일 이후 영업부를 따로 만들었다. 사업은 기술만으로는 성공할 수 없다. 마케팅과 기획 능력이 중요하다.

현재 주력 사업은.

5년 전 종합재난안전관리 솔루션 실용화에 성공했다. 스마트 통합관제 플랫폼 'JMBS-지오보드GeoBoard'도 개발했다. 네트워크로 연결된 CCTV와 센서를 통해 수집한 정보를 분석해 이상 징후를 포착함으로

써 사고를 미연에 방지하고, 사고가 발생하면 신속하게 대응할 수 있다. 예를 들어, 공장 단지에 화재가 발생했다면 센서가 연기를 포착하고, CCTV가 발생 지역을 촬영하고, 이 내용이 통제실 모니터 화면에 뜨고, 그와 동시에 모니터에 대처 방법이 표시된다. 이 매뉴얼에 따라 주민 대피와 화재 진압이 이뤄지는 거다.

재난안전통합관리에 관심을 갖게 된 계기가 있나.

국민안전처(현 행정안전부)에서 발주한 용역을 수행하는 과정에서 재난 쪽으로 눈을 돌리게 됐다. 실제로 재난 분야의 IT 기술 적용 수준은 그리 높지 않은 상태다. 재난 현장 상황과 컴퓨터 통제실 사이에 원활한 교류가 중요한데 실상은 그렇지 않다. 이 둘을 연결할 솔루션을 개발하면서 틈새시장을 발견을 했다고 생각했다. 사물인터넷 기술이 접목된 센서로 인해 이 분야는 앞으로 더욱 발전할 것이다. 그리고 최근 지진 등 각종 재난으로 국민 의식이 달라지면서 관심들이 더 높아졌다. 특히 유해물질을 다루는 공장 단지 등 언제나 위험에 노출되어 있는 사업장들도 안전 강화에 나서고 있어 관련 솔루션 기술에 관심이 크다. 재난은 사전에 방지하는 게 최우선이다.

4차 산업혁명으로 어떤 변화가 있을 것으로 보나.

4차 산업혁명은 과거와 달리 단순한 기술 분야의 획기적인 발전이 아니라 그 이상으로 무궁무진한 새로운 영역 창출의 기회가 될 것이다. 자동차를 예로 들자며 전에는 운송수단에 그쳤지만 인공지능이나 사물인터넷 기술과 결합되면서 새로운 문화 창출과 비즈니스 기회가 될 수 있다. 우리도 지금까지 축적한 위치기반 솔루션을 재난 안전이 아닌 다른 분야에 응용하는 작업을 진행하고 있다.

4차 산업혁명에 대해 정부도 큰 관심을 기울이고 있는 거 같다.

4차 산업혁명이 산업과 개인 삶의 질을 높이려면 정부 역할이 중요하다. 그러려면 먼저 규제 개혁과 정보 공개가 이뤄져야 한다. 해외의 경우 규제가 구체적이고 명확하다. 따라서 규제를 위반하지 않고 개발을 하거나 사업 영역을 확장할 수 있다. 하지만 국내는 그 반대다. 규제가 명확하지 않다. 그러다 보니 예기치 못하게 규제를 어기게 된다. 규제를 어떻게 해석하느냐에 따라 위반이 되기도 하고 아니기도 하니 마음 놓고 사업을 할 수가 없다.

그리고 정보가 더 공개돼야 한다. 특히 위치기반 기술 개발을 위해서는 더더욱 그렇다. 북한과의 대치 상황, 이로 인한 보안의 중요성 때문에 비공개 정보가 너무 많다. 안보에 위협이 되는 경우의 정보 보안은 이해해야겠지만 때론 안보에 위협이 되지 않는 정보까지 공개되지 않는 경우가 많다. 새로운 비즈니스 기회를 막는 결과를 낳는다.

다시 창업하라면 하겠나.

잘 모르겠다. 하지만 시작을 하는 이들에게 조언한다면 모든 일에 적극적으로 임하고 실패를 두려워하지 말라고 말하고 싶다. 나 같은 경우 실패하면 다시 되돌아 갈 수 없다는 두려움이 컸다. 그럼에도 불구하고 꿋꿋이 앞으로 나아갔고 성공하기 위해 노력했다. 지난 시간에서 하나 깨달은 것이 있다면 두려움은 한순간이라는 것이다. 강한 의지와 각오가 있으면 하고자 하는 꿈을 이룰 수 있다.

"모든 혁명에는 승자와 패자가 있다.
승자는 힘겨운 이들을 배려하고 불운한 이들에게
연대감을 보여줘야 할 의무가 있다."

클라우스 슈밥 세계경제포럼WEF 의장은 2016년 세계경제포럼(다보스포럼)에서 4차 산업혁명을 주요 의제로 선언한 이래 4차 산업혁명을 알리는 전도사로 활약해왔다. 그가 쓴 책 《클라우스 슈밥의 제4차 산업혁명》은 2016년 4월, 한국에서 출간된 이후 지금까지 베스트셀러다.

슈밥 의장은 인터뷰에서 한국의 4차 산업혁명에 대한 관심이 커지고 있는 것을 알고 있다며 한국의 산업 및 정치 지도자들과 함께 한국이 산업화의 새로운 단계로 나아가는 데에 도움을 주고 싶다고 말했다. 그는 "한국 미디어와 산업계의 긍정적인 반응에 부응하는 것은 나의 사명이라고 생각한다"며 "한국인들은 영토와 시장의 경계를 벗어나 글로벌화한 세계에서 기회를 놓치지 말아야 한다"고 말했다.

슈밥 의장은 인공지능, 로봇, 바이오 등의 혁명적인 변화를 촉진하면서도 기술 발전이 더 소외되고, 불안하고, 정신적으로 파편화된 세상을 만들어내지 않도록 하기 위해 사람들이 함께 일하는 것이 중요하다고 강조했다. "인간이 진정으로 함께하도록 이끄는" 방식으로 기술을 사용하고 교류해야 한다고 말했다.

당신의 책 《클라우스 슈밥의 4차 산업혁명》이 베스트셀러가 된 이후 4차 산업혁명이 한국 사회의 핫 이슈가 됐다는 것을 알고 있을 것이다. 이렇게 주목받을 거라고 예상했나. 왜 이런 관심을 받고 있다고 생각하나.

나는 한국이 신기술의 중요성을 인식하고 있으며, 4차 산업혁명이라는 개념을 우리의 전 시스템에서 중요 전환점으로 받아들일 나라라는 걸 예상했다. 한국은 지난 50년 동안 경제적·사회적으로 근본적인 변화를 겪어왔다. 3차 산업혁명, 즉 디지털 혁명의 리더로 자리매김했기에 가능한 일이었다.

나는 한국인들과 한국의 리더들이 4차 산업혁명의 아이디어와 메시지의 진가를 알아봐준 것에 대해 매우 놀랐으며, 즐겁고 영광스럽다. 이 아이디어가 통한 건 한국인이 기술 발전이 초래할 다음 번 산업혁명이 지난 산업혁명처럼 긍정적인 변화를 가져올 것이라는 점을 확신하기 때문일 것이다.

당신은 2016년 10월 서울을 방문해 한국의 정치인, 기업인, 일반인들과 4차 산업혁명에 대해 이야기했다. 2016년 스위스금융그룹 UBS가 4차 산업혁명에 대한 준비 정도를 글로벌, 지역별, 투자 전망 등에 걸쳐 분석한 리포트에서 한국

은 노동시장 유연성, 기술 수준, 교육 시스템, SOC 수준 등 5가지 주요 부문에서 41.5위를 기록했다. 노동 유연성 부문에선 83위였다. 관찰자 입장에서 볼 때 한국 노동시장의 어떤 부분이 가장 문제인가. 이를 수정하려면 뭐가 필요한가.

한국의 비즈니스 리더들, 공공 및 민간 부문 리더들과 대화하면서 모든 이들이 4차 산업혁명의 범위와 속도, 충격에 관심을 갖고 있다는 것을 알고 매우 강한 인상을 받았다. 카이스트 같은 기관의 전문가와 교수들이 해온 저명한 작업들에서 알 수 있듯이 한국은 전통적으로 기술 혁신에 강한 면모를 보였다. 하지만 인공지능, 로보틱스, 바이오테크놀로지 같은 기술은 빠르게 변화하고 있을 뿐 아니라 사회 전체의 관심을 요구하고 있다. 우리는 정보를 얻는 방법, 시민으로서나 소비자로서 의사결정을 하는 방법, 일하는 방법뿐 아니라 배우고 공부하는 방법에 있어서도 혁명을 마주하고 있다.

한국의 노동시장은 이런 발전에 대처할 여유가 없을 것이다. 변화의 변곡점에서 앞서 나가고 최고의 능력을 발휘해 성공적으로 경쟁하고자 하는 기업이라면 덜 위계적이고, 더 유연하며, 스스로 발전하고 평생 학습할 수 있는 기회를 제공해야 한다.

세계경제포럼에서 당신은 산업혁명으로 사회적 긴장이 높아질 수 있다고 말했다. 기술 수준이 낮고 저임금을 받는 사람들과 높은 기술을 보유하고 고임금을 받는 사람들 사이에 긴장이 유발될 것이라고 했다. 그 긴장을 예방하거나 최소화하기 위해서는 무엇을 해야 하나.

모든 혁명에는 승자와 패자가 있다. 승자는 힘겨운 이들을 배려하고 불운한 이들에 연대감을 보여줘야 할 의무가 있다. 사회적 차이를 단번에 치유할 묘책은 없다. 하지만 경영진에 대한 과도한 급여를 제한하는 것부터 실효성 있는 최저임금을 도입하거나 기본소득 구조를 마련하는 등 실질적인 조치를 통해 포괄적인 성장이 가능해질 수 있다.

만일 한국이 다른 선진국들보다 먼저 차세대 네트워크로 불리는 5G 네트워크를 도입한다면, 다른 선진국들과의 차이를 줄이고 앞서 나갈 수 있을까. 네트워크가 인터넷을 통해 모든 것을 연결하는 핵심 요소가 될 것이라는 점에서 일부 전문가들과 한국 정부는 5G가 많은 차이를 만들어낼 것이라고 말한다.

나 자신이 엔지니어 출신으로서 5G 도입에 대한 기대에 공감한다. 그러나 경제 성장에 대한 희망을 어느 하나의 기술에만 거는 것은 조심스럽다. 나는 기술과 사용자와 기업 문화가 밀접하게 연관돼 복잡한 시스템을 구성한다고 생각한다. 그 복잡한 시스템을 살펴야 한다. 더불어 모든 한국인이 영토와 시장의 한계를 넘어 생각함으로써 글로벌화한 세계에서 얻을 수 있는 기회를 놓치지 말기 바란다.

개인적으로 2030년 가장 기대되는 변화는 무엇인가.

나는 우리가 당면한 가장 심각한 사회적, 경제적 이슈를 해결하는 데 도움이 될 변화를 기대하고 있다. 신소재와 에너지 시스템의 발전은 전기를 사용하지 못하는 12억 명의 사람들이 현대 에너지의 혜택을 누리도록 도울 수 있을 것이다. 기계학습(머신러닝)으로 인한 바이오테크놀로지와 뉴로테크놀로지의 발전은 질병을 예상하고 치료함으로써 인간의 삶의 질을 획기적으로 개선할 것이다.

오늘의 기술이 바로 더 포괄적이고 지속가능한 2030년 미래의 모습을 의미하며, 인간은 그 시스템의 중심에 있게 될 거라는 점을 알리기 위해 나 역시 열심히 노력하고 있다. 어떤 미래를 맞이할 것인가를 결정하는 것은 우리 자신이다. 나는 한국인들이 어떤 모습의 2030년을 만들어나갈지 결정하고 함께 노력하기를 바란다.

미래의 인류에 대해서는 언제나 유토피아적 시각과 디스토피아적인 시각이 있다. 당신은 어느 쪽인가.

나는 언제나 낙관론자다. 나는 기술이 만들어내는 새로운 기회에 매혹된다. 하지만 동시에 질병과 싸우고, 끔찍한 가난을 감소시키고, 번성하는 경제를 건설하는 인간 문명의 발전을 접할 때면 겸손해진다.

동시에 나는 우리가 직면하고 있는 많은 도전을 직시하고 있다. 허약한 경제, 야만적인 충동과 커져가는 불만이 야기하는 위협은 우리가 세계경제포럼에서 우리의 일을 계속해나가야 할 이유로 충분하다.

당신은 책에서 기술을 물리적, 생물학적, 디지털 기술로 분류했다. 그중에 어떤 기술이 4차 산업혁명에서 가장 중요한 역할을 할까.

각각 다른 역할이 있으며 각각은 모두 독립적이다. 사실 4차 산업혁명의 혜택을 받기 위해서는 세 기술이 융합해야 한다.

디지털 영역이 중요한 이유는 두 가지다. 첫째는 디지털 네트워크와 3차 산업혁명의 기술은 4차 산업혁명의 기술적인 인프라이기 때문이다. 둘째는 컴퓨팅과 기계학습 분야에서의 발전은 세상을 이해할 수 있는 우리의 능력을 높이기 때문이다.

물리적, 물질적 기술은 자주 평가 절하되곤 하지만 소재 과학에서 유래한 배터리 기술의 발전은 전 세계 에너지 시스템을 혁신할 수 있다. 그리고 무어의 법칙(18개월마다 반도체 성능이 2배가 된다는 법칙)을 현실로 만들고, 퀀텀 컴퓨팅 같은 미래 컴퓨팅 기술은 이끄는 것이 신소재다.

마지막으로 생물학적 기술은 우리 인간에게 가장 파괴적인 기술에 속한다. 뉴로테크놀로지는 우리의 인지 능력 시스템 관리에 영향을 줄 수 있다. 반면 유전자를 포함한 바이오테크놀로지는 우리의 육체뿐 아니라 미래 세대의 특징까지 바꿀 수 있다. 이 둘은 모두 인류 진화의 커다란 발걸음이 될 것이다.

당신은 2016년 방한 당시 한 강연에서 좋은 리더란 두뇌와 영혼, 심장, 그리고 용기가 있어야 한다고 말했다. 한국은 저출산, 저성장, 청년 실업 등으로 어려운 시기를 지나고 있다. 한국의 새 대통령에게 어떤 조언을 줄 수 있을까.

주권국가의 선출된 지도자에게 뭔가를 해야 한다고 말하는 건 내 역할도 아니고 그럴 입장도 못된다. 하지만 이 말만은 하고 싶다. 한국이 마주하고 있는 도전은 세계 다른 여러 나라들도 겪고 있는 도전이다. 여러 이해 관계자들과의 건설적인 대화를 통해 이러한 도전에 대한 해결책을 함께 찾아나가기 위해 모든 리더들을 세계경제포럼에 초대한다.

나는 한국의 비즈니스 커뮤니티 및 사회 각 분야의 리더들과 함께 협력해 한국의 변화에 도움을 주는 것을 사명으로 삼았다. 한국 미디어와 비즈니스 커뮤니티 안에서 긍정적인 호응을 발견했으며, 이들과 함께 일하는 것이 나의 사명이라고 믿는다.

한국의 초중고등학교에서는 코딩 교육이 교육 과정에 포함됐다. 많은 고등학생은 대학에서 이공계에 진학한다. 대학에서 인문학 전공이 줄어들고 있다. 인문학의 미래는 무엇일까.

4차 산업혁명의 핵심 기술이 스템STEM, 즉 과학, 기술, 엔지니어링, 수학으로 제한돼 있다는 생각은 잘못된 것이다. 우선 우리 모두가 코딩 전문가가 될 필요는 없다. 사실 기계가 점점 발달하면서 코딩 작업은 점차 쉬워질 것이다. 물론 우리 모두 과학과 기술을 편하게 느낄 필요는 있다. 우리는 과학적 방법에 익숙해져야 한다. 원하는 대로 디자인하고 건축할 수 있는 기회가 주어져야 한다. 기술자 부족 상황도 개선돼야 한다.

하지만 4차 산업혁명을 위한 핵심 기술은 우리를 인간으로 만들어주는 특별한 것들이다. 인지 유연성, 창조적 사고력, 감정지능 같은 것이다. 감정지능 분야 전문가인 피터 살로베의 연구에 따르면 이를 발전시킬 수 있는 가장 좋은 방법은 좋은 책을 읽고 훌륭한 예술 작품을 감상하는 것이다. 인문학은 인간 중심의 미래를 위해 중요한 학문이다. 우리는 4차 산업혁명을 통해 새로운 문화 르네상스를 맞을 수 있다. 예술과 과학 두 분야 모두에 관심을 갖고 참여하는 사람이 필요하다.

마지막으로 새로운 기술의 윤리와 거버넌스를 이해하고 구성하는 데 투자하는 것이 중요하다. 철학과 정치과학은 혁신적인 생각을 기술의 세계에 적용하기 위해 중요하다.

공교육은 어떤 역할을 해야 할까. 교실은 미래에도 존재할까.

교육은 그 어느 때보다 더 중요해지고 있다. 교육은 여전히 가난을 구제하는 가장 강력한 방법 중 하나다. 관점을 제공하고, 사회를 강하게 만든다. 미래의 교실이 어떤 모습일까에 대해서라면 나는 우리가 다른 형태의 교실을 보게 될 것으로 확신한다. 기존의 전통적인 학교 교실부터 가상의 공간에서 소수가 모여 배우는 형태까지 가능할 것이며, 모든 사람이 교육을 통해 혁신을 빠르게 흡수하고 더 값싼 비용으로 쉽게 지식에 접근할 수 있게 될 것이다.

최근 성인 1,000명에게 4차 산업혁명에 대한 인식 조사를 했더니 80퍼센트의 응답자들은 미래의 삶이 더 편리해질 것이라고 답했지만, 더 행복해질 것이라고 답한 사람은 40퍼센트에 불과하다. 이 차이는 어디서 오는 걸까. 미래를 어떤 마음가짐으로 준비해야 할까.

나는 책에서 4차 산업혁명은 우리에게 더 효율적이고 편리한 생활을 가져다줄 것이라고 했다. 일, 공동체, 가족, 정체성 같은 전통적으로 우리에게 의미 있는 것들을 희생하는 대신 말이다. 설문조사 결과는 한국인들도 이렇게 느끼고 있다는 것을 반영한다. 그리고 우리 주변의 많은 기술이 우리를 더 고립시키고 진정으로 더 행복하게 만드는 데 실패했다는 것을 알 수 있다.

세계경제포럼의 중심 철학 중 하나는 새로 등장하는 기술들은 버그 bug가 아닌 특징feature으로서의 가치를 가져야 한다는 것이다. 우리 모두는 기술이 가치중립적이지 않다는 것을 깨달아야 한다. 기술이 강력해질수록 우리는 기술로부터 더 많은 영향을 받고 있다.

기술이 돈 버는 데나 무의미한 시간 낭비에만 쓰이는 것이 아니라, 소외되고, 불안하고, 정신적으로 파편화되지 않는 세상을 만들기 위해 쓰이도록 해야 한다. 그러기 위해서는 기업인들이 기술을 가진 회사들과 대화하고, 가족과 교류해야 한다. 기술을 진정으로 함께하기 위해 기술을 사용해야 하며 기술이 그렇게 사용될 수 있도록 참여해야 한다.

경험 가능한 미래
4차 산업혁명 2018

2부

라이프
혁명

Life Revolution

The Fourth Industrial Revolution

진단
Diagnosis

▌미래엔 컴퓨터가 의사를 대체할까

기계가 의사보다 환자의 질병을 더 잘 알 수 있을까.

아프면 병원에 가서 의사를 만나야 한다. 찾아간 의사가 상태를 정확하게 진단해서 치료해줄 수 있다면 좋겠지만 그렇지 못한 경우도 있다. 진단 과정에서 오류가 있을 수도 있고, 처방한 약의 효능이 예상만큼 좋지 않을 수도 있다. 환자의 컨디션이 달라졌을 수도 있다. 인공지능 기술의 발전은 이런 일들을 줄여줄 것이다. 방대한 환자 정보를 분석할 수 있다면 의사가 하는 일에도 변화가 생길 것이다. 언젠가는 기계가 의사의 일을 대신할 때가 올 지도 모른다고 하는 사람들도 있다.

새로운 기술은 의사가 환자 본인의 병력과 환자 가족들의 유전정보를 활용해 질병을 분류하는 데 도움을 줄 것이다. 의사는 환자를 더 효과적으로 치료할 수 있고 비용도 줄어들 것이다.

오래 살고 싶다는 건 모든 사람의 바람이다. 건강과 의료는 4차 산업혁명으로 인한 기술 발전이 가장 주목하는 분야다. 오래 살고 싶다는 건 모든 사람의 바람이기 때문이다.

▌셜록 홈즈 돕는 왓슨 박사?

IBM은 인공지능과 빅데이터를 활용한 스마트 진단 분야에서 가장 앞서가고 있는 회사다. 100여 년의 역사를 지닌 미국의 이 거대 기술 기업은 2006년부터 인간의 사고 과정을 닮은 인지 시스템을 연구하기 시작했다. 그리고 2011년, 슈퍼컴퓨터 왓슨을 공개했다.

왓슨은 미국의 유명 퀴즈쇼 〈제오파디〉에서 인간과 대결해 승리하면서 널리 알려졌다. 하지만 왓슨의 진가는 의료 분야에서 나타날 것이다. 미국 텍사스대학교 암센터 엠디앤더슨은 암 정복 연구에 왓슨을 활용하고 있다.

이 슈퍼컴퓨터의 이름은 IBM의 1대 CEO 토머스 왓슨의 이름을 땄다. 이 슈퍼컴퓨터는 의사를 대체하기 위해서가 아니라 의사를 돕기 위한 도구로 만들어졌다. 실제로 IBM의 웹사이트에는 "현대의 셜록 홈즈는 닥터 왓슨이 아닌 IBM 왓슨을 조수로 두게 될 것이다"라고 쓰여 있다.

IBM은 2015년 왓슨 헬스 클라우드 플랫폼에 환자의 데이터와 의료 관련 기록을 의사, 연구원, 보험사가 공유할 수 있도록 제공하고 있다. IBM은 2012년 이후 환자 약 150만 명의 기록과 60만 건 이상의 진단

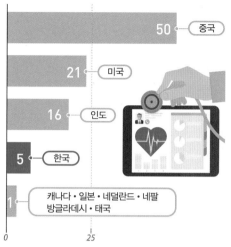

IBM 왓슨을 도입한 병원 수

50 — 중국
21 — 미국
16 — 인도
5 — 한국
1 — 캐나다 · 일본 · 네덜란드 · 네팔
방글라데시 · 태국

0   25

자료: IBM, 2017년 4월 기준

기록, 그리고 200만 페이지 이상의 연구 자료를 축적했다.

한국은 2016년 인천 가천대학교 길병원이 처음 왓슨을 도입한 이래 부산의 부산대학교병원, 대전 건양대학교병이 2017년 4월 기준 왓슨을 도입했다.

길병원은 2016년 12월 왓슨을 사용해 환자를 치료하기 시작했다. 왓슨의 소견과 의사의 진단을 통해 환자의 질병을 판단한다. 길병원에 따르면 왓슨을 이용한 환자 90퍼센트 이상이 만족했다. 2016년 이세돌과 알파고의 대결에서 알파고가 승리한 것은 왓슨에 대한 신뢰도를 더 높였다. 길병원 신경외과 이언 박사는 "암환자들은 자신에 대한 의사의 진단이 맞는지, 그들에게 어떤 치료법이 가장 적절한지에 대해 알고 싶어 한다. 왓슨은 진단 실수를 줄이고 환자들에게 최선의 치료법을 제안한다"고 말했다.

한국의 많은 병원이 왓슨과 같은 인지 컴퓨팅을 활용하기 시작한 것은 세컨더리(2차적인) 의견을 얻기 위해서다. 환자의 진단과 치료법에 대해 의사와 컴퓨터가 같은 생각을 갖고 있다는 건 환자에게 훨씬 안심이 되는 일이다.

길병원에서 처음으로 왓슨을 활용한 진단을 받았던 61세 조태현 씨는 "왓슨은 수많은 데이터를 연구했고, 그런 왓슨과 의사가 합의한 치료법이기에 더 믿음이 간다"며 "마치 벌써 다 나은 것 같다"고 말했다.

왓슨을 활용하는 대부분의 병원은 서울시 외곽에 위치하고 있다. 병원을 찾기 힘든 지역에 사는 환자들일수록 왓슨의 도움이 더 요긴하기 때문이다.

왓슨을 도입하지 않는 병원들 역시 질병을 진단하는 데 인지 컴퓨팅 시스템을 도입하기 위해 시도하고 있다. 연세대학교병원은 왓슨을 도입할 계획은 없다고 한다. 하지만 마이크로소프트를 포함해 10개 기술 파트너들과 협력해서 자체적인 인지 컴퓨팅 시스템을 개발하고 있다.

현재까지 왓슨은 주로 암 진단에 활용되고 있다. 하지만 그 진단과 처방의 정도는 암의 종류에 따라 다르다. 인도 매니팔병원에 따르면 왓슨이 방사선과 의사와 같은 진단을 내리는 비율이 직장암의 경우는 높았지만 폐암의 경우엔 낮았다. 이 병원에서 왓슨의 진단이 인간 의사의 진단과 일치했던 비율은 평균 78퍼센트였다.

▌개개인 맞춤형 의료 기술

자신들만의 독창적인 서비스와 제품을 개발하고 있는 스타트업들도 있다.

룬랩은 스마트 생리컵을 만드는 회사다. 2015년 황룡 씨가 설립한 이 회사는 세계 최초로 생리컵에 담긴 혈액을 이용해 이용자의 건강을 진단하고 생리컵 교환 시기를 알려주는 시스템을 개발했다.

룬랩이 만드는 생리컵 룬컵은 스마트폰과 연결돼 있어 생리주기, 생리혈의 양과 색깔을 실시간으로 체크할 수 있다. 생리컵에 생리혈이 가득 차면 알려준다.

경기도 판교에 위치한 룬랩 사무실에는 인체 모형이 곳곳에 놓여 있어 마치 의사의 사무실 같은 분위기다. 황룡 CEO는 전 인류의 절반이 인생의 절반에 걸쳐 경험하는 것이라는 점에서 생리 연구에 관심을 갖기 시작했다고 한다.

룬랩은 2015년 킥 스타터 캠페인을 통해 3,000명의 후원자를 모았으며, 크라우드 펀딩을 통해 투자금 16만 달러를 확보했다. "사람들은 생리혈을 내다버릴 쓰레기로 여기지만 나는 '침이나 땀 같은 것을 통해 건강을 진단할 수 있지 않을까' 생각했다"는 게 황 CEO의 말이다.

룬랩의 생리컵은 현재 섬유종까지 진단할 수 있는데 앞으로는 당뇨와 고혈압 같은 다른 질환들까지도 진단할 수 있도록 한다는 계획이다. 룬랩의 비전은 이 세상의 모든 여성이 병원에 가지 않고도 한 달에 한 번씩 기본적인 건강 검진을 받는 것이다.

또 다른 인공지능 기반 의료 진단 관련 스타트업으로는 루닛이 있

인공지능(AI) 의료 진단 주요 스타트업

버터플라이 네트워크 (Butterfly Network, 미국)	스마트폰으로 초음파 진단을 할 수 있게 해주는 칩 개발
엔리스틱(Enlitic, 미국)	방사선 진단의 정확성을 높일 수 있는 딥러닝 알고리즘 개발
아이큐어(AiCure, 미국)	태블릿 PC, 스마트폰 카메라를 통해 환자의 약물 복용을 관찰
시맥스(Symax, 일본)	화장실 변기에 부착된 센서로 매일 소변을 분석하여 결과를 모바일 웹에 표시
지브라 메디컬 비전 (Zebra Medical Vision, 이스라엘)	CT 스캔 결과를 분석해 골다공증·유방암·지방간 등의 질병 감지
아이카본엑스 (iCarbonX, 중국)	좋아하는 음식, 수면량 등 건강 관련 정보를 알 수 있는 게놈 정보 수집

자료 : 각 회사

다. 2013년 설립된 이 회사는 영상 인식 시스템을 개발했다. 엑스레이를 스캔하고 분석해서 의료 정보를 제공하는 시스템이다. 이 회사는 520만 달러의 투자를 유치했다. 10만 장의 엑스레이 이미지를 주요 병원들과 공유한다. 더 많은 이미지를 스캔할수록 정확성은 높아진다.

루닛의 장민홍 공동창업자 겸 COO는 "우리의 시스템이 의사에 견줄 만큼 발전했다고 생각한다. 의사들 역시 우리의 이 시스템이 얼마나 정확한지, 또 얼마나 정확해질 수 있는지 연구하고 있다"고 말했다.

루닛과 왓슨의 가장 큰 차이점은 사용 목적에 있다. 루닛은 이미지 인식과 진단에 초점을 맞추는 반면 왓슨은 적절한 치료법을 찾는 것이 목적이다. 왓슨은 루닛보다 더 광범위한 내용을 다룬다. 루닛은 곧 소프트웨어 사용 허가를 받을 계획이다.

서강대 화학과 신관우 교수는 최근 세계 최초로 가정에서 사용할 수 있는 개인 진단 기기를 개발했다고 밝혔다.

이 기기의 사용법은 다음과 같다. 우선 사용자는 생물학적인 소재로 만들어진 종이를 프린트한 후 종이 위에 혈액 샘플을 떨어뜨린다. 그러면 그 혈액 샘플이 생물학적 소재와 반응해서 당뇨나 신장 질환, 뇌 질환 여부까지 진단해준다.

병원에 가지 않고도 건강 진단을 받을 수 있도록 하는 기술은 전 세계에서 개발되고 있다. 미국 동부 지방에 위치한 스타트업 '버터플라이 네트워크'는 스마트폰에 칩을 심어서 초음파 촬영을 할 수 있는 기술을 개발하고 있다. 초음파는 비싸고 숙련도가 필요한 기술로 전 세계의 60퍼센트가 그 혜택을 보지 못하고 있다.

일본 시맥스라는 회사에서는 화장실에서 소변을 분석하는 센서를 개발했다. 통풍과 당뇨는 99퍼센트 감지할 수 있다고 한다. 고령화가 급속히 진전되고 있는 일본의 경우 병원에서 멀리 떨어져 있는 교외에 거주하는 노인들에게 특히 유용한 기술이다.

▌한계와 가능성

빠른 기술 발전으로 인해 기계가 의사의 일을 대신할지도 모른다는 이야기가 나온다. 기계화로 인해 이미 전통적인 제조업이나 유통업의 형태는 변화를 맞았다

하지만 인공지능과 빅데이터 분석은 한계가 있으며, 기계가 의사의 역할을 완전히 대신할 수는 없다. 지난 역사를 돌아봐도 기술은 언제나 인간을 보조하는 수단이었다.

"빅데이터는 하나의 자원이며 도구다."

《이코노미스트》의 케네스 커키어 데이터에디터와 옥스퍼드대학교 인터넷연구소의 빅터 마이어 숀버그 인터넷거버넌스 교수는 2013년 《포린 어페어스》에 기고한 글에서 이렇게 썼다.

"빅데이터는 정보를 주기 위한 도구이지 뭔가를 설명하는 도구가 아니다. 이해를 돕기 위한 것이지만 그 이해를 잘못된 방향으로 이끌 수 있다. 어떻게 조율되는 지에 따라 달라진다."

그들은 이렇게 결론을 내렸다.

"우리는 이 기술의 능력뿐 아니라 한계까지 인정해야 한다."

미국 스탠퍼드대학교가 2016년 9월 발표한 〈인공지능과 2030의 삶〉 보고서에서는 "인공지능에 기반한 기술을 통해 인간의 건강과 삶의 질이 개선될 수 있겠지만 이는 오직 의사, 간호사, 환자들의 신뢰를 얻고 관련 규제와 상업적 장애물들이 사라진다는 전제하에서다"라고 설명했다. 보고서는 또 "최첨단 기술이 있어도 방사선과 의사가 영상을 들여다볼 것이다. 기술의 가치는 아직 그리 강력하지 않다. 앞으로 15년 동안은 완전 자동화된 방사선과학은 현실화되지 않을 것이다. 하지만 최초의 진단이나 보충 진단의 경우 그 속도나 비용 효율성 면에서 개선될 수 있다"고 전망했다.

기계가 의사의 진단을 대신할 수 있을 것인가에 대해 루닛의 장민홍 COO 역시 그렇지 않을 것이라고 답했다. 그는 "안과와 피부과의 영역에서는 기계가 의사들만큼 정확해졌다는 연구 보고가 있다"면서도 "하지만 진단이란 그렇게 간단한 작업이 아니다. 여러 가지 측면을 살펴볼 필요가 있다"고 말했다. 책임 소재의 문제도 지적했다. "기계가 잘못했을 때 그 책임을 누가 져야할까. 기계는 의사를 100퍼센트 대체할 수 없을 것이다."

▌한국은 의료 기술 관련 규제 완화 서둘러야

스마트 생리컵을 개발한 스타트업 '룬랩'의 황룡 CEO는 미국의 크라우드 펀딩 플랫폼 '킥스타터'를 통해 투자받았다. 한국의 크라우드 펀딩 서비스를 활용하는 게 불가능했기 때문이다. 한국에서 생리컵은 의료기기로 분류되며, 의료기기와 관련된 프로젝트는 안전 문제 때문에 크라우드 펀딩을 이용할 수 없다.

한국은 헬스케어 관련 규제가 전 세계에서 가장 강력한 나라 중 하나다. 원격의료가 활성화되지 않는 것도 이 때문이다. 한국에서 의사는 원격으로 조언을 할 수는 있지만 치료는 할 수 없다. 정부는 국회에 제도 개선을 요청했지만, 국회는 7년 동안 관련 법안을 통과시키지 않았다. 원격의료에 반대하는 이유는 의료의 질을 보장할 수 없고, 환자들이 대형 병원에서 원격진료를 받게 되면 작은 병원들이 어려워진다는 것이다.

다른 선진국과 비교할 때 한국은 의료 데이터 공유 면에서도 뒤처져 있다는 평가를 받는다. 데이터를 기반으로 환자를 진단하려면 의료 데이터를 공유해야 한다.

한국 정부는 2016년, 병원이 클라우드 서버에 의료 기록을 저장하는 것을 허가했다. 하지만 여전히 많은 병원은 안전에 대한 우려 때문

2부 라이프 혁명

에 클라우드 서버를 이용하지 않는다.

반면 미국에선 비슷한 내용의 법안 개정이 2009년 이뤄졌으며 많은 병원이 의료 기록 공유에 참여하고 있다. 영국은 스마트 헬스 분야에서 좋은 성과를 나타내고 있는 회사에 감세 혜택 등 인센티브를 제공한다. 독일은 디지털 의료 데이터를 활용하는 원격의료를 허가했다.

이찬우 서원대학교 경영대 교수는 "한국은 IT와 의료 기술을 활용하는 헬스 케어 분야에서 높은 잠재력을 갖고 있지만 많은 규제 때문에 발전이 정체돼 있다"고 말했다.

국내 스마트 헬스 관련 기업의 수는 늘었지만 관련 분야의 매출은 제자리라는 게 산업연구원의 최근 연구 결과였다.

"인간이 할 수 없는 영역을 활용하라"

루닛의 기술은 세계 의료 진단 시장을 이끌고 있는 IBM 왓슨에 비견된다. 딥러닝을 통해 엑스레이를 판독함으로써 사람의 병을 진단한다. 2016년 그리스에서 열린 종양확산진단대회에서는 왓슨을 꺾고 유방암 관련 의료 슬라이드 분석 콘테스트에서 1위를 차지했다.

백승욱(35) 루닛 대표는 카이스트 전자공학과 출신이다. 대학 시절 선배의 창업을 도우며 스타트업의 매력을 경험했다. 언젠가 자신의 회사를 창업하겠다고 결심한 그는 카이스트 전자공학 박사과정 6년 동안 자신의 팀을 꾸렸다. "뭐가 돼도 좋으니 쉽게 할 수 없는, 남들이 쉽게 할 수 없는 기술을 가진 회사를 차리자"는 생각이었다.

문재인 정부 4차 산업혁명위원회 최연소 민간위원으로 활동하고 있는 그는 정부 규제에 대해 "할 수 있는 것을 하나씩 해나가는 것이 중요하다고 본다. 길목을 막고 있는 과도한 규제들을 없애고 싶다"고 말했다.

루닛의 비전은 '비욘드 휴먼Beyond Human'이다. 백 대표는 "인공지능을 통해 인간이 못 했던 것을 할 수 있게 되는 세상을 그리고 있다"고 전했다. 루닛은 현재 인간의 눈으로 파악하지 못했던 질병을 인공지능을 통해 진단하고 있다.

'비욘드 휴먼'이라면 인간을 넘어선다는 건가. 인공지능이 노동력을 대체하면 인간의 일자리가 없어지는 거 아닌가.

인간이 잘하는 것을 굳이 AI가 할 필요가 있을까. 인간의 직업을 대체하기보다 인간이 못 하는 것을 할 수 있도록 하는 데 인공지능을 활용하면 된다. 우리는 인간이 엑스레이 상에서 볼 수 없던 것들을 보게해주는 걸 미션으로 삼고 있다. 인간의 눈으로 인지할 수 없지만 데이터 상으로는 하나의 패턴이 존재할 수 있고 기계는 그것을 정량적·객관적으로 평가할 수 있다. 우리 기술은 그 지점에 있다. 인간의 능력을 넘어서는 인공지능을 만들어야 진짜 가치 있는 것이고 현실에서 의미 있게 쓰일 수 있다.

인간이 인지할 수 없는 걸 인공지능은 어떻게 인지하나.

딥러닝을 통해서다. 데이터를 많이 모아 학습할 수 있는 구조를 설계하면 어떤 특징들이 중요한지 알아서 찾아낸다. 딥러닝이 처음 세상에 알려진 건 2012년이다. 2010년부터 이미지 인식 기술로 창업을 하기 위해 멤버들을 모아 기술 개발을 하고 있는 중이었는데, 딥러닝을 보고 바로 이거다, 패러다임을 완전히 바꾸겠구나 싶었다. 기존 방식을 버리고 바로 딥러닝을 도입했다. 딥러닝은 실용성과 정확도 면에서 모두 뛰어났다. 2012~2013년은 딥러닝을 배우는 데 몰두했다.

창업을 해야겠다고 마음먹은 건 언제였나.

사실 난 사업과는 전혀 관련 없는 사람이었다. 친척 중 사업하는 사람도 없었다. 2001년 카이스트 전자공학과에 진학했고, 2학년 때 동아리 선배가 본인 창업 회사의 초기 멤버로 일해 달라고 해서 휴학 후 합류했다. 거기서 처음으로 스타트업을 경험했다. 컴퓨터를 원격으로 제어하는 소프트웨어를 개발했다. 아무것도 모르던 상황에서 바닥부터 공부하며 제품을 만들었다. 즐거웠다. '하니까 되는구나' 싶었다. 스타트업이 무엇인지 알게 됐고, 나중에 내 회사를 차리고 싶다고 생각했다. 모든 것을 내가 책임지고 결정하고, 그것에 대해 평가받는다는 게 매력적이었다. 뭐가 돼도 좋으니 쉽게 할 수 없는, 남들이 쉽게 할 수 없는 기술을 가진 회사를 차리자 생각했다. 그래서 카이스트 전자공학 대학원에 진학했다. 이미지 인식과 관련된 일을 해야겠다고 생각한 것도 그때였다.

본인 회사 창업은 언제 했나.

박사 과정 6년은 창업 멤버를 모으고 팀을 구성하는 과정이기도 했다. 이미지 인식 기술로 같이 창업할 구성원들을 모았다. 모집 기준은 실력이 아니었다. 신뢰할 수 있는지, 정직한지를 중요하게 생각했다. 팀 구성 후 낮에는 대학원에서 공부하고 밤에는 이미지 인식 기술 개발에 매달렸다. 그때 합류했던 다섯 멤버가 지금도 함께하고 있다.

이미지 인식 기술을 어떻게 의료에 접목시키게 됐나.

처음엔 의료가 아닌 패션 부문에 이미지 인식 기술을 도입했다. 2013년 클디CLDI라는 회사법인을 세웠다. 이 회사의 비즈니스 모델은 패션 이미지 데이터를 바탕으로 쇼핑몰에서 옷을 추천해주는 것이었다. 2013년 졸업 후 본격적으로 투자 유치에 나섰다. 투자 유치 땐 패션보다 딥러닝 기술에 대해 더 많이 설명했다. 미국 실리콘밸리에선 딥러닝 기술만으로도 투자받는 경우가 꽤 있었기 때문에 우리도 기술 잠재력으로 투자받을 수 있지 않을까 생각했다. 하지만 패션에 대한 반응은 신통치 않았다. 패션업계, 유통업계, 소비자들 각각 원하는 게 달랐다. 우리 기술로는 소비자들의 고민도, 패션 디자이너들의 고민도 해결할 수 없었다.

그래도 '그동안 만든 게 있으니 무라도 썰어야겠다'라는 마음으로 미국 실리콘밸리에 갔다. 투자 유치를 위해 이베이 등 여러 회사 관계자들을 만났다. 하지만 그들 역시 우리 기술을 보고 그저 '팬시fancy하다' 정도로 평가하고 끝이었다. 빈손으로 귀국한 후 우리가 제일 잘하는 건 뭘까 고민했다. 이미지 인식은 우리가 제일 잘하니까 그것만 남기고 싹 다 바꾸자 생각했다. 기술에 대한 확신은 있었다. 그런데 미국에서 만났던 한 투자자가 '패션엔 관심이 없는데 혹시 의료 진단 영상

쪽은 안 하냐' 질문했던 게 계속 생각이 났다. 의료 영상에 대해 알아
보니 우리가 할 수 있는 게 있을 것 같았다.

어떤 점에서 그랬나.

첫째, 기계가 인간보다 잘할 수 있는 영역이었다. 만약 인간이 영상을
보고 암을 찾아내는 확률이 99퍼센트라면, 인공지능이 할 수 있는 영
역이 크지 않다. 하지만 아니었다. 알아보니 영상 진단에서 인간이 실
수로 놓치거나 안 보여서 놓치는 경우가 많았다. 초기 암의 경우 특히
그랬다. 이런 부분에 인공지능을 써 80퍼센트였던 정확도가 90퍼센
트로 올라갈 수 있다면 훨씬 더 많은 사람의 생명을 구할 수 있겠다
고 생각했다. 마침 환자 의료 데이터가 많이 있으니 이것을 활용하자
는 이야기가 나오고 있던 때였다. 하지만 관련 프로그램은 없던 때였
다. '지금이다'란 생각이 들었다. 우리가 구현할 수 있는 가치가 명확하
고, 시점도 적절하다고 판단했다. 의료는 정확도가 곧 가치가 되는 분
야다. 복잡하게 생각하지 않고 기술에만 집중할 수 있는 시장이라고
생각했다. 그래서 2014년 이후 지난 3년간 의료 진단에 집중했다.

지금까지 투자받은 금액은 총 얼마나 되나.

"58억 원 정도 투자를 받았다. 현재 상업화의 마지막 단계에 들어갔
다. 인허가를 받기 위해선 임상실험을 해야 한다. 확증임상허가를
2017년 10월 27일에 받았다. 이제 서울대학교병원과 임상시험에 들어
갈 수 있다. 임상시험에선 준비된 엑스레이 사진들을 의사들이 육안으

로 판독한 결과와 루닛의 인공지능이 제공한 정보를 본 후 판독한 결과를 비교하게 된다. 지금까지 시험해본 결과 굉장히 유의미한 차이가 있었다.

아직 세계적으로 엑스레이 판독에 있어 인공지능이 활발하게 쓰이고 있지는 않다. 루닛이 전 세계에서 이 분야에 있어 가장 앞선 기술을 가지고 있다고 생각한다. 데이터를 모은 다음에 인공지능을 학습시키는 기술인데, 데이터의 양과 질이 중요하다. 데이터는 서울의 이점을 최대한 활용하고 있다. 대형 병원들이 서울에 존재한다는 것 자체가 우리의 경쟁력이다. 데이터의 질적인 면에서 한국은 세계적 수준이다. 루닛은 현재 서울대학교병원, 아산병원, 삼성병원, 세브란스병원과 기술개발협력관계를 맺고 있다. 미국 캘리포니아대학교 샌프란시스코병원The University of California, San Francisco Medical Center과도 검증협력관계를 맺고 있다.

상업화 시점은.

유의미한 매출은 2019년부터 나올 것으로 본다. 2018년엔 임상을 거쳐 인허가 과정을 마칠 수 있을 것으로 예상한다. 2019년 말부턴 바로 흑자전환을 할 수 있지 않을까 싶다. 지금까진 투자받은 돈으로 직원들의 급여와 복지비를 충당하고 있다.

가장 기뻤던 순간을 꼽는다면.

서울대학교병원과 흉부 엑스레이 부분 연구를 같이 하고 있다. 루닛의 프로그램이 흉부 엑스레이 정확도를 향상시키고 있다는 이야기를 들을 때 가장 기쁘다. 영상의학과 전문의가 없는데 엑스레이판독을 해야 할 때가 꽤 있다. 예를 들어, 보건소가 그렇다. 초기 결핵 환자의 엑스레이 사진을 제대로 판독하지 못해 문제가 되는 경우가 있다. 전국 100곳 이상의 보건소에 영상의학과 전문의가 지원되지 않고 있다. 영상의학 전문의가 아닌데 엑스레이 판독을 해야 하고, 문제가 될 경우 책임을 져야 하는 경우가 있다. 루닛 프로그램이 이런 경우에 도움을 줄 수 있을 것이다.

문재인 정부 4차 산업혁명위원회 최연소 위원으로 선정됐다.

그동안 정책 입안할 때 민간의 목소리가 반영되지 않았다는 점에 문제의식을 가진 것 같다. 가려운 부분은 민간이 제일 잘 알고 있다. 4차 산업혁명의 경우 기존 회사보다 스타트업이 앞서 있다. 빠른 의사결정이 가능하기 때문이다. 위원회에는 스타트업과 중소기업 출신 인사들이 많다. 처음엔 나도 직책을 맡는 것이 부담스러웠지만 문 정부의 의지가 강해보였고, 내 목소리를 낼 수 있겠다는 생각에 참여했다.

실제 위원회에 참여해보니 어떤 느낌이었나.

파격적이었다. 2017년 11월까지 정기 1차 회의와 2차 회의 안건 상정을 위한 1.5차 형식의 소모임까지했다. 문 대통령이 참석한 1차 회의는 선언하는 자리였고 어떤 안건부터 논의할지를 정하는 자리였다. 두 번째 회의 땐 5시간 가까이 실무회의를 했다. 생각하는 모든 것을 말할 수 있었다. 모든 발언들이 기록됐다. 정부 기조가 이미 정해져 있고 나는 변방에서 의견만 주는 자리겠거니 했는데 막상 참여해보니 굉장히 많은 현장의 목소리를 낼 수 있었다.

4차 산업혁명 관련 정부에 바라는 점이 있다면.

한 번에 너무 여러 가지를 안 했으면 좋겠다. 할 수 있는 것을 하나씩 해나가는 것이 중요하다고 본다. 길목을 막고 있는 과도한 규제들을 없애고 싶다. 루닛의 경우 개인정보 보호에 관한 규제가 있다. 엑스레이에서 개인을 식별할 수 없으면 되는데 현실에선 너무 규제가 심하다. 미국의 경우 특정 항목을 엑스레이에서 삭제하면 개인정보가 아니란 점을 명확하게 해줬다. 이 항목들이 명확하다 보니 병원에서는 이에 맞추어서 해당 규정을 삭제하고 클라우드 등에 공유한다. 우리의 경우 해당 항목이 명확하게 규정돼 있지 않다. 그러다 보니 '어쩌면 문제가 될 수도 있겠다'는 생각에 병원도, 회사도 데이터를 다룰 때 조심스럽고 일의 진행이 더디다.

루닛의 인재상은.

평범하지 않은, 이상한 사람이 많이 오면 좋겠다. 면접할 때 항상 어떻게 살아왔는지 묻는다. 각 영역의 전문성을 기본적으로 검증하지만 어떻게 살아왔는지를 반드시 묻는다. 학교, 대기업, 승진의 길을 걸어온 사람들은 지원 자체를 안 한다. 본인만의 스토리를 가진 사람들이 우리 회사를 많이 찾는다. 인생의 길목에서 했던 선택에 대해 그 이유를 묻는다. 이유가 인상적이고 평범하지 않은 분들과 일하고 싶다. 대화를 나누다 보면 그런 이들이 있다. 실제로 그런 사람들이 일을 창의적으로 한다.

스타트업 창업을 꿈꾸는 후배들에게 조언을 한다면.

사명감을 갖고 할 수 있는 일을 하면 좋겠다. 돈을 좇지 않았으면 좋겠다. 사업은 처음 계획대로 절대 가지 않는다. 3개월도 예측을 못한다. 각 상황에 맞게 적응해나가면서 사업 계획을 수정한다. 매번 스트레스가 엄청나고 좌절감을 느끼기도 한다. 처음 시작한 이유가 돈이나 명성이라면 포기할 수밖에 없다. 단기간에는 그것들이 보이지 않기 때문이다. '평생 난 이것을 할 운명이고, 죽더라도 이 문제는 꼭 풀고 죽어야겠다'라는 마음가짐이 필요하다. 그런 고집이 있어야 주변의 조언들에 흔들리지 않고 뚝심을 갖고 갈 수 있다.

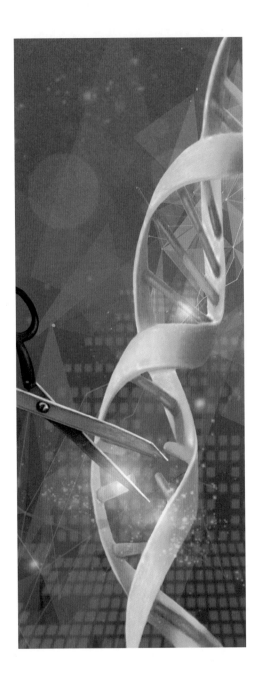

**The Fourth
Industrial
Revolution**

▌불치병 없는 세상이 온다

1997년 공상과학영화 〈가타카〉는 모든 질병이 사라진 세상을 그리고 있다. 영화 속 세상은 혈우병, 암, 근이영양증 등 불치병으로 여겨졌던 모든 질병이 사라진 곳이다. 그곳에서 사람들은 유전적으로 완벽한 인간과 유전병을 지닌 병약한 인간으로 엄격하게 나뉜다. 영화 속에는 돌연변이에 의한 유전병을 없애는 도구가 나온다.

그로부터 20년이 지난 현재, 과학자들은 '크리스퍼 유전자 가위 CRISPR/Cas9'라는 유전자 편집 기술을 통해 희귀병과 불치병 정복에 다가가고 있다. 《사이언스》가 2015년 '올해의 혁신'으로 선정한 이 기술을 활용하면 쉽고 정확하게 그리고 상대적으로 저렴한 비용으로 유전자를 절단하거나 교체할 수 있다.

크리스퍼 유전자 가위 기술은 'Cas9'로 불리는 효소와 가이드 RNA 를 통해 특정 위치에 있는 유전자를 잘라낸다. 유전자 가위 기술은 약물 치료보다 질병 재발 가능성을 줄인다.

4차 산업혁명이라는 개념을 대중화한 클라우스 슈밥 세계경제포럼 의장은 유전자 편집 기술이 바이오 프린팅 의료용 로봇과 함께 미래 의료의 핵심이 될 것으로 전망했다.

크리스퍼 유전자 가위 기술은 유전자 오류를 제거할 수 있고, 유전 병이 제거된 '맞춤형 아기'를 만드는 데도 사용할 수 있다. 단 윤리적 인 문제는 해결해야 할 과제다. 어쨌든 전 세계의 대학, 연구소, 생명공 학 회사들은 치료 목적의 유전자 가위 기술 상용화를 위해 박차를 가 하는 상황이다.

수익성도 기대된다. 인도의 의학 전문 컨설팅업체인 '오캄스 비즈 니스 리서치 앤 컨설팅'에 따르면 유전자 편집 기술의 시장 규모는 2022년 23억 달러에 달할 전망이다.

한국의 '툴젠'은 크리스퍼 유전자 가위 기술을 비롯한 다양한 게놈 편집 기술을 보유한 이 분야 선두 주자다. 이 회사 김종문 대표는 툴 젠이 암, 혈우병, 샤르코마리투스병, 노인성 황반변성 등을 위한 크리 스퍼 유전자 가위 기술을 개발하고 있다고 말했다. 유전자 편집(교정) 의 주 타깃은 지난 50년 동안 만연했던 유전질환이다.

한국의 대기업 계열사들도 유전자 편집 기술 개발에 투자하고 있다.

특별한 동기가 있는 회사들도 있다. 삼성 이건희 회장과 그의 조카 인 이재현 CJ그룹 회장은 불치병으로 알려진 '샤르코 마리 투스' 병을 앓고 있다. 삼성서울병원은 툴젠과 파트너십을 체결하고 샤르코 마리 투스 병 치료를 위한 유전자 교정 연구를 하기로 했다. 암 치료는 녹십자셀과 함께 공동연구 중이다. 툴젠의 2016년 매출은 20억 원. 아직 개발 초기 단계로 매출 규모는 크지 않다. 하지만 미래 전망은 밝다는 게 관계자들의 말이다.

서울대학교 화학과 김진수 교수는 "대부분의 질병이 유전자 돌연변이로 발생하기 때문에 크리스퍼 유전자 가위 기술의 적용은 유전병에만 국한되지 않는다"며 "이론적으로 유전자 오류에서 비롯된 모든 질병의 치료가 가능하다"고 말했다.

유전자 편집은 더 나은 농작물을 생산하거나, 특정 기능이 강화된 동물을 만들어낼 수도 있다. 김 교수 역시 유전자 편집으로 여러 가지 작물과 동물을 만들었다. 근육량 많은 돼지, 올레인산 많은 콩 등이다. 근육량이 많은 돼지는 지방이 적은 고기를 생산할 수 있고, 올레인산이 많은 콩은 몸에 좋은 기름을 많이 생산할 수 있다.

▌전 세계에서 벌어지고 있는 '글로벌 DNA 전쟁'

유전자 편집 기술은 수십 년 전부터 있었지만 기대감이 지금처럼 높았던 적은 없다. 크리스퍼 이전의 기술들은 여러 가지 단점을 갖고 있었다. 1세대 유전자 편집 기술인 '징크핑거'는 정확도가 크리스퍼보다 낮았고, 설계 비용이 높았다. 2세대 기술인 '탈렌'은 너무 커서 세포 내 주입이 어려웠다.

반면 크리스퍼 기술을 활용하면 수개월이 걸리던 설계를 며칠 만에 끝낼 수 있다. 비용도 수천 달러에서 30달러 정도까지로 줄일 수 있다.

크리스퍼 기술을 상용화하려는 글로벌 경쟁은 치열하다. 미국과 중국은 대규모 투자와 획기적인 규제 완화를 통해 산업 육성에 적극 나서고 있다.

김진수 교수가 이끄는 연구팀은 2013년에 크리스퍼 유전자 가위가 인간 세포에도 쓰일 수 있다는 것을 밝혀내는 성과를 이뤘다. 하지만 현재 한국은 미국과 중국에 뒤처지고 있다. 한국의 경우 유전자 편집 연구 대부분을 동물실험으로 제한하는 등 규제가 다른 나라보다 강한 편이다.

유전자 편집의 선두 업체들은 대부분 미국과 유럽 업체들로 대학들과 협력하고 있다. 미국의 '에디타스 메디슨' '인텔리아 테라퓨틱스', 스웨덴의 '크리스퍼 테라퓨틱스'가 대표적이다. 에디타스 메디슨의 경우 4,300만 달러를 투자받은 후 2015년 구글벤처스 등으로 구성된 투자 컨소시엄으로부터 1억 2,000만 달러를 추가로 조달했다.

'오캄스 비즈니스 리서치 앤 컨설팅'은 보고서를 통해 "크리스퍼 기술의 가장 큰 시장은 북미 지역으로, 높은 수준의 연구 기관과 연구 결과를 보유하고 있다"고 밝혔다.

하지만 성장 가능성은 아시아 지역이 더 크다. 보고서는 "아시아태평양 지역은 연구 기관의 수와 신약 발명 증가로 인해 가장 빠른 속도로 성장할 것으로 예상된다"고 전망했다.

중국은 아시아 선두 국가가 되기 위해 적극적인 노력을 펼치고 있다. 다소 극단적이거나 논란이 많은 연구도 진행 중이다. 중국 과학자들은 크리스퍼 유전자 가위를 인간에게 세계 최초로 적용했다. 간암 환자에게 변형된 유전자 세포를 주입했다.

▎인공장기 시대 오나

유전자 편집 기술에 대한 관심이 커지고 있지만 많은 의사는 앞으로 수십 년 동안 여전히 일반 외과 수술이 주된 치료법이 될 것이라고 본다. 아직 유전자 편집 기술은 초기 발달 단계에 있고 윤리적 논란도 있다.

수술 분야의 혁신은 다양한 방식으로 이뤄지고 있다. 3D 바이오 프린팅 기술은 인공 피부, 뼈, 세포 조직 등을 만들어내고 있다.

미국 '그랜드 뷰 리서치'에 따르면 기술이 더욱 정교해짐에 따라 바이오 프린팅 시장은 2022년까지 약 1억 8,200만 달러 규모에 달할 것으로 예상된다.

한국의 스타트업과 병원들도 바이오 프린팅 기술 개발에 뛰어들고 있다. 서울대학교병원의 병원 내 스타트업 '메디칼아이피'는 3D 프린팅을 이용해 실리콘으로 만들어진 인공 간을 개발했다. 이 회사 박상준 대표(서울대학교병원 교수)는 "인공 간으로 시범 수술을 했을 때 암 세포 제거 성공 확률이 85퍼센트에서 98.8퍼센트로 높아졌다"고 말했다.

또 다른 스타트업 '로킷'은 인공 장기를 만들 수 있는 프린터를 개발했다. 로킷이 만든 프린터는 세포들의 상호작용을 통해 기능성 세포 조직을 만들어낼 수 있다.

하지만 인공 장기에 대한 수요가 늘어나려면 장기의 겉모습이 비슷한 것만으로는 부족하다. 인간 장기처럼 인공 장기도 시간의 흐름과 함께 변화해야 한다. 미국 '오르가노보'는 인간의 세포 조직과 비슷하게 퇴화하고 죽는 세포를 만드는 프린터를 만들었다.

▌재활 치료에 활용되는 스마트 기기

기술이 적용될 수 있는 또 다른 의료 분야는 재활 치료다. 한국처럼 급속한 고령화를 경험하고 있는 사회의 경우 고령자들이 걷고 이동하는 것을 돕는 로봇에 대한 수요가 증가할 것이다. 시장조사 기관인 '리서치 앤 마켓'은 재활로봇 시장 규모가 2014년 2억 3,300만 달러에서 2021년 11억 달러로 늘어날 것으로 전망했다.

한국의 의료 스타트업 '네오펙트'는 신경질환 및 뇌졸중 환자의 재활을 돕는 소프트웨어와 연동된 센서 기술을 활용한 장갑을 개발했다. 이 장갑을 활용하면 환자들은 닌텐도게임 '위'를 하는 것처럼 재활 치료를 즐기면서 받을 수 있다.

한국 국립재활원은 임상실험을 통해 이 스마트 장갑을 사용한 뇌졸중 환자의 경우 일반 치료를 받은 환자보다 더 높은 효과를 보였다고 평가했다. 이 제품은 미국 식약처 승인도 획득했다. 한 달에 99달러를 내면 대여할 수 있다. 네오펙트의 2017년 매출은 전년 매출 약 20억 원에서 5배로 늘어난 100억 원을 기록했다.

네오펙트처럼 재활 지원 기기를 개발하는 회사로는 미국 '알터지', '키네틱 머슬스', 스위스의 '호코마' 등이 있다. 리서치 앤 마켓은 "글로벌 재활로봇 시장은 경쟁이 치열하다. 다양한 회사들이 여러 가지 로봇을 필요에 맞게 제공하고 있다"고 분석했다.

▌'유전자 편집'을 둘러싼 찬반논쟁

'크리스퍼 유전자 가위' 기술과 같은 유전자 편집 기술은 아직 완벽하지 않다. 장점이 많지만 기술적 한계와 정부의 규제, 윤리적 문제에 대한 우려가 있다.

가령 유전자 편집이 출생 이후에 이뤄진다면 편집된 유전자가 그들의 후대에 영향을 미치지는 않는다. 하지만 생식 세포나 배아의 유전자를 편집을 한다면 그 영향은 후대에까지 계속되고 의도치 않은 결과를 낳을 수 있다. 유전자 가위 기술의 정확성이 향상되고는 있지만 때로는 잘못된 위치에 가위를 대기도 한다.

세계 과학자들은 2015년 한 컨퍼런스에서 크리스퍼 기술을 인간 배아에 사용하는 것에 대해 신중한 접근을 요구하는 '모라토리엄'을 선언했다. 미국 캘리포니아대학교 공대 전 총장인 데이비드 볼티모어는 과연 인류가 유전자 가위 기술을 통해 유전적 편집을 원하는지에 대한 공론화가 필요하다고 말했다. 심지어 크리스퍼 연구의 선구자인 UC 버클리의 제니퍼 다우드너 교수도 인간 배아에 대한 적용에는 신중한 입장을 취했다.

일부 과학자들은 "현재 인간 배아의 유전자 편집은 미래 세대에 예측 불가능한 영향을 끼칠 수 있다"는 내용의 글을 2015년에 《네이처》에 기고하기도 했다. 이들은 "위험하고 윤리적으로 수용 가능하지도 않으며 비치료적인 목적으로 이용될 수도 있다"고 우려를 표시했다.

- 등록된 배아줄기세포주는 체외에서 다음 각 호의 연구 목적으로만 이용할 수 있다.

  1. 질병의 진단·예방 또는 치료를 위한 연구
  2. 줄기세포의 특성 및 분화에 관한 기초 연구
  3. 그 밖에 국가위원회의 심의를 거쳐 대통령령으로 정하는 연구

- 배아줄기세포주를 이용하려는 자는 해당 연구계획서에 대하여 보건복지부령으로 정하는 바에 따라 기관위원회의 심의를 거쳐 해당 기관의 장의 승인을 받아야 한다.

- 유전자 치료에 관한 연구는 다음 각 호의 모두에 해당하는 경우에만 할 수 있다.

  1. 유전질환, 암, 후천성면역결핍증, 그 밖에 생명을 위협하거나 심각한 장애를 불러일으키는 질병의 치료를 위한 연구
  2. 현재 이용 가능한 치료법이 없거나 유전자 치료의 효과가 다른 치료법과 비교하여 현저히 우수할 것으로 예측되는 치료를 위한 연구

자료 : 보건복지부·한국법제연구원

한국에서 유전자 편집 연구는 윤리적 논란과 '황우석 사태'로 보다 엄격한 규제의 대상이다. 한국의 생명윤리법은 유전자 치료를 엄격히 금지한다. 허용되는 건 유전질환, 암, 에이즈, 기타 생명을 위협하거나 심각한 장애를 불러일으키는 질병, 현재 이용 가능한 치료법이 없거나 유전자 치료 효과가 다른 것과 비교해 현저히 우수할 것으로 예측되는 경우로 한정된다. 서울대학교 화학과 김진수 교수는 "한국은 세계에서 가장 엄격한 법 규제를 갖고 있는 나라"라며 "법 규제가 관련 연구의 발전을 제한하고 있다"고 주장했다.

반면 바이오 기술 업계의 규제 완화 요구에 대해 생명윤리 옹호자들과 전문가들은 우려를 표시하고 있다. 홍익대학교 교양학과 김훈기

교수는 "규제를 완화하기 전에 우리는 그 기술에 대한 엄격한 조사가 필요하다. 유전자 가위 기술의 안전성과 효능에 대한 더 많은 정보가 필요하다"고 말했다. 참여연대 등 시민단체, 동물보호단체 및 환경단체, 종교계 또한 현재와 같은 생명윤리법이 필요하다는 입장이다.

"자신의 가치관을 먼저 살펴라"

네오펙트는 국내보다 해외에서 먼저 인정받았다. CNN 선정 'CES 2017 가장 멋진 제품 14', CNET 선정 'CES 2017 멋진 제품 50', ZDnet 선정 'CES 2017 최고 스마트홈, IoT 제품 11' 등 화려한 실적을 자랑한다.

네오펙트는 설립 7년째인 스마트 재활 솔루션 스타트업이다. 뇌졸중 환자들을 위한 재활 치료를 게임과 놀이의 관점에서 재해석했다. 경기도 죽전에 위치한 동국대학교 캠퍼스 내에 마련된 무료체험관에서 체험 중인 방문자들을 보면 '위'나 '플레이스테이션' 같은 콘솔게임을 하고 있는 것처럼 보이기도 한다. 네오펙트의 주력상품인 '라파엘 스마트 글러브'는 센서 기술을 활용한 장갑과 컴퓨터에서 작동하는 게임 소프트웨어로 구성돼 있다.

반호영(41) 네오펙트 대표는 "기존 재활 치료는 커다란 장비와 보조

치료사가 있어야 가능했다. 하지만 네오펙트의 스마트 제품들은 게임을 즐기면서 환자 혼자 쉽고 간편하게 치료할 수 있다"고 말했다.

네오펙트 창업을 결심한 계기는.

많은 사람에게 재활 치료의 접근성을 높이려는 마음에서 시작하게 됐다. 아버지와 큰아버지 모두 뇌졸중으로 고생하셨다. 그걸 보면서 '재활 현장에 이런 제품들이 필요하겠다' 하는 생각을 하게 됐다. 재활 훈련은 일반적으로 아날로그 기계를 사용하는 형태여서 지루한 동작의 반복인 경우가 많다. 좀더 저렴하고 효과인 재활 훈련 의료기기가 있으면 좋겠다는 동업자의 제안에 창업하게 됐다.

창업 전에는 어떤 일을 했나.

삼성전자에서 2003년부터 2007년까지 텔레비전 기술기획 분야에서 일했다. 삼성전자를 퇴사한 후 바로 창업한 것은 아니고 직후에는 미국 LA에서 창업을 했는데 잘 안 됐다. 그때는 IPTV 사업을 했고 실패한 후 미국 대학에서 MBA 과정을 이수했다. 그 후 네오펙트를 창업했다.

MBA 과정을 하면서 창업을 준비했나. 학교에서 도움을 받았나.

직접적인 도움을 받았다기보다는 창업 관련 수업을 들었다. 창업 전문 교수님으로부터 조언을 들었고, 벤처 투자자들을 초청해 비즈니스에 대한 피드백을 받을 수 있는 기회도 있었다.

첫 결과물은 어떤 제품이었나.

'라파엘 스마트 글러브'라는 제품이다. 스마트 글러브는 손 재활하는 제품이고 시장에서 손재활하는 제품이 많이 없기 때문에 반응이 좋았다. 라파엘 스마트 글러브는 뇌졸중 등 중추신경계질환 환자들이 다양한 재활 훈련 게임을 통해 손가락과 손목, 아래팔 기능의 재활 훈련을 할 수 있도록 개발된 치료용 의료기기다. 환자들의 시각과 청각 두 가지 감각을 동시에 자극해 뇌 가소성 증진과 뇌 운동 부위의 재학습을 도와주도록 개발됐다. 한국에서는 국립재활원, 서울대학교병원, 서울아산병원, 세브란스병원, 호남권역재활병원, 순천향대학교병원 등 50여 개 병원에 판매됐다. 미국에서는 시카고에 있는 재활병원Rehabilitation Institute of Chicago 등 대형 병원들에 제품을 판매했고, 최근 미국 퇴역군인 환자들이 라파엘 스마트 글러브를 집에서 사용할 경우 월 사용료를 미국 재향군인부DVA. Department of Veterans Affairs가 지원해주기로 했다.

라파엘 스마트 글러브와 같이 센서가 달린 글러브 형태의 기기를 만들게 된 이유는.

사실 재활로봇은 우리 제품 출시 이전에도 있었다. 하지만 이전 로봇들은 대부분 크고 비쌌다. 우리는 좀더 많은 사람이 접근할 수 있도록 가볍고 쉬운 제품을 만들려고 했다. 기존 재활로봇은 보통 몇 억 원대 수준이다. 공학자들은 공학적 의미를 중시하는 반면 소비자들은 가격이 중요하다. '적정기술'이라는 말이 있다. 하이테크high tech는 언제나 옳은 것이냐를 묻는 질문이기도 하다. 최고의 기술을 제시하기보다는 문제를 풀어나가는 게 중요하다고 생각했다. 시장에서 많은 업체가 크고 무거운 장비들을 개발할 때 우리는 가볍고 저렴한 장비를 개발해서 소프트웨어적으로 그 문제를 해결해보자는 관점에서 접근했다.

최근 스마트 글러브 외에도 라파엘 컴커그, 스마트 페그보드 등 제품 라인업을 넓히고 있는데 신제품을 출시할 때 어떤 점을 중시하나.

올해까지 5개 라인업을 갖췄다. 스마트 글러브, 스마트 보드, 스마트 키즈, 스마트 페그보드, 컴커그가 그것이다. 스마트 보드는 팔꿈치, 어깨 등 상지 재활 훈련기기이고, 스마트 키즈는 아이들 재활을 위한 제품, 스마트 페그보드는 뇌졸중 환자들의 팔 훈련을 위한 기기다. 특히 키즈는 아이들을 위한 재활 제품이 시장에 많이 없는 상황이라는 점에서 의미가 있다. 컴커그는 치매 노인과 뇌 손상 환자들을 위한 인지 재활 훈련이 중심이다. 신제품을 출시할 때는 적정기술 관점에서 소비자들에게 쉽게 다가가는 제품들을 만들기 위해 노력한다. 가격, 크기, 사용자 경험 모두 쉽고 접근 가능성을 높일 수 있게 만든다. 현재 이 제품들은 병원에서 팔고 있고 미국에서는 렌털 서비스를 하고 있다. 한국에서는 곧 판매를 시작할 예정이다. 가정용은 아직 식약처 허가가 나오지 않아서 기다리고 있는 중이다.

지금까지 얼마나 투자를 받았나. 연간 매출은.

한국 벤처캐피털vc들로부터 130억 원 정도 투자받았다. 컨소시엄 형태는 아니었고 따로 7~8개 기관에서 각각 투자받았다. 그중에 DSC인베스트먼트, 컴퍼니K파트너스, SBI코리아등이 있다. 매출액은 2016년에 약 21억 원을 기록했다. 목표 매출액은 밝히기 조심스럽다. 2017년 매출은 11월 현재 전년 매출을 이미 넘어섰다.

한국과 미국의 사업 현황은.

한국에서는 무료체험관을 오픈했다. 일반 고객에게는 아직 허가 문제 때문에 서비스를 시작하지 못했다. 인증 후 서비스를 개시할 예정이다. 이때까지 전화로 150명 정도 고객에게 문의를 받았고, 예약 환자는 20명 이상이다. 현재 미국에서는 병원과 법인에 제품을 판매하고 있다. 일반 개인 고객을 대상으로 한 대여 서비스 사업도 진행 중이다. 미국에서는 한 달에 99달러를 내면 라파엘 스마트 글러브를 대여할 수 있다.

국내와 해외의 매출 비중은.

2016년 기준으로 국내 매출 비중은 20퍼센트에 불과하다. 해외 사업에서 미국이 거의 대부분을 차지한다. 독일 법인이 있기도 한데 아직 초창기라서 영업 향상을 위한 파트너십 등을 구축하고 있다. 내수는 수요가 한정되어 있기 때문에 처음부터 글로벌 마켓을 타깃으로 시작했다.

국내와 해외의 사업 환경의 차이는.

집에서 하는 재활 활동인 홈재활에 대한 수용도가 미국이 더 높다. 미국에서는 의료비가 워낙 비싸고 병원 접근성이 한국보다 좋지 않다. 의료비의 차이 때문에 집에서 할 수 있는 의료 장비에 대한 수요가 높다. 미국에선 방문치료 한 번에 200~300달러 정도 든다. 라파엘 스마트 글러브 한 달 대여료는 그보다 훨씬 저렴하다.

재활의료 분야에서 기술기반 사업을 하는데 있어 어려운 점은 없나.

의료기기는 이해관계가 복잡하게 얽혀 있다. 휴대전화 같은 경우는 고객이 마음에 들면 사지만, 의료는 내가 마음에 들면 사는 것이 아니라 내가 살 모델을 누군가가 결정해주는 구조다. 그리고 돈은 소비자나 보험사가 낸다. 보험회사도 돈을 낼지 말지 자체적으로 결정을 한다. 그래서 새로운 기술이 의료산업에서 성공하는 것이 쉽지 않다.

4차 산업시대에 의료 분야의 발전 방향은.

4차 산업혁명이라는 용어에 대한 의견 자체가 분분한 상태다. 그래서 우리가 자신 있게 4차 산업혁명 관련 회사라고 말하기 조심스럽다. 4차 산업혁명이라고 흔히 이야기하는 것들이 데이터를 이용한 분석과 그것을 활용한 인공지능, 로봇 등이 있다. 사람의 노동력을 조금 더 보완해서 효율성을 증가시키는 것을 이야기하는 것 같다. 그런 큰 범주 안에서는 네오펙트도 들어간다고 볼 수 있다. 데이터를 활용하고 재활 현장에서 도움이 될 수 있는 기기들과 서비스를 만들고 있기 때문이다.

미국에서 라파엘 스마트 재활 솔루션으로 개인 렌털 서비스를 시작했다. 환자들이 재활 훈련의 목표를 설정하게 만들어주고, 훈련 데이터를 분석해 환자 상태를 파악하고 그에 맞는 맞춤 훈련을 제시해준다. 넷플릭스가 좋아하는 기호에 맞게 영상을 추천하듯 훈련 결과를 기반으로 데이터를 분석, 조합해서 최적의 훈련을 제안하는 것이다.

의료 분야도 데이터를 효과적으로 활용하는 형태로 발전해나갈 것이다. 우리도 재활 분야에서 데이터를 활용하고 그 데이터를 통해서 사람들의 의료 행위를 좀더 효율적으로 만들어나가는 것을 회사의 비전으로 삼고 있다.

요즘 스타트업 창업이 활발하다. 정부가 지원을 강화하면서 젊은 취업 준비생들도 스타트업에 관심이 많다. 네오펙트는 어떤 방식으로 채용하나.

정기적으로 공개 채용을 하지는 않고 필요할 때마다 수시로 한다. 직급마다 뽑는 방식이 조금씩 다르다. 시니어 직급은 추천을 받기도 하고 주니어 직급은 잡코리아 같은 다양한 채용 사이트를 이용하기도 한다.

앞으로 강화할 예정인 부서나 분야가 있나.

특정한 부서나 분야가 있는 것은 아니다. 우리는 단순히 기술 회사라기보다 소프트웨어적인 부분과 하드웨어적인 부분이 결합되어 있다. 그리고 제품군 별로 성격이 다르다. 예를 들어, 페그보드 제품은 아예 하드웨어 제품만 있는 것으로 애플리케이션 같은 소프트웨어가 필요 없다. 하지만 컴커그 제품은 완전히 소프트웨어 제품이다. 그리고 스마트 글러브는 소프트웨어와 하드웨어가 결합된 상품이다.

창업을 후회한 적은 없나.

솔직히 후회한 적도 있다. 그런데 재미있다. 일반적인 직장생활도 재미있을 수 있겠지만 창업해서 새로운 것을 만들고, 제품화하고, 소비자들이 좋아하는 걸 보면 보람 있고 좋다. 이런 것들 때문에 창업을 잘했다 싶다. 특히 소비자들이 직접 이메일을 보내서 감사를 전할 때 가장 뿌듯하다. 미국 캘리포니아 주에 사는 한 고객은 라파엘 스마트 글러브를 통해 손의 움직임이 좋아진 것을 보고 라파엘이 마치 천사 같다고 표현하기도 했다. 돈 버는 것도 중요하지만 더 중요한 것은 우리가 만드는 제품이 사람을 살리는 의미 있는 일을 한다는 점이다.

스타트업을 꿈꾸는 사람들에게 조언을 한다면.

자신의 가치관을 살펴보는 것이 중요할 것 같다. 무엇에 가치를 두고 사느냐, 어떤 가치관을 가지고 사느냐 하는 것들. 내가 편하고 보장된 것들을 꿈꾼다면 창업은 안 하는 것이 맞을 것 같다. 반면 뭔가 이루어내고 그 이루어나가는 것에서 보람을 느끼고 경제적 어려움을 이겨낼 각오가 돼 있다면 사업을 하는 것도 좋다. MBA 동기들 보면 좋은 레스토랑 가서 밥 먹고 좋은 곳으로 여행을 다닌다. 그런 것들이 부러우면 사업하면 안 된다. 그런데 내가 이루어내고자 하는 꿈이 더 소중하다면 해볼 만하다.

코스닥 상장 준비하고 있다는 보도가 있었다.

2018년이나 2019년 하반기 상장을 목표로 준비 중에 있다. 그런데 지금까지 뭐가 결정 나거나 한 것은 없다. 구체적인 시기는 변수가 많아 정해진 바 없으며 중장기적으로 보고 있다. 아직 초기 단계이고 상장 주관사를 한국투자증권으로 선택한 정도다.

**The Fourth
Industrial
Revolution**

피트니스
Fitness

▌초개인화 시대의 맞춤형 서비스

강병규 제노플랜 대표는 2015년 1월 25일을 잊을 수 없다. 이날은 제노플랜의 창립일이다. 그가 서울 강남에 사무실을 내면서 세웠던 목표는 유전자 검사를 일반인들에게 더 싸고 빠르게 제공하는 것이었다. 검사 비용은 14만 9,000원으로 떨어졌다. 수주가 걸리던 검사 기간은 5일로 줄었다.

30세 직장인 이씨는 제노플랜을 이용해 어떤 운동이 자신에게 가장 알맞은지 알아봤다. 유전자 검사를 해보니 그는 유전적으로 근육 회복력은 뛰어나지만 심폐 기능은 약한 것으로 분석됐다. 이씨는 "왜 수영이나 달리기를 하면 다른 사람보다 더 피곤하고, 제대로 해내기 힘들었는지 궁금했다. 이제야 내 심폐 기능이 다른 사람들보다 선천적

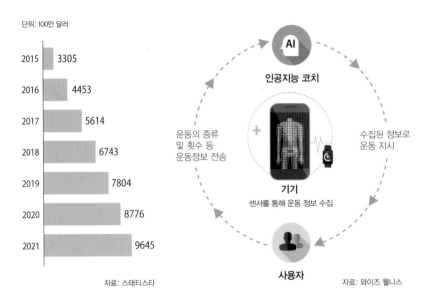

세계 피트니스 시장 규모

운동을 도와주는 신기술

단위: 100만 달러

연도	규모
2015	3305
2016	4453
2017	5614
2018	6743
2019	7804
2020	8776
2021	9645

자료: 스태티스타

AI

인공지능 코치

운동의 종류
및 횟수 등
운동정보 전송

수집된 정보로
운동 지시

기기
센서를 통해 운동 정보 수집

사용자

자료: 와이즈 웰니스

으로 약하다는 걸 알게 됐다"고 말했다.

새로운 기술은 피트니스 분야에도 영향을 미칠 것으로 보인다. DNA 같은 개인 정보에 기반한 개인 맞춤형 다이어트나 운동 프로그램을 합리적인 가격에 제공할 수 있다.

HCL 테크놀로지스 인도 지사의 마케팅·전략 담당 비탈 테바라얀과 이 회사 독일 지사의 해외 판매 담당 베조이 죠셉 조지는 세계경제포럼 웹사이트에 게재한 보고서에서 "인더스트리 4.0(4차 산업혁명) 시대엔 선택, 소비, 소유 및 제품과 서비스로 인한 경험이 근본적으로 변화할 것이다. 우리는 초개인화 시대를 맞고 있다"고 썼다.

▮ 개인 맞춤형 피트니스

제노플랜 강 대표는 원래 유전자 연구원이었다. 그가 피트니스 사업에 뛰어든 건 "사람의 유전자야말로 개인 맞춤형 피트니스와 다이어트의 열쇠"라는 생각 때문이었다.

제노플랜은 사람의 침으로 유전자를 분석하고, 이를 통해 그 사람의 체질량, 중성지방, 아디포넥틴 레벨 등의 개별 특성을 파악한다. 제노플랜은 이 정보에 기반해 고객에게 필요한 병원, 피트니스 트레이너, 건강 관리 전문가 등을 연결해주는 서비스를 하고 있다. 최근에는 고객의 구체적인 생활 방식과 유전자 특징에 맞는 제품을 찾아주는 큐레이션 서비스도 시작했다. 이 회사는 지금까지 소프트뱅크, 삼성벤처투자 등으로부터 약 50억 원의 투자를 유치했다.

삼성전자 사내 스타트업인 '웰트'는 '스마트 벨트(허리띠)'로 정보를 수집한다. 스마트 벨트는 허리띠에 부착된 센서를 통해 수집된 정보를 스마트폰 애플리케이션에 전송한다. 이 허리띠를 착용한 사람은 자신의 스마트폰으로 허리둘레, 걸음 수를 확인할 수 있다. 또 허리둘레의 변화로 과식했는지를 감지하고, 섭취한 칼로리와 배출한 칼로리 등을 추정한다. 이 벨트의 주 고객은 직장인이다. 이 제품은 삼성물산의 패션 브랜드 '빈폴'을 통해 판매되고 있다.

웰트는 지난해 미국 최대 크라우드 펀딩 플랫폼인 '킥스타터'에서 약 9,000만 원을 투자받았으며, 2017년 초 CES에 참가해 주목받았다.

진화하는 바디 스캐닝 기술도 개인 맞춤형 피트니스를 발전시키고 있다. 기존의 신체 스캐닝은 단순 전류를 활용했는데, 3D 스캐닝 기술은 기존 스캐닝보다 계산 오류가 적다.

미국 캘리포니아에 위치한 'Fit3D'는 3D 스캐닝 기술의 선두 업체다. Fit3D의 바디 스캐너는 개인의 지방량 등 신체 구성 성분과 신체치수를 밀리미터 단위까지 360도 이미지를 통해 측정한다.

이 제품은 현재 미국 최대 피트니스 클럽인 '이퀴녹스'와 여러 대형병원에서 사용되고 있다. 골다공증 같은 질병을 진단할 때는 주로 자세를 보는데, 이때 이 제품을 이용하면 진단의 정확성을 높일 수 있다.

▌더 재미있게 운동하기

아무리 많은 양의 데이터 축적이 이뤄지고, 개인에게 최적화된 맞춤형 피트니스 프로그램이 제공된다고 해도 무슨 소용이 있을까. 당사자가 운동을 하지 않는다면 말이다. 새해에 운동을 결심하고 가까운 헬스장을 찾는 사람들 중 약 80퍼센트가 약 한 달만에 헬스장을 떠난다. 운동의 동기가 사라져버리기 때문이다.

독일 HYVE의 자회사 '이카루스'의 공동 창업자인 마이클 슈미트가 착안한 것은 바로 이 점이었다. 가상현실VR 기술을 통해 운동하는 재미를 높여주는 것이다.

이카루스 이용자들이 기구 위에 올라 VR 안경을 쓰면 가상의 협곡 위를 날아다니게 된다. 이 기구는 나는 움직임을 제어하기 위해 엄청난 코어 근육과 복근의 힘을 사용하도록 디자인됐다.

플랭크 운동과 비슷한 방식이지만, 일반적인 플랭크 운동보다 2배 이상의 자극이 복부 근육에 가해진다. 이 제품은 함께 운동하고 경쟁하는 커뮤니티를 만드는 것을 목표로 삼고 있다. "앞으로 피트니스는 개인 맞춤형이 되고, 완벽하게 모니터링 되며, 건강을 지향하면서, 동시에 즐거움을 동반하게 될 것"이라는 게 이 회사를 창업한 슈미트의 말이다.

기구가 필요 없는 단순 운동에 초점을 맞춘 회사도 있다.

'와이즈 웰니스'는 앉았다 일어나기, 팔굽혀펴기, 윗몸일으키기, 계단 오르기, 걷기 등 다섯 가지 운동에 초점을 맞추고 있다. 피트니스 컨설턴트 출신으로 '와이즈 웰니스'를 설립한 김민철 대표는 이 다섯 가지 운동으로 충분히 건강해질 수 있다고 생각한다.

미국 질병관리센터에 의하면 18~64세 성인이 건강을 유지하기 위해서는 주당 2시간 30분 정도 적당한 강도로 운동하고, 주당 이틀 이상은 몸의 주요 근육을 단력시킬 수 있는 근력 운동을 해야 한다.

와이즈 웰니스가 지난 2월에 론칭한 애플리케이션 '피트머니'는 다섯 가지 운동의 양을 측정하고, 미국 질병관리센터의 권고 운동량을 달성하도록 동기를 부여한다. 같은 해 4월에는 인공지능을 통한 개인 코칭 서비스 '피트 코치'를 론칭했다. 김 대표는 "기구가 필요 없는 단순 운동이기 때문에 패턴화하기 쉽다"며 "인공지능 머신러닝을 통해 보다 다양한 서비스를 제공할 수 있게 될 것"이라고 말했다. 와이즈 웰니스는 또 한미약품과 공동으로 직장인 건강 관리 서비스 프로젝트를 진행 중이다. 이 프로젝트는 대사증후군 예방을 위한 것으로, 대사증후군은 당뇨나 암을 유발할 수 있는 심각한 질병이다. 운동 부족은 이 병의 핵심 원인 중 하나다.

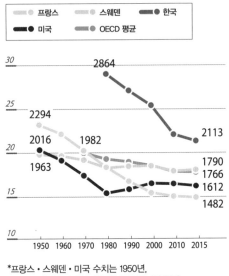

연간 근로시간의 변화

프랑스　　　스웨덴　　　한국
미국　　　OECD 평균

30

2864

25

2294

2016　　1982

20

1963

2113

1790
1766
1612
1482

15

10

1950　1960　1970　1980　1990　2000　2010　2015

*프랑스・스웨덴・미국 수치는 1950년,
　OECD 평균은 1970년, 한국은 1980년부터 집계

자료: OECD

　　4차 산업혁명으로 운동 부족이 더 심화될 수 있다. 김도균 경희대
학교 스포츠마케팅 교수는 자율주행차 등의 첨단 기술을 언급하며
"스마트 기술이 일상생활 속으로 들어오면서 사람들의 육체 활동이 줄
어들 것이다. 생활은 더 편리해지겠지만 삶의 행복과 가치를 높이기
위해 사람들은 신체 활동에서 비롯되는 즐거움을 필요로 하게 될 것"
이라고 말했다. 김 교수는 또 근로시간의 단축으로 인해 레저활동을
즐길 기회가 늘어날 것이며, 이를 통해 줄어든 신체활동을 보완해야
한다고 덧붙였다.

　　실제로 근로시간은 선진국을 중심으로 지속적으로 줄어들고 있다.

OECD에 따르면 지난 반세기 동안 미국의 연간 근로시간은 1950년 1,963시간에서 2015년 1,790시간으로 줄었다. 장시간 노동으로 악명 높은 한국에서조차 1980년 2,864시간이던 연평균 근로시간은 2015년 2,113시간으로 감소했다. 과학기술정보통신부는 2030년 한국의 연평균 근로시간이 1,800시간으로 줄어들 것으로 전망한다. 김 교수는 "과거 산업혁명의 시기들을 지나오면서 근로시간은 계속해서 감소했다. 과거 12시간이던 일일 근로시간이 기술 발전과 생산 자동화로 점차 줄었으며, 이러한 현상은 4차 산업혁명 시대에 더욱 두드러질 것"이라고 말했다.

▍집에서도 현장감 그대로… 가상현실 프로야구 중계

어떤 산업도 4차 산업혁명의 영향에서 벗어날 수 없다. 스포츠 산업도 그렇다. '레저와 즐김'은 미래 생활의 핵심 요소가 될 것이다. 선수 관리, 경기장 운영, 스포츠 관련 제품 판매 등에도 4차 산업혁명은 영향을 줄 것이다.

한국의 스포츠 산업도 급격한 변화를 경험하고 있다. 2016년 리우 올림픽에서 한국 양궁 대표팀은 남녀 단체전부터 개인전까지 금메달을 휩쓸며 4관왕을 차지했다. 이런 성공 뒤에는 최첨단 기술을 사용한 훈련 방법이 있었다.

한국 양궁 대표팀은 '뉴로피드백'이라는 뇌파 훈련법을 도입했다. 선수들의 뇌 움직임을 관찰하고 긍정적인 뇌파를 형성함으로써 집중력을 높였다. 고도의 집중력을 필요로 하는 양궁은 많은 관중이나 예기

치 못한 상황 앞에서 침착함을 잃지 않는 것이 승패를 좌우하는 요소
이기 때문이다.

기술 발전은 팬들에게 경기장에 가지 않고도 스포츠의 짜릿함을 느
낄 수 있게 해준다.

한국 프로야구팀 KT위즈는 2016년 가상현실 중계 서비스를 시작했
다. 가상현실을 통해 생생하게 프로야구 경기를 시청할 수 있다. 홈 플
레이트 뒤나 더그아웃 안까지, 경기장 곳곳에 설치된 최첨단 카메라
를 통해 360도 각도에서 경기를 관람한다. KT 팬들은 경기장에 가지
않아도 VR 안경과 스마트폰만 있으면 현장에 있는 것처럼 경기를 관
람할 수 있게 된 것이다.

한국스포츠개발원 박영옥 원장은 "한국 스포츠산업은 43조 원
(2015년 기준) 규모다. 성장 가능성이 높은 블루오션인 스포츠산업의
기술 발전을 위해 한국이 적극적으로 나서야 한다"고 말했다.

하지만 우려의 목소리도 있다. 서울대학교 김유겸 교수는 스포츠에
성급하게 기술을 접목하는 것은 위험할 수 있다고 경고한다. "급격한
기술 발전은 스포츠의 본질에 대한 도전일 수 있다"는 그는 "선수들이
훈련이 아닌 기술에 의존해 운동 성과를 높이는 것이 가능하다면, 우
리는 그것을 여전히 스포츠라고 부를 수 있을 것인가"라고 반문했다.

"유전 특성을 바탕으로 한 맞춤형 다이어트"

연구가 연구로만 끝나는 것이 답답했다. 연구 결과를 소비자에게 직접 알려주고 실생활에서 활용할 수 있다면 좋을 텐데……

강병규(36) 제노플랜 대표가 연구소를 나와 창업에 뛰어든 이유다.

미국 보스턴대학교 의과학과를 졸업한 강 대표는 삼성생명과학연구소 유전체연구센터에서 약 3년간 연구원으로 일하다가 2015년 제노플랜을 창업했다. 유전자 검사의 비용을 낮춰 보통 사람들도 이용할 수 있도록 하겠다는 포부였다. 그의 계획대로 지난 2년간 제노플랜은 50만 원을 웃돌던 유전자 검사 비용을 15만 원대로 낮췄다. 수주일이 걸리던 검사 기간도 1주일 이하로 줄였다.

강 대표는 "유전자 해석 기술을 통해 건강에 대한 다양한 정보를 파악할 수 있다"고 말한다. 예를 들어, 비만에 관여하는 여러 가지 유전자를 해석하면 종합적인 비만 위험도를 판단할 수 있다. 요요현상이 얼마나 나타날지, 기초대사량은 얼마인지, 해독 능력은 얼마나 되는지 알 수 있다.

제노플랜은 유전 특성을 바탕으로 각자의 체질에 맞는 다이어트를 제시한다. 가령 A라는 사람이 다이어트를 위해 근력운동을 하는 게 좋을지, 유산소운동이 나은지를 알려주는 것이다.

체중이 유전에 의해 결정된다는 건가.

미국 스탠퍼드대학교의 유전자 실험 연구 결과에 따르면 식생활, 운동 등 환경적 요인 이외에 유전적 요인이 체중을 결정하는 비중이 40퍼센트에서 최고 70퍼센트에 이른다고 한다. 유전 정보를 바탕으로 다이어트를 하면 체중 감량 효과를 2.4~5배 높일 수 있다. 실험 대상 중 일반 다이어트를 한 사람들은 평균 2.08킬로그램을 감량한 반면, 유전자 맞춤형 다이어트를 실시한 사람들은 약 5.98킬로그램의 체중을 감량했다.

다이어트와 피트니스 분야에 관심을 갖게 된 이유는.

암이나 희귀질환에 대한 연구는 많이 이뤄지고 있다. 질병 진단 분야에 대한 연구는 기존의 병원들이 많이 진행 중이다. 우리는 예방에 중점을 둔다. 유전자를 활용하며 한 사람의 건강 상태를 미리 파악해 질병을 예방할 수 있다. 사후 치료보다 선제적인 대응이다. 포지셔닝이 중요한 스타트업으로서 이런 점에 특화하려고 했다.

창업 과정은.

2014년 4월에 창업했다. 하지만 실제론 2015년 1월 미국에 법인을 설립했다. 한국은 규제가 심해서 제노플랜코리아를 설립해놓고도 미국으로 건너가 사업을 시작해야 했다. 처음에는 장비나 팀원도 없었다.

창업 이후 첫 번째 성과는 뭐였나.

'제노플랜 핏Genoplan Fit'이라는 서비스였다. 제노플랜 핏은 살이 찌는 데 영향을 주는 다양한 유전자를 분석하여 개인에게 최적화된 다이어트 방법을 제시해주는 서비스였다. 이를 통해 사람들에게 제노플랜이라는 이름을 알릴 수 있었다. 하지만 사업적인 성공은 거두지 못했다. 타깃 시장과 주요 고객층을 잘못 설정했다. 제품의 완성도도 부족했다.

지금은 어떤 서비스를 하고 있나.

첫 프로젝트 실패 후 지금은 '제노플랜'이라는 이름으로 다이어트뿐 아니라 피부, 대사, 질병 등 거의 모든 분야의 유전자 분석을 하고 있다. 큐레이션 서비스도 한다. 고객의 유전자 데이터, 생활환경, 라이프 스타일 등에 대한 정보에 따라 각 고객에게 맞는 상품을 추천해준다. 전문가들과 연계해서 각 고객의 특성과 목표에 맞는 화장품, 운동, 식단 등을 서비스한다.

투자 유치는 얼마나 어떻게 했나.

2016년 1월에 소프트뱅크, 삼성벤처투자 등으로부터 시리즈 A(창업 후

2~5년차에 이뤄지는 10억여 원 규모의 투자) 투자 약 50억 원을 유치했다.

현재 사업 현황은.

유전자산업은 4차 산업혁명의 파도를 타고 가파르게 성장하고 있다. 제노플랜도 매 분기 20퍼센트 이상씩 성장하고 있다. 2016년 매출은 투자자와의 관계 때문에 공개할 수 없지만, 2017년 들어 전년보다 500퍼센트 성장했다. 현재 임직원 수는 23명이다.

해외 진출 현황은.

일본에 독립법인과 연구소를 두고 있다. 일본 최대 성형미용 메디컬그룹 시나가와Shinagawa와 제휴를 맺고 서비스를 공급하고 있다. 당분간은 한국과 일본 시장에 집중하고, 2018년에는 아시아 지역에 추가 법인과 연구소를 설립할 계획이다.

4차 산업혁명이 웰니스 산업에 어떤 영향을 미칠까.

4차 산업혁명의 핵심 키워드는 정보의 융합이 아닐까 한다. 바이오 정보, 설문 데이터 정보, IT 기술 정보뿐 아니라 상품에 대한 정보까지 융합, 조합해 새로운 형태의 서비스들이 등장할 것이다. 궁극적으로 개인화된 웰니스가 구현되는 방향으로 나갈 것이다.

사업을 하면서 어려운 점은.

한국은 바이오 분야에 대한 제재가 많다. 법적인 문제가 조금 해결된 게 2016년 하반기다. 2016년 3분기부터 국내에서도 제한적으로 DTC(Direct to Consumer: 소비자들이 의료기관을 거치치 않고 유전자 관련 기업에 검사를 직접 받을 수 있는 서비스)가 가능해졌다. 일본은 한국보다 바이오 관련 사업을 하기가 훨씬 자유롭다. 고객한테 피해가 가지 않는다면 자유롭게 기업활동을 할 수 있다. 물론 규제 역시 스타트업으로서 극복해야 할 대상이라고 생각한다. 나라마다 다른 규제가 있게 마련이고, 그 뒤에는 타당한 이유들이 존재한다고 생각한다. 이런 현실을 인정을 하고 극복해야 한다.

창업을 꿈꾸는 이들에게 조언을 한다면.

창업하기로 마음먹었다면 하루라도 빨리 시작하는 것이 좋다. 처음부터 성공할 확률은 거의 없다. 그러나 다음번에는 성공할 확률이 조금 올라간다. 그렇게 실패를 거듭하다 보면 언젠가는 반드시 성공할 것이다. 물론 매 순간 실패를 두려워하고 성공하기 위해 혼신의 전력을 다해야 한다. 그리고 이 과정은 본인에게 가장 중요한 자산이 될 것이다.

창업을 후회한 적은 없나.

없다. 나에게 창업은 소명이다. 물론 그 과정이 힘들고 어렵지만, 우리가 개발한 서비스가 작게나마 세상에 알려지고 영향을 미치는 것은 상상만 해도 흥분되고 짜릿하다. 그리고 창업을 통해 짧은 기간 안에 다양한 경험을 학습할 수 있다. 회사에 다닌다면 거의 불가능한 이야기다.

인재를 뽑을 때 어떤 역량을 중요하게 보나.

열정, 능력, 그리고 우리의 비전에 공감하는지를 본다. 어느 기업이나 열정적이고, 능력이 있으며, 회사의 비전까지 공유하는 인재를 뽑고 싶겠지만 이 세 가지를 모두 충족한 인재를 만나기는 쉽지 않다. 특히 스타트업은 더 그렇다. 창업 후 회사가 어느 단계에 있느냐에 따라 직원을 뽑을 때 중시하는 역량이 다르다. 창업 초기에는 불투명한 미래에 대한 리스크를 안고 무조건 같이 할 수 있는 '열정'에 더 무게를 두고, 중성장기에는 사업을 빠르게 확장시킬 수 있는 '능력'에 더 무게를 둔다. 마지막으로 고성장기에는 긴 호흡으로 더욱 큰 그림을 그릴 수 있는 '비전을 공유'하는 팀원을 뽑을 것 같다.

제노플랜의 미래 비전은 뭔가. 더 강화하고 싶은 분야는.

제노플랜은 유전자 정보로 더 연결된 세상을 만들고자 한다. 유전자 정보의 접근성과 유용성을 높여 소수의 전문가만 이용하는 것이 아닌, 누구나 자신의 유전자 정보를 활용할 수 있는 '유전자 정보의 민주화'가 우리의 궁극적인 목표이다. 그래서 연구 인력으로만 구성되어 있는 대부분의 유전자 분석 기업들과는 달리 제노플랜은 바이오 연구원, 데이터 통계 분석가, 소프트웨어 엔지니어, 기획자, 디자이너 등 다양한 분야의 인재들이 함께 일하고 있다. 앞으로는 인공지능 파트를 더 강화하고 발전시킬 계획이다.

경험 가능한 미래
4차 산업혁명 2018

The Fourth
Industrial
Revolution

MART

스마트 자동차
Smart Car

▌주인 없이 스스로 달리는 자율주행차 시대가 온다

자동차 문을 2번 두드리니 열렸다. 자동차가 운전자의 스마트폰을 인식해서 자동으로 차 문의 잠금을 해지한 것이다. 터널을 통과하기 전 자동차는 자동으로 창문을 닫았고, 터널을 통과하면 다시 원래대로 열었다. 운전자가 설정해놓은 시트와 양쪽 사이드미러의 위치도 기억해뒀다가 운전자에 따라 자동으로 조정했다.

이 차는 시제품이 아니다. 한국의 카셰어링 업체 '제이카'가 선보인 자동차로 누구나 탈 수 있다. 전남 광주광역시에 위치한 제이카는 현대자동차 사내 벤처 '튠잇'이 개발한 네 가지 IoT 기술을 카셰어링 차량 10대에 적용했다.

송영욱 현대자동차 사내벤처팀 책임연구원은 "오늘날의 자동차는

　　　　　　　　2부 라이프 혁명

마치 2G폰과 같다. 하지만 신호를 통해 자동차 부품들을 연결시켜 서로 유기적으로 작동하게 만들 수 있다. 마치 스마트폰처럼 말이다"라고 말했다.

자동차산업은 4차 산업혁명의 선두에 있다. 세계경제포럼 클라우스 슈밥 의장 역시 자율주행자동차가 4차 산업을 이끄는 주요 요소 중 하나라고 말한 바 있다.

미국 GM 메리 바라 회장은 "자동차산업의 혁명은 네트워크 연결성의 증가, 전기차의 확산, 소비자의 태도 변화가 융복합되면서 일어나고 있다. 자동차산업은 지난 50년 동안 겪은 변화보다 향후 5~10년 동안 더 큰 변화를 맞게 될 것"이라고 말했다.

보스턴컨설팅그룹에 따르면 2035년까지 전 세계에서 매년 1,200만대의 완전자율주행자동차가, 1,800만 대의 부분자율주행차가 판매될 예정이다. 이는 전체 자동차의 25퍼센트에 해당한다.

지난 100년 동안 자동차 산업을 지배했던 자동차 소유에 대한 개념도 바뀔 것이다. 미국 캘리포니아에 있는 싱크탱크 '리싱크엑스'는 주행 거리 기준으로 2030년 미국 내 도로를 다니는 자동차의 95퍼센트는 카셰어링 업체 같은 온디맨드 모빌리티 업체가 운영하는 전기자율주행자동차일 것이라고 전망했다.

▋ 대화하는 자동차

컨설팅 회사 프라이스워터쿠퍼스PwC는 커넥티드 카Connected car는 완전자율주행자동차로 가는 중간 단계라고 분석했다.

이 회사는 〈커넥티드 카 보고서 2016〉에서 "현재의 가장 똑똑한 자동차도 아직 어설프다. 하지만 인공지능과 머신러닝의 고도화로 인해 모든 것이 바뀔 것"이라고 전망했다.

튠잇은 자동차 안과 밖의 경계를 지우고 있다. 2014년에 설립된 이 스타트업은 IoT 기술에 특화된 회사다. IoT 기술, 즉 사물인터넷은 인터넷을 기반으로 모든 사물을 연결해 상호소통을 가능케 하는 지능형 기술이다. 이 회사를 설립한 송영욱 연구원은 "마치 스마트 홈에서 여러 가구와 제품들이 하나의 중앙 허브를 통해 연결되는 것처럼, 자동차의 다양한 요소들도 IoT 기술을 통해 서로 연결할 수 있다"고 말했다.

현재 튠잇은 차 도어의 핸들 부위를 두드렸을 때 차량 잠금이 해제되는 '낙낙 도어락', 운전자가 설정해놓은 대로 시트와 사이드 미러의 위치를 조정하는 '스마트 메모리 시스템', 터널을 통과하기 전 자동으로 창문으로 여닫는 '액티브 터널 모드', 그리고 차량에서 내리면 저절로 도어를 잠그는 '세이프 도어락' 등 4가지 기능을 구현했다. 이런 기능들은 앞으로 현대자동차가 판매하는 자동차에 탑재될 수 있다.

2015년 설립된 또 다른 국내 스타트업 '오원'은 운전자가 자동차에서 내리지 않고 결제할 수 있는 기기를 발명했다. 엄지손가락만한 이 기기를 자동차 안에 있는 라이터 플러그에 꽂으면 신용카드나 멤버십 카드, 각종 할인카드 같은 결제수단을 인식해서 차 안에서 결제가 가능해진다. '디지털 아이디Digital ID'라는 이름의 이 기기는 차량 내부에서 송출하는 결제신호를 차량 외부 100~150미터까지 송수신할 수 있

2부 라이프 혁명

게 만든다.

이를 통해 자동차는 하나의 통합 결제수단이 된다. 이 기기는 자동차에 신용카드 번호와 연계되는 디지털 아이디를 부여하고 이를 온라인 결제 서비스와 연결한다. 이렇게 되면 운전자가 차 안에서 지갑을 꺼내지 않고도 주유비를 결제할 수 있고, 드라이브 스루(손님이 주차하지 않고도 차 안에서 상품을 살 수 있는 서비스) 매장이 아닌 곳에서도 유사한 서비스가 가능해진다. 2015년 오윈은 '구글 클라우드 플랫폼' 프로그램에 한국 스타트업으로는 유일하게 선정돼 약 10만 달러 규모의 투자를 받았다.

국내 대기업들은 오윈의 새로운 커넥티드 카 서비스에 러브콜을 보내고 있다. GS칼텍스, 신한카드, LG유플러스와는 이미 파트너십을 맺었다. 한불모터스의 푸조 3008 모델에는 오윈 서비스가 기본 탑재될 예정이다. 이 기기(디지털 아이디)를 장착하지 않아도 인포테인먼트 시스템을 통해 같은 서비스가 가능하다. 오윈의 신성철 대표는 "완성차 업체들과 협력이 확대되면, 이 서비스는 점점 더 단순해질 것"이라고 말했다.

▌스스로 운전하는 자동차

IoT 기술을 통해 자동차가 네트워크로 연결되고 나면 센서와 카메라 기술이 중요해진다. 자율주행자동차의 눈 역할을 하게 될 이 기술은 완전자율주행자동차를 위한 필수 요소다.

국내에선 현대자동차와 서울대학교 연구팀이 이 분야에서 두각을 나타내고 있으며, 삼성전자와 네이버도 최근 국토교통부의 자율주행 자동차 임시운행 허가를 받으면서 경쟁에 뛰어들었다.

미국 자동차공학회Society of Automotive Engineers, SAE는 자율주행자동차를 자동화 기능이 전혀 없는 레벨 0부터 운전자의 개입이 필요 없는 레벨 5까지 총 6개의 단계로 정의한다.

현대자동차는 2017년 초 미국 CES 행사에서 레벨 4의 자율주행자동차를 선보였다. 이 회사는 2020년까지 레벨 5 수준의 기술을 개발하고, 2030년까지 완전자율주행자동차를 상용화한다는 목표를 세웠다.

이경수 교수가 이끄는 서울대학교 기계항공공학부 연구팀은 2016년 레벨 3의 자율주행자동차 기술을 개발했다. 현대자동차와의 공동연구팀이 발표한 자율주행차량 안전제어 기술 관련 논문은 2017년 미국 자동차공학회 최고 논문상을 수상했다.

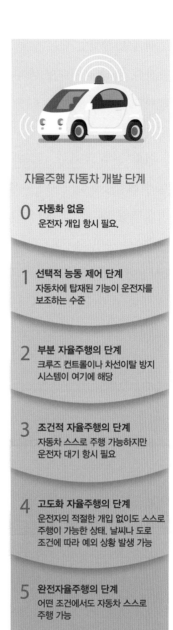

자율주행 자동차 개발 단계

0 **자동화 없음**
운전자 개입 항시 필요.

1 **선택적 능동 제어 단계**
자동차에 탑재된 기능이 운전자를 보조하는 수준

2 **부분 자율주행의 단계**
크루즈 컨트롤이나 차선이탈 방지 시스템이 여기에 해당

3 **조건적 자율주행의 단계**
자동차 스스로 주행 가능하지만 운전자 대기 항시 필요

4 **고도화 자율주행의 단계**
운전자의 적절한 개입 없이도 스스로 주행이 가능한 상태. 날씨나 도로 조건에 따라 예외 상황 발생 가능

5 **완전자율주행의 단계**
어떤 조건에서도 자동차 스스로 주행 가능

자료 : 미국자동차공학회

현재 양산되고 있는 대부분의 자율주행자동차의 기술은 레벨 2에 속한다. 차선 유지 시스템이나 앞 차와의 간격 유지 시스템 등이 이에 속한다. 운전자를 보조하는 역할로 레벨 2에서는 운전자가 반드시 개입해야 한다.

업계 선두 주자인 테슬라의 자율주행 기술 오토파일럿Autopilot도 현재 레벨 2에 해당한다. 테슬라 CEO 일론 머스크는 2년 안에 레벨 5 자율주행자동차 개발이 가능할 것이라고 밝힌 바 있다. 이경수 교수는 "양산 중인 완성차로만 본다면 한국이 업계 선두 주자인 테슬라나 BMW에 비해 많이 뒤지지 않는다"며 "하지만 센서나 소프트웨어 같은 부품 측면에서는 한국의 기술력이 아직 뒤처져 있다"고 말했다.

현대자동차의 자율주행자동차 '아이오닉'은 현재 독일 부품 제조업체 '이베오'로부터 라이다 센서를 공급받고 있다. 고급 라인인 EQ900모델엔 미국의 '쿼너지' 제품을 쓰고 있다.

▌모두가 사용 가능한 자동차

자율주행 기술이 고도화될수록 카셰어링 서비스에 대한 수요는 늘어날 것이다. 운전자가 직접 차를 몰지 않아도 되니 자동차는 이동하면서 다른 일을 할 수 있는 또 다른 플랫폼이 될 수 있다. 차량을 소유하려는 사람들도 줄어들 것이다.

스타트업 '풀러스'는 접근하기 쉬운 '온디맨드 모빌리티'를 제공하는 것을 목표로 하고 있다. 혼잡한 도로 위에 서 있는 차량 대부분에 운전자 한 명만 탑승해 있다는 사실에 착안한 회사다. 풀러스는 같은 방향으로 가려는 탑승자와 운전자를 매칭하는 서비스로 우버와 비슷한 모델이다. 방향이 비슷한 사람은 한 명이 될 수도 있고 여러 명이 될 수도 있다. 등록된 운전자들은 자신의 자동차에 사람들을 태운다. 이 서비스는 법적인 제약 때문에 출퇴근 시간인 오전 5시부터 오전 10시, 그리고 오후 5시부터 다음 날 새벽 2시까지만 이용할 수 있다.

풀러스는 2017년 3월 교통문화연구소를 개소했다. 연구소에서는 카풀 매칭 현황, 이용 시간과 지역 등의 데이터를 분석한다. 어느 지역과 시간대에 이용자가 많은지 파악함으로써 더 효율적인 차량 배치가 가능하기 때문이다. 풀러스는 앞으로 이를 운송이나 배달 영역까지 확대할 예정이다.

풀러스는 2016년 5월 경기도 판교 부근에서 서비스를 시작했지만, 현재는 전국 서비스가 가능하다. 2017년 말 현재 75만 명의 회원이 가입했고, 370만 건의 라이드 매칭을 성사시켰다.

대기업도 온디맨드 모빌리티에 관심을 보이고 있다. SK㈜는 2017년 풀러스의 지분 20퍼센트를 인수했다. SK㈜는 2015년 국내 최대 카셰어링 업체 '쏘카'에 590억 원을 투자하고 지분 20퍼센트를 확보한 바 있다.

▌운전자도 자동차회사도 책임 없는 자율주행차 사고

자동차산업은 폭발적인 속도로 변화하고 있다. 완전자율주행자동차는 5년 안에 개발될 전망이다. 하지만 개발된다고 해도 현재 규정상으로는 실제 도로를 달리지 못한다. 관련 법규와 인프라가 아직 완성

2부 라이프 혁명

2035년 자율주행 자동차 시장 전망

완전자율주행차량 연간 판매 대수	**1,200만 대**
부분자율주행차량 연간 판매 대수	**1,800만 대**
완전자율주행차량 시장 규모	**770억 달러**
자율주행 기능 탑재한 차량의 비중	**25%**

자료 : 보스턴컨설팅그룹

되지 않았기 때문이다.

한국 정부는 2016년 11월부터 어린이보호구역 등 일부 지역을 제외하고 자율주행자동차 시험 운행을 가능하게 하는 '네거티브' 방식을 도입했다. 하지만 시가지에서 시험 운행을 한 사례는 2017년 6월 서울대학교 이경수 교수팀이 유일하다.

반면 미국은 자율주행 시험운행에 관한 규제를 빠르게 완화하고 있다. 네바다 주는 2012년 미국에서 처음으로 공공도로 자율주행 시험운행을 허가했다. 이후 플로리다, 캘리포니아, 미시간 등도 자율주행자동차의 공공도로 시험운행을 허가했다.

한국 국토교통부는 2020년에 레벨 3 수준의 자율주행차를 상용화한다는 목표다. 이를 위해 관련 규제와 인프라를 정비하고 있다. 교통안전공단은 2018년 하반기까지 경기도 화성에 자율주행자동차 실험도시인 'K-City'를 완성할 계획이다. K-City는 미국 미시간 주의 자율주행자동차 실험도시 M-City를 벤치마킹한 것이다.

국토교통부는 2017년 4월 '자율주행차 도입을 위한 보험제도 및 법령 개선방안'의 연구용역을 발주했다. 국토부뿐 아니라 금융위원회, 금융감독원 등 관련 기관과도 협력할 예정이다. 자율주행자동차 리콜

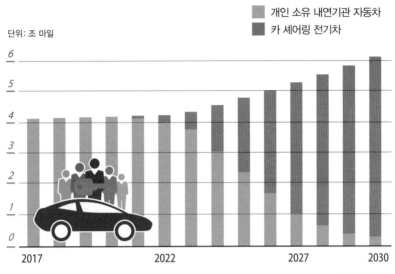

미국 내 차량들의 총 주행 거리

개인 소유 내연기관 자동차
카 셰어링 전기차

단위: 조 마일

자료 : 리싱크엑스

제도와 검사 제도도 단계적으로 마련할 계획이다.

특히 보험 제도는 현행법상 애매한 부분이 많다. 탑승자를 태운 자율주행자동차가 시스템에 입력된 대로 싱크홀을 피하려 방향을 틀다가 옆에 있던 보행자가 치었을 때 사고의 책임은 누구에게 있을까. 이에 대해서는 아직 정해진 바가 없다. 피해자가 있어도 탑승자와 제조자 모두 책임을 지지 않는 상황이 발생할 수도 있다.

스위스 금융그룹 UBS가 발간한 보고서에 따르면 한국은 4차 산업혁명에 필요한 교육과 기술 보유와 관련해서는 139개 나라 중 각각 19위와 23위를 차지했다. 하지만 법적 보호제도에 관해서는 62위였다.

홍익대학교 '로봇 윤리와 법제 센터' 이중기 센터장은 "자동차보험

2부 라이프 혁명

은 레벨 3 수준의 자율주행자동차가 도입되는 순간부터 급격히 변할 것"이라고 전망했다.

자율주행자동차에는 운전자가 없으니 차에 탄 모든 사람이 탑승자일 뿐이다. 또 자율주행자동차에 탑재된 인공지능의 알고리즘이 오류 없이 작동했다면 제조업체의 과실도 인정할 수 없을 가능성이 크기 때문이다. 이 센터장은 "가능한 방안 중 하나는 자동차의 인공지능을 로봇으로서 인정하고 구매자와 제조자가 이 로봇을 위한 보험에 가입하는 것"이라고 말했다.

테슬라는 최근 테슬라 차량 구매 가격에 보험비와 차량 유지비를 포함하는 계획을 발표했다.

"자동차, 사람, 서비스의 경계를 허물다"

풀러스는 2017년 말 가장 이슈가 된 스타트업이라고 해도 과언이 아니다.

차량 공유 서비스를 제공하는 풀러스는 출퇴근 시간, 즉 오전과 오후 일부 시간으로 제한된 차량 공유 서비스 시간을 24시간으로 늘리겠다고 선언하면서 논란의 중심이 됐다.

서울시가 불가 방침을 밝히고, 택시 기사들이 거세게 반발하면서 규제에 막힌 한국 4차 산업혁명의 현실을 보여주는 대표적인 사례로 떠올랐다.

풀러스 김태호(43) 대표는 "제2의 풀러스, 제3의 풀러스가 나와, 보다 스마트하고 더 나은 세상으로 변화해나가길 바란다"며 "제2, 제3의 풀러스는 저희처럼 힘들지 않길 바란다"고 말했다.

2016년 5월 경기도 판교에서 시험운영을 시작한 풀러스는, 2017년 초 전국 서비스로 확대 운영을 시작했으며, 창업 2년도 되기 전에 회원 75만 명, 누적 이용 건 수 370만 건을 기록했다.

투자 유치 실적도 높아서 시리즈 A(창업 후 2~5년차에 이뤄지는 투자) 투자금 220억 원을 유치했다. 네이버와 미래에셋의 합작펀드인 '신성장펀드'와 ㈜SK 등 차세대 신기술에 관심을 보였던 대기업들이 투자에 참여했다.

출퇴근 시간에 대한 정의가 다시 쟁점이 되고, 카풀 서비스의 합법성에 대한 논란이 거세지고 있다. 이에 대한 소감은.

풀러스가 만들어낼 가치가 세상에 긍정적이라고 확신했기 때문에 서비스를 내놓을 수 있었다. 하지만 시작부터 지금까지 계속 어려움을 겪고 있다. 법 규정이 분명하지 않아 해석이 문제가 되고 있다. 특히 출퇴근 시간 선택제는 그 취지와 배경이 분명한데도 아직 일어나지도 않은 문제(기존 교통 시장의 피해와 위험)를 이유로 시작조차 못 하게 한다. 과거가 미래의 발목을 잡지 않았으면 좋겠다. 미래 성장 가능성을 보고 같이 변화를 만들어나갔으면 한다.

풀러스 서비스에 대해 자세히 설명해달라.

스마트폰 애플리케이션 '풀러스'에 출발지와 목적지를 입력하면 예상 경로와 금액이 뜬다. 곧이어 근처에 있는 비슷한 경로를 거쳐 가는 운전자를 알려준다. 애플리케이션으로 예약하는 택시 서비스와 비슷한 형태이지만 비용은 평균 30퍼센트 정도 저렴하다. 풀러스 본사에서 차량의 상태를 확인하기 때문에 차량의 상태도 보다 쾌적하다.

어디서 사업 아이디어를 얻었나.

서울은 항상 막힌다. 그런데 서울 시내 자동차에는 운전자 한 명만 타고 있는 경우가 많다. 도로 위 85퍼센트 이상의 차량이 운전자 혼자 탑승하고 있는 비효율을 기술의 힘으로 해소하고 싶었다.

풀러스를 창업하게 된 계기와 과정은.

풀러스는 김지만 '쏘카' 창업자와 나, 그리고 이윤정 풀러스 COO(최고운영책임자)가 함께 창업했다. 나와 김지만 전 풀러스 대표는 '다음'에서 함께 일했던 인연이 있고, 이윤정 COO는 '쏘카'에서 기획 업무를 담당했다. 김 전 대표는 하루의 90퍼센트를 세워놓는 차량 소유의 비효율성을 극복하기 위해 쏘카를 창업했고 잘 성장시켰다. 그다음 과제로 혼자 타고 다니는 차가 85퍼센트가 넘는 도로의 비효율을 해결하고 싶어 했다. 나는 근무하던 외국계 PR 마케팅회사를 경영자매수 MBO 방식으로 동료들과 공동 인수해 사업을 하고 있었다. 그런데 국내 주요 ICT 기업 및 자동차 제조사들이 고객이다 보니 모빌리티 비즈니스에 대한 고민을 하게 됐다. 자연스럽게 김 전 대표와 뜻을 합쳐 풀러스를 창업했고, 김 전 대표가 쏘카에서 함께 일하며 점찍은 이윤정 COO를 영입해 창업하게 됐다. 이윤정 COO는 SK커뮤니케이션즈에서 커뮤니티 서비스를 담당했던 경력이 있다.

　　　　　　　　　　　　　　　　　　　　2부 라이프 혁명

짧은 시간에 빠르게 성장한 이유는 뭐라고 생각하나. 예상했나.

카풀에 대한 수요가 시장에 존재했던 것이라 생각한다. 필요한 서비스가 세상에 나온 것이다. 필요한 서비스가 나왔는데 사용해보니 좋았고, 사용해본 사람들이 지인들에게 추천하고, 성숙한 교통문화 의식도 있어서 자연스럽게 퍼져나갔다고 생각한다. 특히 사람들이 출퇴근길에 새로운 사람을 만나는 즐거움을 느끼게 된 것 같다. 여기에 유저인터페이스를 편리하게 만들었던 점, 수요자와 공급자 매칭 속도가 빨랐던 것, 예약이 가능한 것 등이 장점으로 작용했다. 하지만 지금까지의 성장은 앞으로의 긴 여정의 첫 번째 이정표에 불과하다. 아직도 많이 부족하고 해야 할 일이 많다. 교통 혁신이 일어나는 그때에 풀러스의 기여도를 평가받을 수 있도록 계속 노력할 것이다.

원래 자동차나 교통에 관심이 많았나.

다음과 네이버에서 직장생활을 했는데, 기술의 진보가 일상생활에서의 불편을 해소하는 모습을 많이 봤다. 흔히 '의식주'가 중요하다고들 하지만 그건 사람이 태어난 곳으로부터 반경 30킬로미터 이상을 못 벗어나던 시절의 이야기라고 생각한다. 지금은 '의식주'에 '동'도 추가돼야 한다. 이동권, 즉 가고 싶은 곳에 가고 싶을 때에 갈 수 있는 자유가 삶의 질을 결정한다. 교통문제를 기술을 통해 해결하는 것이 우리의 비전이다.

창업 과정에서 힘들었던 점은 없었나.

법이 허용하는 범위 내에서만 서비스 할 수 있었다. 여객운수사업법 81조 1항의 예외 조항(81조 1항은 일반인이 사업용 자동차가 아닌 자동차를 유상으로 운영하는 것을 불허하고 있지만, 출퇴근 시간에 여러 명이 함께 승용차에 타는 경우는 예외적으로 허용하고 있다)을 근거로 서비스를 시작했다. 2016년 풀러스의 사업은 위법 사유가 없다고 국토부가 입장을 밝혔다. 불필요한 오해나 논쟁을 피하기 위해 처음엔 평일 출퇴근 시간에만 시험운행을 했다. 하지만 출퇴근 패턴은 우리가 생각하는 것보다 다양했다. 유동적으로 출퇴근 시간을 설정할 수 있는 서비스를 시작하려고 하니, 그건 불가능하다고 했다. 우리는 법적으로 출퇴근 시간이나 경로 및 정의가 구체적으로 나와 있지 않아서 문제가 없다고 생각했는데 그게 아니었다. 어쨌든 지금은 그런 규제 때문에 준비한 서비스를 다 공개하지 못하고 있는 상황이다. 여전히 평일 오전 시간대와 야간 시간대만 운영하고 있다. 우리는 미래를 준비해야 하는데 과거랑 싸우고 있다. 50년 전에 만들어진 법을 완화해달라고 싸우고 있는 것이다.

차량 공유 서비스의 핵심 기술은 무엇인가.

우리가 하는 카풀 서비스는 전업 드라이버가 있는 형태가 아니다. 그렇기 때문에 매칭이 언제 가능한지 가늠하기 힘들 때가 있다. 예를 들어, 금요일 오후에는 쉬고 싶거나 술을 한잔하고 싶어 드라이버가 운행을 안 할 수 있다는 것이다. 수요와 공급을 자연발생적인 상태에서 맞춰야 하는 부분이 어렵다. 이걸 정교하게 맞추기 위해 데이터를 분석하고 '매치 플러스'라는 플러스 내부 매칭엔진의 알고리즘을 고도화시키면서 매칭을 더 잘 시켜주는 게 우리의 기술이다. 고객이 원하는 경로를 준비해놓기 위해서는 두 가지가 필요하다. 하나는 기술력, 또 하나는 고객 풀이다. 마케팅으로 고객 풀을 확대하고 기술을 통해 가치 있는 서비스를 개발하고 있다.

4차 산업혁명의 활성화를 위해 어떤 변화가 있어야 한다고 생각하나.

기업 가치가 조 단위를 훌쩍 넘는 '우버'나 동남아의 '그랩' 같은 서비스는 일반 차량을 아무 제약 없이 공유하고 있다. 예외 조항에 의지해하고 있는 풀러스의 출퇴근 카풀 서비스는 세계적인 흐름에 맞춰 발전할 수 없다. 경쟁력을 저하시키는 틀은 개선이 돼야 한다. 제약을 가하고 있는 법률을 살펴보면 대부분 50년 전에 만들어진 법이고, 90년대에 큰 틀 안에서 재개정이 됐다. 하지만 이조차도 4차 산업혁명의 주요 요소인 카셰어링 혹은 자율주행자동차에 관련한 내용은 전혀 반영되어 있지 않다. 이제는 시대에 맞는 '통합운수사업법'이 나와야 한다고 생각한다. 자동차, 사람, 서비스의 경계도 모호해지고 있는 와중에 여객자동차, 화물자동차, 택시 등을 구분 짓는 법규는 무의미하다고 생각한다.

'교통문화연구소'를 개소했다.

기술엔 영혼이 깃들어 있어야 한다. 어떤 상황에 어떤 교통수단이 사용되는지, 여기에 고객들이 부담할 만한 적정 비용은 얼마인지 등에 대한 심층적이고 정확한 분석이 필요하다고 생각했다. 최근에 우리가 한 프로젝트는 한국갤럽에 의뢰해 한국인의 출퇴근 패턴을 분석하는 것이었다. 최근에는 '라스트 마일'에 대한 분석을 했다. '라스트 마일'이란, 즉 집 앞까지 가는 교통수단을 뜻한다. 버스정류장이나 지하철역을 집 앞으로 옮길 수는 없다. 거기서 목적지까지 가기 위해서는 걷거나, 택시를 타거나, 마을버스를 타야 한다. 여정의 마지막 '라스트 마일'을 어떻게 해결하느냐가 어떤 교통수단을 선택해서 얼마의 비용을 부담할지를 결정한다. 바로 이 부분에 대한 연구를 하려고 한다. 고객의 이용 패턴을 분석하여 매칭되는 비율을 높일 수 있도록 엔진을 고도화시키는 작업도 해나가고 있다. 예를 들어, 한 운전자가 특정 시간에 서울 마포에서 강남으로 가는 탑승객을 많이 태운다고 하면 그 경로를 가는 콜을 우선적으로 제시하는 것이다. 드라이버가 추천 콜을 수락하는 비율이 30~40퍼센트인데 올 연말까지 50퍼센트로 끌어올리는 것을 목표로 삼고 있다. 풀러스는 단순히 비슷한 경로를 가는 운전자와 탑승객을 이어주는 데 그치지 않는다. 데이터 분석 및 문화 연구를 통해 고객에게 좀더 정교한 서비스를 내놓는 것이 다음 목표다.

자율주행자동차에 대한 대비도 하고 있나.
우리가 지금 당장 자율주행 기술을 확보하기엔 어렵다고 생각한다. 그래서 협력을 통해 자율주행자동차 시대에 대비하려고 한다. 자율주행자동차 시대엔 운전을 직업으로 하는 사람이 줄어들 텐데, 그 과정에 직장생활을 하면서 누군가를 이동시켜주고 그것에 대한 대가를 받는 비즈니스 모델이 가능할 수 있다고 생각한다. 자율주행자동차 시대가 도래하기 전까지 하나의 완충 역할을 하는 것이다. 그런 완충 역할을 하면서 좋은 파트너와 협업하고 싶다. 어느 날 갑자기 운전석 없는 자동차가 나오지는 않을 것이다. 다만 자율주행자동차가 상용화되면 더욱 빠른 속도로 차량 공유 서비스가 실생활에 적용될 것이다. 차량을 소유할 필요성이 줄어들 것이라고 생각한다.

미래의 교통문화는 어떻게 바뀔까.

누군가가 차를 한 대 산다. 운행을 안 하고 있으면 누군가 차를 빌려서 사용할 것이다. 그 시간 동안 주차장은 비어 있을 테니 잠시 다른 차량 소유자가 차를 세울 것이다. 주차장이 비는 시간 없이 늘 차가 서 있을 테고, 주차되어 가만히 있는 차가 줄어들면서 사회의 자원을 더 친환경적이고 알뜰하게 활용할 것이다.

플러스가 꿈꾸는 미래 비전을 한마디로 요약하면.

이동권이 보장되는 사회를 꿈꾼다. 우리는 사람이든, 물건이든, 서비스든, 이동이 필요한 순간 준비된 서비스를 제공하고 싶다. 더 나아가 고객이 직접 주문하기 전에 이동이 필요할 것으로 예측되는 순간에 적정한 이동수단이 제공되는 것을 추구한다. 최소의 비용으로 내가 원하는 시간에 원하는 장소로 자유롭고 효율적으로 이동하는 서비스를 제공하고 싶다.

경험 가능한 미래
4차 산업혁명 2018

**The Fourth
Industrial
Revolution**

스마트 시티
Smart City

▌도시인을 위한 멋진 기술들

북촌 한옥마을은 서울의 첫 번째 스마트 시티 실험실, '리빙 랩living lab'이다.

관광명소로도 유명한 이 마을은 전통 한옥과 고요한 분위기 때문에 최첨단 기술과는 거리가 멀어 보인다. 하지만 이곳의 꼬불꼬불한 골목길 곳곳에는 첨단기술이 적용된 아주 작은 센서들이 숨어 있다.

이 센서는 빈 주차장을 인식해 찾아주는 것부터 불에 취약한 한옥의 습도와 온도 등을 실시간으로 모니터링해 화재를 방지하는 등 다양한 기능을 수행하고 있다. 이곳에서 진행된 사물인터넷 프로젝트는 무려 17가지다. 2015년부터 시작된 프로젝트다.

북촌 한옥마을의 리빙 랩은 서울시와 국내 IT 기업이 공동으로 조성한 실험 공간이다. 서울시는 기술 기업들이 일정 지역에서 무선 센서나 카메라 등 사물인터넷 서비스를 테스트해볼 수 있도록 허가해주고, 기업들은 서비스를 이용하는 주민들의 피드백을 반영해 해당 서비스를 계속하거나 중단할 수 있다. 구체적인 예로, 북촌 한옥마을에는 관광객들이 손쉽게 주차 공간을 찾을 수 있도록 도로변에 '파킹플렉스'라는 센서를 설치했다.(지금 현재는 서비스를 중단한 상태다.)

파킹플렉스는 IT 기업 '이노온'이 운영하는 주차장 공유 서비스다. 미국의 숙박 공유 서비스 '에어비앤비'와 유사한 방식으로, 사적인 주차 공간이나 거주자 우선 주차장에 대한 정보를 운전자들과 애플리케이션을 통해 실시간 공유한다. 2017년 3월까지 이 애플리케이션을 통해 서울 종로구, 은평구, 서대문구에 있는 60곳의 주차 공간이 연결됐다.

북촌 한옥마을 외에도 서울시는 2016년부터 여러 지역에 리빙랩을 구축해 사물인터넷 서비스를 테스트하고 있다. 서울 금천구의 주거지역이나 관광지로 유명한 홍대, 신촌, 강남 등에서도 지역 특색에 맞는 사물인터넷 서비스를 적용해 운영 중이다.

서울시뿐 아니라 부산시와 대구시에서도 사물인터넷 실증사업이 진행되고 있다. 과학기술정보통신부와 정보통신산업진흥원은 공모를 통해 부산과 대구에 테스트 지역을 선정하고, 2015년부터 2017년까지 3년간 각각 약 200억 원씩을 투자해 실증사업을 벌이고 있다.

한국의 도시들이 이처럼 기술 인프라를 구축하기 위해 노력하는 것은 전 세계의 대도시가 직면하고 있는 공통의 질문 '도시생활의 미래는 어떤 모습인가?'에 대한 답을 찾기 위해서다.

늘어나는 스마트 시티

단위: 곳

88

21 24 28 33 39 45

2013 2014 2015 2016 2017 2018 2025
*2014년 자료 기준

자료: IHS 테크놀로지

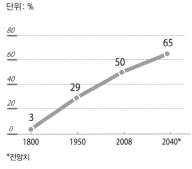

증가하는 세계 도시 인구 비중

단위: %

80

60   65

40   50

29

20

3

0

1800   1950   2008   2040*
*전망치

자료: Postcapes

전 세계 도시들은 인구의 계속적인 증가로 교통난, 쓰레기, 범죄 등
의 문제를 겪고 있다. 물리적 인프라 확대만으로는 이런 문제들을 감
당할 수 없는 상황이다. 더 똑똑한 해결책이 필요하다. 서울, 싱가포르
등 세계의 많은 도시는 기술에서 그 해답을 찾으려 한다.

인도의 나힌드라 모디 총리는 2014년 총선 당시 "2022년까지 인도
내 스마트 시티 100개를 건설하겠다"는 공약을 내걸었다. 스페인 바르
셀로나의 사비아르 트리아스 시장은 2011년 취임 직후부터 스마트 시
티 건설을 위한 사업을 시작했다. 버스정류장에 터치스크린 모니터를
설치해 사용자들이 버스 도착 시간, 주변 지도, 공공자전거 시설에 대
한 위치정보 등을 확인할 수 있도록 했다. 싱가포르는 세계에서 가장
똑똑한 국가, 'Smart Nation'이 되겠다고 선포했다. 인천 송도는 도시
기획 단계에서부터 스마트 시티를 위한 기술 인프라를 염두에 뒀다.

존 챔버스 시스코 전 회장은 책《스마트 시티와 디지털 국가Smart Cities

and Digital Nations》의 서문에서 이렇게 말했다.

"2050년까지 전 세계 인구의 3분의 2는 도시에서 살게 될 것이다. 도시를 제대로 정비하지 않는다면, 우리는 큰 위기에 처하게 될 것이다."

▋발달된 도시교통

경기 용인시에 사는 26세 이예지 씨는 스마트폰에서 카카오버스와 카카오지하철 애플리케이션을 여는 것으로 하루를 시작한다.

이 애플리케이션들은 그가 직장에 가장 빠르게 도착할 수 있는 대중교통 수단뿐 아니라, 언제 어떤 버스나 지하철이 도착하는지까지 실시간으로 알려준다. 이씨는 "예전엔 매번 눈앞에서 버스를 놓쳤어요. 그럴 때면 왜 내가 뛰지 않았을까 후회하곤 했죠. 하지만 이제는 집을 나서면서 내가 뛰어야할지 아닐지를 애플리케이션을 통해 확인하기 때문에 버스를 놓치는 일이 거의 없어요"라고 말했다.

교통문제는 도시의 가장 큰 골칫거리다. 인구 증가는 자동차의 증가를 의미하고, 이는 곧 교통 혼잡과 대기오염으로 이어진다.

이런 문제를 해결하기 위해 도시들은 대중교통을 더욱 효율적이고 쉽게 사용할 수 있도록 만들어 자가용 대신 대중교통을 이용하도록 유도하고 있다.

서울시에서는 복잡한 도시 교통의 흐름을 효과적으로 조정하기 위해 자체적인 교통정보시스템을 구축했다. '토피스'는 2004년 설립된 서울시 전체 교통의 컨트롤타워다. 이 시스템 도입 이후 가장 눈에 띄는 변화는 서울시의 버스정류장마다 디지털 표지판이 세워진 것이다. 이

각국의 스마트 시티 정책

미국	• 50개 도시가 데이터 개방 및 공유에 동의 • 미 교통국은 최근 스마트 시티 육성에 1억6500만 달러를 투자하겠다고 발표
중국	• 285여 개의 스마트 시티 육성 프로젝트를 진행 중
인도	• 스마트 시티 100곳을 육성하고 500곳의 도시를 재정비할 계획
일본	• 스마트 시티 구축을 통해 재난에 대비할 계획 • 최근 스마트 재난 대책 프로그램 발표
싱가포르	• 세계 최초의 '스마트 국가' 건설을 목표로 삼음 • 개방형 공유 데이터 플랫폼과 가상 싱가포르 모델을 통해 도시 계획 입안 담당자와 건축가들이 가상으로 도시 계획을 구상할 수 있음

자료: 과학기술정보통신부

표지판에는 각 버스의 도착 시간과 현재 위치 등이 표시된다. 최근 업데이트된 기능은 도착하는 버스 안에 얼마나 많은 사람이 타고 있는지 표시해주는 것이다.

서울시 교통정보시스템은 그 우수성을 인정받아 아제르바이젠, 콜롬비아, 몽골 등 세계 곳곳으로 수출되고 있다. 많은 도시의 시장과 도시계획 관계자들이 토피스를 벤치마크하기 위해 서울을 다녀갔다.

도시들은 주차 시스템 개선에도 노력을 기울이고 있다. IBM에 따르면 전 세계 교통 혼잡의 30퍼센트는 주차 공간을 찾는 운전자들 때문에 발생한다. 따라서 운전자들이 좀더 빠르고 쉽게 주차 공간을 찾을 수 있도록 돕는 것은 운전자뿐 아니라 도시의 교통 혼잡 개선에도 도움이 된다.

한국의 주차장 공유 애플리케이션 '모두의 주차장'은 국내 스타트업

'모두컴퍼니'가 주차문제 해결을 위해 만든 애플리케이션이다. 이 애플리케이션은 서울 서초구, 동작구, 용산구 등과 파트너십을 맺고 공공 주차 공간뿐 아니라 거주자우선주차 공간의 공유 서비스를 제공하고 있다.

미국에도 유사한 서비스가 운영 중이다. 스트릿라인이 개발한 애플리케이션 '파커'는 거리 이름을 선택하면 근처의 빈 주차 공간을 찾아 준다. 주차요금, 지불 방법, 주차 가능 시간 등도 확인할 수 있다. 미국 로스앤젤레스, 보스턴, 인디애나폴리스, 워싱턴D.C. 등 여러 도시에서 이 주차 공유 서비스가 이뤄지고 있다.

▌친환경 도시

환경문제 해결을 위한 기술 발전도 이뤄지고 있다.

세계은행에 따르면 2012년 13억 톤이던 전 세계 도시 쓰레기의 양은 2020년 22억 톤에 달할 전망이다. 이 쓰레기를 관리하는 데 드는 비용은 같은 기간 2,054억 달러에서 3,755억 달러로 증가할 것으로 추산된다.

경기도 고양시는 효과적인 쓰레기 관리 체계를 개발하고 있다. 고양시에 있는 쓰레기통 200여 개에는 무선 센서가 부착돼 있다. 이 센서들은 LG유플러스에서 제공하는 사물인터넷 망을 통해 각 쓰레기통을 언제 비워야 하는지를 환경미화원들에게 알려준다. 고양시는 또 태양광에너지를 이용해 30여 개의 쓰레기통에 쓰레기가 가득차면 자동으로 압축하는 기능을 장착했다.

이 두 종류의 쓰레기통은 모두 국내 '이큐브랩스'라는 회사에서 만들었다. 2016년 이 회사는 센서가 부착된 쓰레기통 25개를 미국 워싱턴D.C.에 수출했고, 올해엔 로스앤젤레스에 100여 개를 수출할 예정이다. 고양시와 이큐브랩스는 이를 통해 세계 시장에서 스마트 쓰레기통의 인지도를 높일 수 있을 것으로 기대하고 있다.

스마트 가로등 또한 에너지 절감에 효과적인 수단이다. 스마트 가로등은 미리 지정된 시간에 꺼지고 켜지는 것이 아니라 지나다니는 사람이나 차 등을 인식해 필요할 때만 빛을 밝힐 수 있다. 전문가들은 스마트 가로등 인프라가 구축되면 가로등 정비와 전기 공급에 들어가는 비용을 70~80퍼센트 절약할 수 있을 것으로 예상한다.

부산시에서는 이러한 스마트 가로등을 2015년부터 해운대 주변에 설치했다. 스마트 가로등에 CCTV, 비콘, 미세먼지 센서 등을 부착하는 실험도 진행 중이다.

▌더 안전한 도시

2017년 경기도 과천에서는 만 4세 남자아이가 어린이집 행 버스에서 잠을 자다가 2시간 넘게 버스 안에 갇히는 사건이 발생했다. 버스는 어린이집에 도착했지만 아이가 버스에서 내리지 않았다는 사실을 아무도 몰랐던 것이다. 이 사건의 충격으로 아이는 심리상담을 받아야 했고, 아이의 부모는 어린이집을 고소했다. 이런 사고는 어떻게 하면 기술을 통해 아이들이 더 안전하게 살아갈 수 있도록 할 것인가에 대한 관심을 불러일으킨다.

스타트업 '이젠컴즈'가 개발한 애플리케이션 '키즈버스'는 2016년 서울 금천구의 리빙랩 프로젝트에 참여했다. 이 애플리케이션은 아이의 팔이나 가방에 부착된 센서를 통해 부모들에게 아이의 위치를 알려준다. 또 버스 운전사의 애플리케이션과도 연결돼 아이가 버스에 탑승했는지, 하차했는지를 확인할 수 있다. 금천구 운현유치원과 시범운영한 것을 시작으로 현재는 20여 곳의 유치원, 초등학교, 학원으로 확대됐다.

스타트업 '리니어블'도 사물인터넷을 활용해 아이의 위치를 추적할 수 있는 스마트 팔찌 제품을 출시했다. 이 제품은 아이가 부모로부터 20~30미터 떨어지면 부모에게 신호를 보내 이를 알린다.

▌스마트 시티를 구현할 방법은

세계의 도시들이 거리마다 무선 센서를 설치하고, 대중교통의 위치를 추적하고, 감시 카메라 설치를 확대하고 있지만 스마트 시티로의 전환은 아직 초기 단계다.

정보통신산업진흥원은 2025년까지 전 세계 도시 가운데 15퍼센트만이 스마트 시티의 범주에 들 수 있을 것으로 예상했다.

한국의 경우 도시의 디지털화를 충분히 실현하기에는 아직 관련 규제가 많은 상황이다. 날씨에 따라 조도를 조절하는 스마트 가로등의 경우만 해도 조도에 대한 규제 때문에 적용이 어렵고, 엄격한 개인정보보호법 때문에 유용한 정보와 데이터를 공유할 수 없는 경우가 많다. 이미 구축된 인프라가 스마트 도시로 가는 데 있어 걸림돌이 되는 경우도 있다.

하지만 기획 단계에서부터 최첨단 기술을 탑재한 스마트 도시를 건설하는 경우도 있다. 한국의 송도가 대표적이다. 송도 시민들은 도시의 네트워크를 통해 건강 관리, 행정 업무, 교통, 보안 등 도시 생활에 필요한 각종 서비스에 편리하게 접근할 수 있다. 도시 어딘가에서 화재가 발생했을 때 누군가 전화를 걸지 않아도 소방서에서 즉각 감지해 대처한다. 도시 관제센터는 물, 전기, 미세먼지, 주차 공간 등의 정보를 모두 모니터하고 관리한다.

사물인터넷은 이처럼 네트워크화한 도시 인프라를 통해 도시생활 전반에 더 큰 영향력을 미친다. 송도 건설에 참여한 슈나이더일렉트릭의 중동·아프리카 사업 총괄 캐스퍼 허츠버그는 "송도는 처음부터 스마트 시티로 계획된 도시라는 점에서 특별하다. 실수요자들의 편의를 고려해 각종 도시 서비스들이 기획됐다"고 말했다. 그는 또 스마트 시티에 대한 고정된 개념은 없으며 그 도시에서 무엇이 가장 중요한가에 따라 각 도시는 그곳에 맞는 기술을 발전시켜 사용해왔다고 설명했다.

"보다 안전한 시티 라이프 구현"

알트에이 이태우(27) 대표는 아이디어 하나로 창업에 나섰다. 창업 당시 그는 수중에 1,000원 짜리 한 장 없는 대학생이었다.

처음엔 공모전 수상금이 유일한 자금줄이었다. 공모전에 나가 100만 원, 200만 원씩 벌어 스타트업을 운영했다. 아르바이트를 할 수도 있었 지만 무의미하다는 생각에 공모전에 매달렸다. 그러다 보니 20개 정도 의 공모전에서 수상했고 그 과정에서 아이디어를 구체화했다.

알트에이는 스마트 시티 관련 스타트업이다. 자체 개발한 스마트 안 전 비콘(근거리 무선통신 장치)은 충돌 위험을 미리 알려주는 신호등이 다. 비콘은 알트에이의 소프트웨어를 탑재한 지능형 CCTV와 함께 설 치된다. 이 CCTV가 교차로 같은 사각지대에서 보행자, 자전거 등 장 애물을 발견하면, 비콘에 신호를 보내 빨간 등을 점멸시켜 운전자들에게 서행을 유도한다.

알트에이는 2016년 2월 KT와 경기창조경제혁신센터, 단국대학교가 공동 주최한 창업공모전에 선발돼 국내 스타트업 대표로 세계 최대 모바일 전시회인 '모바일월드콩그레스MWC'에 참여했다. 2017년 6월에는 한국 최초로 '뉴 시티 서밋 2017'에서 스마트 시티 분야를 혁신한 글로벌 이노베이터로 선정됐다.

어떻게 창업을 결심하게 됐나.

내 회사를 가지고 싶었다. 보통 창업을 하기 전에 일단 회사에 들어가 인맥을 쌓고 업무도 익혀서 내 회사를 가져야겠다고 생각하는 사람들이 많은데 그러면 나이가 들 것이고, 그 과정에서 책임질 것들이 많아질 것이다. 책임질 게 있으면 쉽게 창업하지 못할 것 같았다. 그래서 빨리 시작해야겠다고 생각했다.

교통 데이터는 새로운 분야인 것 같다. 이 분야를 택한 이유는.

유사한 걸 개발하는 경쟁자는 아직 없다. 볼록거울이 좀더 스마트해진다면 모를까. 스마트 시티 시장은 블루오션이라고 말하기도 힘들 만큼 초기 단계다. 아버지 일을 도와드리면서 고등학교 졸업 후 바로 운전을 시작했다. 그런데 도로마다 숱하게 설치되어 있는 CCTV가 하는 역할이 별로 없다는 생각이 들었다. 볼록거울 외에는 우회전을 돕는 안전장치가 없어 놀고 있는 CCTV를 활용한 새로운 교통 시스템이 있으면 좋겠다고 생각했다.

창업하기까지 과정은.

창업 아이디어를 구상한 건 2014년쯤이다. 그전에는 호주에서 1년간 워킹홀리데이를 가 있었다. 거기서 외국 친구들과 많이 어울렸는데, 그들은 창업에 대한 마인드가 한국 대학생들과 달랐다. 호주에 다녀와서 두 달 정도 지난 2015년 초 창업했다. 대학교 졸업은 현재까지도 못하고 있다. 한국외국어대학교 디지털정보학과 3학년 휴학 중이다.

대학 졸업 이전이라 어려운 점도 있을 것 같다.

정말 많았고, 지금도 많다. 일반적으로 스타트업의 어려움이라고 하면 자금 문제와 인력 문제를 떠올린다. 내 경우에는 더 심했다. 왜냐하면 회사생활을 해본 적도 없고, 그러다 보니 일을 어떻게 진행해나가야 하는지도 몰랐다. 수중에는 100원도 없었고 인력이라고 해봐야 주변에 있는 친구들이 다였다. 창업에 함께 참여했던 친구들 6명이 함께하다가 나갔다. 나쁘게 나간 경우는 거의 없었지만 우리끼리 으쌰으쌰 하는 게 중요했는데, 한 명 한 명 이탈할 때마다 마음이 무너졌다.

지금은 구성원이 몇 명인가.

최근에 들어온 3명의 연구개발 인력까지 총 9명이다. 사실 한 명 빼고는 애초에 모르던 사람들이었다. 구인 사이트에 사람을 구한다고 올린 적도 많았다. 최근 3명은 알트에이를 예쁘게 지켜봐주던 회사에서 일하던 사람들이다. 얼마 전 들어온 소프트웨어 개발자는 직장을 잘 다니고 있다가 송도 뉴 시티 서밋에서 우리 발표를 듣고 직장을 그만

두고 합류했다. 월급을 못 준다고 했는데도 괜찮다고 했다. 인복이 많은 것 같다.

장기 목표는 교통 데이터 판매회사라고 했는데.

우리 제품 비콘의 주요 대상은 아파트 단지나 대학, 대형마트 주차장 입구 등 사유지다. 이 비콘이 자동차와 사람이 밀집한 공간에서 충돌 사고의 위험을 급격히 줄이는 한편, 향후에는 막대한 양의 교통 데이터를 수집하는 인프라가 될 수 있을 것이다. 자율주행자동차를 센서만으로 작동시키지 못하는 주요한 이유는 사각지대다. 알트에이는 안전 시설물을 판매하는 제조회사가 아니고 비콘을 통해 얻는 데이터를 판매하는 회사가 될 것이다. 2016년 글로벌 엑셀러레이터 스파크랩에서 3,000만 원, 정부지원금 7,000만 원을 합쳐 총 1억 원을 투자받았다. 올해는 스파크랩에서 추가로 1억 원을 투자받았고, 올해 말까지 정부지원금 6억 원을 더 받기로 했다.

염두에 두고 있는 수익 모델은.

데이터를 월정액으로 파는 것 외에 제품에 대한 유지보수비도 월정액으로 받을 수 있다. 비콘 제품 자체의 판매 수익금은 크게 기대하지 않고 있다. 지금은 자금 여유가 없어서 제품을 무료로 배포할 수는 없겠지만 나중에는 그럴 수 있을 것으로 본다. 데이터를 판 월정액에서 나오는 수익은 데이터를 제공한 사유지와 공유할 계획이다.

스타트업을 하면서 가장 행복했던 순간은.

머릿속에만 있던 제품이 실제로 나왔을 때다. 3D 이미지로만 봐왔던 제품의 실제 시제품이 나왔을 때 정말 신기했다. 그게 2016년 1월이다. 지금은 초기 제품과는 디자인이 많이 바뀌었지만 당시 돈도 없었고 제작 과정을 한 번도 경험해본 적이 없었기 때문에 그런 상태에서 뭔가 만들어냈다는 게 기뻤다. 물론 투자를 받았을 때도 좋았고. 서대문구와 설치 협의가 되었을 때도 정말 기뻤다. 서대문구 53개 구역에 현재 설치 중이며, 2017년 12월 말까지를 완공 목표로 하고 있다.

서대문구 외에 설치되는 곳이 있나.

영국 킹스턴과 스마트 안전 비콘 도입을 협의 중이다. 안산 단원구청과도 협의하고 있다. 안산은 세월호 유가족들이 계신 곳이다. 주변에 우리 제품이 설치된 신호등을 설치해 세월호 사고 같은 불의의 희생자가 나오지 않도록 교통안전을 강화하려는 것이다.

알트에이의 비전은.

커넥티드 카 시대가 가까워지고 있다. 그러면 교통 데이터가 굉장히 중요해진다. 교통 데이터 없이는 자율주행자동차나 내비게이션 회사들이 안정적인 제품을 내놓기가 굉장히 힘들다. 그런데 사유지의 교통 데이터를 모은 곳은 전 세계 어디에도 없었다. 사유지를 단순히 좁은 골목길 정도로 생각할 수도 있는데 아파트나 대학교, 마트, 병원 등 우리가 일상시간 대부분을 보내는 곳이 사유지다. 그래서 이 사유지의 교통 데이터를 모을 수 있게 지능형 CCTV를 이용해서 스마트 안전 비콘을 달고 있다. 2019년 정도부터는 관련 데이터를 커넥티드 카 분야 회사에게 제공하려고 한다.

현 정부의 정책이나 규제 문제에 대한 의견은.
사실 우리는 수혜를 받고 있는 입장이다. 스타트업에게 정부의 지원정책은 굉장히 좋아지고 있다. 하지만 자금 집행의 절차가 좀더 단순해졌으면 하는 바람이 있다. 사실 스타트업에게 뭘 해내라, 증명 자료를 제출하라고 하는데, 그런 것들을 위해 회계 담당자 같은 인력을 추가로 뽑아야 하는 상황이 발생한다. 지원받은 자금에서 어떻게 썼는지 쓸 때마다 기재를 하는 것, 소비 항목별로 금액을 정하는 것, 시간이 오래 걸리는 것 등이 불편하다.

창업을 꿈꾸는 이들에게 하고 싶은 말이 있다면.
창업을 하려면 빨리 하는 게 좋은 것 같다. 사람들은 항상 창업을 하고 싶다면서 먼 미래를 그린다. 이런 걸 배우고 이렇게 해서 이런 사람들을 만나고 네트워크를 구축해서 시작해야지라고 말한다. 계획대로 되면 좋지만 모든 것이 계획대로 되지는 않는다. 시작을 먼저 해버리면 과정은 힘들 수 있지만 무언가를 달성하는 시기는 먼저 찾아올 수 있다.

**The Fourth
Industrial
Revolution**

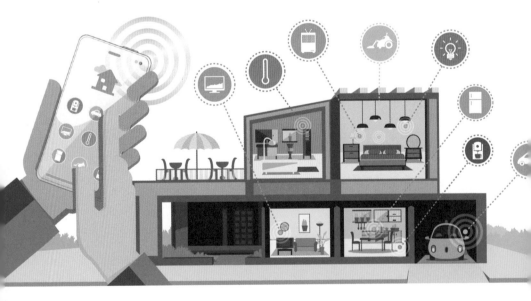

스마트 홈
Smart Home

▌미래의 집은 어떤 모습일까

퇴근 후 집으로 향하는 길. 아파트에 가까워지자 스마트폰에 '집안 불을 켤까요?'라는 메시지가 나타난다. '예스' 버튼을 누르자 불이 켜진다.

아파트 입구에 도착하니 출입문이 자동으로 열린다. 예전처럼 카드 키를 꺼내기 위해 주머니를 뒤질 필요가 없다. 엘리베이터는 이미 1층으로 향하고 있다. 당신이 다가오는 걸 아파트 입구에 있는 카메라가 포착한 순간 자동으로 내려온 것이다.

집 안에 들어서니 커튼이 저절로 내려온다. 커피머신은 일주일 전 주문한 과테말라산 커피 원두를 갈기 시작하고, 온도조절기는 실내 온도를 당신이 좋아하는 정도로 맞춰준다.

신발을 벗으면서 가상비서인 스마트 스피커에 최신 뉴스를 틀어달라고 하자 거실 TV에서 뉴스 방송이 나온다. 오늘의 주요 뉴스는 악화하는 공기 오염. 스마트 스피커에게 공기청정기를 틀어달라고 하자 곧바로 작동한다.

욕실에 들어서자 물이 자동으로 나온다. 씻고 나오니 스마트 홈 시스템이 아내의 차가 주차장에 들어왔다고 알려준다.

샤워 후 뭘 좀 먹을까 하며 냉장고로 향한다. 그러자 냉장고는 계란이 다 떨어졌다고 말한다. 당신은 냉장고 문에 있는 디지털 디스플레이를 통해 계란을 새로 주문한다.

다 끓여진 커피를 들고 소파에 앉는 순간 아내가 집 안으로 들어온다.

▌미래는 가까이 있다

공상과학 소설에나 나올 법한 이야기라고 생각할 수 있겠지만 이런 기술은 이미 존재하며, 현대건설이 동탄에 현재 건설 중인 힐스테이트에 적용될 예정이다.

2016년 6월 분양을 시작한 이 아파트에는 2019년 2월까지 2만 9,000가구가 입주할 예정이다. 이 아파트에 적용되는 스마트 홈 기술은 현대건설과 SK텔레콤의 협력으로 이뤄진다.

이 스마트 홈 서비스는 머신러닝 기술이 적용됐으며, 위치정보, 개인 습관, 수면 패턴 등 입주자의 개인 데이터를 분석해 맞춤형 서비스를 제공함으로써 입주자들의 편의를 높인다.

SK텔레콤과 현대건설뿐 아니다. 다른 IT 업체와 건설사들도 스마트 홈 분야에서 협력을 강화하고 있다. 최근 경기도시공사와 KT는 남양주 다산신도시 공공주택에 스마트 홈 기술 도입에 관한 업무협약을 체결했다. 새로운 기술을 적용하면 냉장고, 공기청정기, 로봇청소기는 물론 가스, 난방, 전등 등의 인프라 시설들까지 모바일 애플리케이션을 통해 조정할 수 있다.

불과 10년 전만 해도 이런 기술은 상상도 할 수 없었다. 전자 키패드를 통해 외부 출입문을 열고 닫거나 터치스크린을 통해 방문자를 확인하는 정도였다. 하지만 이제 이런 기술들은 서울 지역 아파트 어느 곳에서나 발견할 수 있다. 지난 10년간의 기술 발전으로 TV는 각종 주문형 엔터테인먼트를 제공할 만큼 스마트해졌고, 간단한 리모컨 조작으로 쇼핑이 가능할 정도가 됐다.

과거 홈 테크놀로지가 가전제품에 적용되는 수준이었다면 최근의 신기술들은 집 안의 기기들이 개인의 필요에 맞춰 작동하도록 한다는 점에서 다르다. 예를 들어, 기존의 공기청정기가 단순히 현재의 공기 상태를 분석해서 관련 정보를 제공하는 것이었다면, 최근 나온 공기청정기들은 그 분석을 토대로 사용자의 취향에 가장 적합한 환경을 스스로 만들어준다.

스마트 홈이라는 표현은 10년 전부터, 사물인터넷이라는 개념은 대략 5년 전부터 있었다. 그러나 지금까지의 기술은 사물을 연결하는 데 집중했을 뿐 그걸 통해 어떻게 편의성을 높일지에 대한 고민은 없었다.

현재의 TV, 가습기, 로봇청소기 등의 스마트 홈 기기들은 스마트폰을 통해 컨트롤되고 있다. 하지만 아직까지는 인간의 명령에 의존한다. 진정한 스마트 홈 기기가 되기 위해선 스스로 명령을 내리고 실행해야 한다.

딥러닝을 연구하고 있는 한양대 장준혁 교수는 현재의 단계를 '진정한 스마트 홈으로 전환하는 단계'로 정의했다. 기기들 간의 단순한 연결 단계에서 기기들이 우리를 위해 스스로 일하는 단계로 가고 있다는 것이다. 인공지능의 빠른 발전은 이러한 변화에 핵심적인 역할을 한다.

장 교수는 "지금까지의 스마트 홈이 호텔 메이드가 방을 치워주고 빨래를 해주는 정도였다면 현재의 스마트 홈은 우리 삶의 모든 부분을 보조하는 비서 역할로 발전하고 있다. 미래의 스마트 홈은 여기서 더 나아가 인생 파트너, 즉 가디언으로서 우리와 소통하고 공감하는 수준으로 발전할 것"이라고 전망했다.

지각 능력이 있는 컴퓨터 등장이 미래를 디스토피아로 만들 것이라는 우려가 있지만 이런 기능은 고령화 사회에서는 중요한 역할을 할 수 있을 것이다. 거동이 불편한 노인들에게 더욱 요긴하게 활용될 수 있다.

글로벌 컨설팅 회사인 PwC가 2017년 1월 발표한 연구 보고서에 따르면 많은 사람이 스마트 홈 기술이 삶의 질을 높여줄 것으로 기대하고 있다. 설문에 참여한 미국인 1,000명에 가운데 약 26퍼센트는 스마트 홈 기기를 구입하는 주요 동기가 편의성, 삶의 질, 생산성 향상이라고 답했다. 보고서는 또 사람들은 스마트 홈 기기를 우리가 기억해야 할 것들을 기억하도록 도와주는 개인비서로 생각한다고 밝혔다.

스마트 홈 시장은 성장 가능성이 높은 블루오션이지만 초기 단계인 현재로선 확실한 시장 선점 기업이 없다. 시장 조사기관 IHS마켓의 사물인터넷 수석 애널리스트 크리스챤 킴은 "스마트 홈 시장은 걸음마 단계를 지나 성장 단계에 진입하고 있다. 하지만 현재는 서로 다른 스마트 홈 기기들이 서로 소통하기 위한 각각의 솔루션들이 너무 많고 분산돼 있어 특정 기술이 시장을 주도하지는 못하는 상황"이라고 말했다.

스트래티지 애널리틱스에 따르면 글로벌 스마트 홈 시장은 연평균 18.4퍼센트씩 성장해왔다. 2013년 406억 달러 규모에서 2017년 말에는 그 2배인 821억 달러 규모로, 2019년에는 1,115억 달러 규모로 확대될 전망이다.

한국 시장은 더 빠른 성장세를 기록 중이다. 한국스마트산업협회에 따르면 한국의 스마트 홈 시장은 2013~2015년 사이 연평균 23.7퍼센트씩 성장했다. 올해 시장 규모는 18조 9,000억 원으로 추정되며, 2019년에는 23조 4,000억 원 규모로 커질 전망이다.

아시아는 스마트 홈 기술의 가장 큰 시장이다. IHS마켓에 따르면 2016년 아시아 지역에서만 1억 1,500만 개의 스마트 홈 기기가 판매됐다. 이는 전 세계에서 판매된 스마트 홈 기기의 50. 5퍼센트를 차지한다. 그다음은 북미 시장으로 30.7퍼센트, 유럽은 18.8퍼센트였다.

▍뜨거워지는 스마트 홈 시장

중국은 전 세계에서 가장 적극적으로 스마트 홈 개발에 나서고 있는 나라다. 대한무역투자진흥공사(코트라)가 2017년 5월 펴낸 보고서에 따르면 중국 정부는 1조 위안(약 165조 원)을 투자해 2020년까지

500개의 스마트 시티를 건설할 계획이다.

2016년 중국 스마트 홈 시장 규모는 전년에 비해 50퍼센트 이상 성장한 605억 위안(약 10조 원)이었다. 하지만 중국 정부의 적극적인 정책으로 중국 스마트 홈 시장은 2020년까지 1,396억 위안 (약 23조 원) 규모의 세계 1위 시장으로 성장할 것으로 전망된다.

한국 정부는 가전기기, 에너지, 헬스케어, 자동차 제조 같은 기존 산업에 무선 센서 등의 사물인터넷 기술을 적용하는 융합기술 개발에 989억 원(정부 750억 원, 민간 231억 원)을 3년간 투자한다는 계획을 2015년 발표한 바 있다.

한국의 스마트 홈 시장은 주요 기업들이 주도하고 있다. KB증권 김철영 애널리스트는 "전체적으로 봤을 때 국내 스마트 홈 시장은 삼성전자나 LG전자 같은 대기업과 건설 및 통신 회사들이 협력하고 있는 형태다. 코스닥에 상장된 업체들 중 스마트 홈 분야로 진출하려는 업체는 많지 않다"고 분석했다. 가전제품을 생산하는 대기업들이 인터넷에 연결되는 가전제품을 만들어내고 있으며, 이 때문에 중소기업이 스마트 홈 시장에 뛰어든다고 해도 수익을 내기 어려운 상황이다.

삼성, LG 등은 해외 업체들과의 협력도 강화하고 있다. 삼성전자는 2014년 미국 스타트업 스마트싱스를 2억 달러에 인수해 주목받았다. 스마트싱스는 2012년 알렉스 호킨슨이 창업한 회사로 이 회사의 주요 제품은 스마트 허브다. 이는 각각 다른 스마트 기기들을 연결해 주는, 기기 간의 디지털 통역기 역할을 한다. 인수 당시 호킨슨은 자신의 블로그에 "우리의 목표는 개방된 스마트 홈 플랫폼을 개발함으로써 개발자와 소비자를 한 곳으로 모이게 하는 것이다. 우리는 우리의 비전을 지원하는 삼성을 환영한다"고 밝혔다.

현재 스마트싱스의 스마트 허브 제품은 미국과 영국에만 판매되고 있다. 삼성전자는 이 제품을 한국에 들여오지 않는 건 주거 형태가 다르기 때문이라고 설명했다. 미국이나 영국은 단독주택이 많아 DIY 형태의 스마트 홈 시장이 더 큰 반면, 한국은 아파트 거주 인구가 많고, 아파트 자체에 스마트 홈 기술이 내장돼 있기 때문에 별도의 스마트 허브가 필요 없다는 것이다. LG전자는 최근 구글과 협력해 LG전자의 가전 라인인 '스마트씽큐' 브랜드 제품을 구글의 음성 인식 스마트 홈 비서인 구글홈과 연동될 수 있게 했다.

▌나만의 집사, 스마트 스피커

2017년은 스마트 스피커가 본격적으로 판매되기 시작한 해다. 스마트 스피커는 집안의 가상비서처럼 일한다. 주인의 목소리를 듣고 "오늘 날씨는 어때" 같은 질문에 답하거나, "음악을 틀어줘" 같은 명령을 수행한다.

아마존은 2014년 스마트 스피커 '에코'를 일부 소비자에게 시범 공급했으며, 2015년 6월부터 일반 소비자들에게 판매하기 시작했다. 아마존의 인공지능 시스템 '알렉사'에 기반한 이 스피커는 전 세계에서 700만~1,100만 대가 판매된 것으로 추산된다.

모건스탠리에 따르면 에코는 대부분 미국에서 판매됐으며, 두 번째로는 독일에서 가장 많이 판매된 것으로 추정된다. 이마케터eMarketer

글로벌 스마트 홈 시장 규모

단위: 1억 달러

120

1115
100
1000

821
80
690
575
60
480
406
40

2013 2014 2015 2016 2017 2018 2019

자료: 스트래티지 애널리틱스

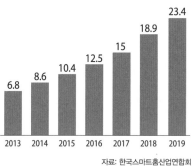

국내 스마트 홈 시장

단위: 1조원

23.4
18.9
15
12.5
10.4
8.6
6.8

2013 2014 2015 2016 2017 2018 2019

자료: 한국스마트홈산업연합회

에 따르면 아마존은 2017년 현재 미국 스마트 스피커 시장의 70.6퍼센트를 차지하고 있으며, 2위 구글은 23.8퍼센트를 점유하고 있다. 구글의 스마트 스피커 '구글홈'이 2016년 11월 출시된 것을 감안한다면 구글홈이 에코를 빠르게 추격하고 있는 셈이다.

애플도 이 경쟁에 합류했다. 2017년 애플은 '월드와이드 개발자 컨퍼런스'에서 스마트 스피커 '홈팟'을 공개했다. 홈팟은 애플의 '홈킷'과 연동되는 스피커다. 홈킷이란 애플의 개발자들이 스스로 스마트 기기를 만드는 플랫폼이다. 이 스피커에는 아이폰의 인공지능 '시리'가 내장됐다.

애플은 홈팟이 보유하고 있는 4,000만 곡의 음악 등을 통해 더 나은 음악 체험을 가능하게 해줄 것이라는 점을 강조했다. 애플 CEO 팀 쿡은 컨퍼런스에서 "우리는 집 안에서 듣는 음악을 재발명하기를 원한다"고 말했다.

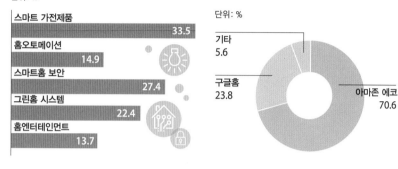

스마트 홈 기기 이용 성장률　미국 내 음성인식 스마트 스피커 시장 점유율

단위: %

스마트 가전제품
33.5
홈오토메이션
14.9
스마트홈 보안
27.4
그린홈 시스템
22.4
홈엔터테인먼트
13.7

단위: %

기타
5.6
구글홈
23.8
아마존 에코
70.6

자료: 디지에코 • KB증권　　　　　자료: e마케터

　전문가들은 홈팟을 애플의 본격적인 스마트 홈 시장 진출 신호탄으로 보고 있다. 애플의 글로벌 마케팅 부사장 필립 실러는 컨퍼런스에서 홈팟이 음성 기반 인공지능 서비스 시리를 통해 가상비서로서 기능할 수 있다고 말했다. 메시지를 읽거나 전송할 수 있고, 스포츠 소식이나 날씨 예보 등의 뉴스를 업데이트할 수 있으며, 전등을 끄고 켜거나, 커튼을 내리고 올리는 등의 스마트 홈 기기 컨트롤 기능도 갖고 있다. 실러는 "당신이 만약 집 안에 홈킷을 설치한다면, 당신은 홈팟을 통해 집 안의 스마트 기기들을 컨트롤할 수 있다"며 "홈팟에 홈킷이 내장되어 있기 때문에 전 세계 어디서든 당신의 명령을 아이폰이나 아이패드에 있는 애플리케이션을 통해 전달할 수 있다"고 설명했다.

　한국의 경우 통신회사 SK텔레콤이 자체 개발한 스마트 스피커 '누구'를, KT는 '지니'를 선보였다. 삼성 역시 자체 개발한 인공지능 시스템 '빅스비'를 통해 경쟁에 뛰어들 것으로 전망된다.

▌독거노인 돕는 인공지능

혼자 사는 노인들을 위한 제품들을 개발하고 있거나, 판매 중인 회사들도 있다.

일본의 '소프트뱅크 로보틱스'는 그런 회사 중 하나다. 일본은 고령화가 빠르게 진행되는 나라다. 이 회사의 세일즈 디렉터 니콜라스 부다트는 2017년 초 스페인에서 열린 '모바일 월드 콩그레스'에서 휴머노이드 로봇인 '페퍼'가 노인 돌보기 등 다양한 일을 수행할 수 있게 하는 소프트웨어 플랫폼을 개발 중이라고 밝혔다. 이 플랫폼은 안드로이드 애플리케이션을 통해 실행될 것으로 예상된다. 2015년 이후 이 회사는 1만 대의 페퍼를 판매했는데, 판매된 페퍼 대부분은 기업용이었다.

유럽의 한 컨소시엄은 유럽연합의 투자를 받아 자원봉사자들과 함께 노인을 돌보는 로봇 '자카리아'를 테스트하고 있다. 이 로봇은 그리스에서 관절염을 앓고 있는 68세 독거노인 아게엘키 쿠오우코우시의 집에서 머물며 그의 걸음걸이와 행동 패턴 등을 관찰하고 있다. 평상시와 다른 이상 움직임을 감지하면 로봇이 바로 가족과 담당 의사에게 신호를 보낸다.

일본처럼 급속한 고령화를 경험하고 있는 한국에서도 노인을 돕는 스마트 기기들이 개발되고 있다. SK텔레콤은 LH공사와 함께 '실버 케어 서비스'를 제공할 계획이다. 센서를 통해 집 안에서 12시간 이상 사람의 움직임이 포착되지 않거나 전기와 수도 사용량이 급격히 줄어들면 바로 가족들에게 연락해주는 서비스다.

LG유플러스는 2016년 삼성전자와의 공동으로 냉장고 문이 12시간 이상 열리지 않으면 바로 가족들에게 경고 신호를 보내주는 기술을 개발 중이라고 밝혔다. 하지만 이 모든 기술은 아직 관찰하는 수준이며, 노인들에게 정말 필요한 동반자 역할을 해주는 단계에 이르지는 못했다.

▌해결해야 할 과제들

스마트 홈 시장의 가장 큰 걸림돌은 바로 가격이다. KB증권의 김철영 애널리스트는 스마트 홈이 보편화되기 위해서는 가격이 낮아져야 한다고 지적했다. 김 애널리스트는 "2016년 LG 스마트냉장고의 판매가는 600만~700만 원대였다"며 "소비자가 지갑을 열기 시작하는 가격대는 200만 원대인데 이 정도로 가격이 떨어지려면 2~3년은 걸릴 것"이라고 말했다.

보안에 대한 우려 역시 스마트 홈 확대를 가로막는 걸림돌이다. 2016년 10월 트위터, 넷플릭스, 스포티파이, 뉴욕타임스 등 미국 주요 기업들의 웹사이트가 디도스 공격으로 마비됐다. 전문가들은 보안이 약한 사물인터넷 기기들을 통해 디도스 공격이 이뤄졌다고 분석했으며, 이후 스마트 홈 보안에 대한 관심이 높아졌다.

"4차 산업혁명의 기반을 이루는 기술은 유행이 아니다"

이성명(33) 유니크온 대표의 원래 꿈은 농부였다. 취업에 관심이 없었다. 부산대학교 기계공학과 재학 시절엔 농장용 로봇 만들기에 몰두했다.

대학 졸업 후 곧바로 유니크온을 창업했다. 2011년 스마트폰으로 비닐하우스의 온도와 습도 등을 제어할 수 있는 농장 자동화 시스템을 개발했다. 토마토 농장을 운영하는 부모님으로부터 아이디어를 얻었다.

하지만 시장이 너무 작았다. 농사일에 스마트폰을 사용하는 농부가 너무 적었고, 구매력 있는 농업인의 수도 많지 않았다. 결국 농업용으로 개발한 기술을 주거용으로 전환했다.

이 회사의 2016년 매출은 2,100만 원, 여전히 직원 4명의 작은 회사다. 2017년 매출은 전해의 5배가 넘는 1억 원으로 껑충 뛰었다. 직원 4명이 감당하기엔 무리일 만큼 주문이 늘고 있다. 수도권 지역 중소,

중견 제조업체 10여 곳에 스마트 조명 핵심 부품인 블루투스 메시 네트워크를 납품한다.

2015년 유니크온은 부산창조경제혁신센터가 주최한 사물인터넷 기술 공모전에서 최우수상을 받으며 주목받았고 같은 해 스마트 홈 관련 제품 3개를 출시했다. 집 안 가전제품을 스마트폰으로 제어하고 전력을 측정할 수 있는 제품이었다.

창업하기까지 어떤 과정을 거쳤나.
김민영 CSO는 스킨스쿠버다이빙 동호회 선후배로 만났고 이승우 CTO는 내가 운영하던 무인카페에 자주 찾아오면서 친해졌다. 이승우 CTO는 기술이 있어 셋이서 학교 공모전에 자판기 형태의 수면 캡슐을 같이 개발했다. 독서실에서 밤샘 공부를 하는 학생들에서 아이디어를 착안했다. 자판기처럼 동전을 넣고 수면을 취하는 것인데 초기 비용이 너무 들어 사업화는 못했다. 하지만 그때 서로 마음이 맞아 유니크온 창업에 함께했다.

많은 스타트업이 수도권에 몰려 있는데 부산에서 창업했다. 어려운 점은 없나.
투자자들이 대부분 수도권에 있어 투자자와의 네트워킹을 할 기회가 적다는 것은 불편한 점이다. 더 큰 어려움은 인재를 구하기 어렵다는 것이다. 개발자 구하기가 너무 어렵다. 개발자를 구하더라도 타 지역에서 구하는 경우가 많아 주거 문제까지 신경을 써야 한다.

장점이라면.

수도권에 비해 사무실 유지 비용이 적다. 매출이 적어도 살아남기 쉽다. 또 부산의 특유의 여유가 있다는 것도 좋다. 서울에 비해 상대적으로 적은 스트레스와 압박감 속에서 일할 수 있다. 좀더 창의적인 생각을 펼칠 여유가 있다.

창업 초기 자금은 어떻게 조달했나.

창업 당시 정부지원과 기술보증기금 융자를 받았다. 1억 원 정도였다. 창업 초기엔 적극적으로 투자를 유치하기 위해 노력했다. 여러 가지 제안을 받았지만 매번 투자자와 원하는 방향이나 조건이 맞지 않아 성사되지 않았다. 사업 초기 투자금을 소진한 이후 외주로 개발을 대행해주면서 자금을 조달하고 있는 상황이다. 자생력이 커져서 외부 투자를 받지 않아도 생존이 가능하다. 투자를 받지 않고도 성장 가능하다면 아예 받지 않는 것도 좋은 방법이라고 생각한다.

미국 진출을 목표로 하고 있는 이유는.

한국 사람들은 아파트에서 많이 산다. 아파트 중심의 주거 형태에서는 스마트홈 시스템 전체 중 일부분만 사용된다. 미국에는 단독주택에서 거주하는 사람들의 비중이 높아서 우리가 개발한 스마트 홈 기능을 더 잘 활용할 수 있다.

집안 어디에 스마트 홈 기능이 적용되나.

대부분의 국내 일반 아파트에서는 별도의 보안 시스템을 설치할 이유가 별로 없다. 하지만 단독주택들은 개별 보안이 필요한 경우가 많다. 또 국내 조명들은 천장에 매립된 형태가 많아서 스마트 플러그가 무용지물인 경우가 대부분이지만 미국은 스탠드 조명을 많이 사용하기 때문에 스마트 플러그나 스마트 전구가 유용하다.

해외 진출을 위해 어떻게 노력하고 있나.

미국 진출을 위해 과학기술정보통신부(당시 미래창조과학부)와 해외 엑셀레이터가 추진한 인큐베이팅 프로그램에 석 달간 참여했고, 실리콘밸리에서 미국 벤처투자자들과도 만났다. 아마존 하드웨어 담당자와도 미팅했다. 당시 제품 개발 단계여서 큰 성과는 없었지만. 2016년 7월엔 일본 최대 규모의 IT 전시회인 재팬 IT위크에 참여했다. 당시 일본 제조 업체들이 관심을 보였다. 하지만 판매망을 뚫는 게 아직 쉽지가 않다. 자체적으로 일반 고객에도 선주문 형태로 판매를 했는데 생각보다 반응이 아직 크지 않다. 일단 가격대에 대한 부담이 있다. 스마트 홈이 보편화하기 위해서는 가격대를 낮춰야 할 것 같다. 현재는 국내 B2B에 집중하고 있다. 일반 소비자 대상 판매와 달리 많은 비용을 들이지 않아도 대량 주문이 들어오기 때문이다.

스마트 전구나 스마트 플러그의 작동 원리는 뭔가.

스마트 홈의 핵심은 기기 간 통신이다. 그래서 블루투스 메시 기술이 핵심 역할을 하는 것이다. 기존 블루투스 기술은 1대1 통신만 가능했고 범위도 좁았다. 하지만 블루투스 메시는 동시에 최대 3만 대와 통신이 가능하고 기기끼리 서로 이어져서 통신이 가능한 범위가 넓다. 예를 들면, 일본의 경우 고령화로 인해 소비자들이 리모컨으로 조명을 조절한다. 그 기술을 스마트 워치 같은 웨어러블 기기에 적용한다고 상상을 해보자. 소비자는 손목에 찬 스마트 워치로 기본적인 건강 상태를 체크하면서 동시에 집 안 기기를 손쉽게 조절을 할 수 있다. 여러 개의 방에 불을 켤 때 한 곳에서 동시에 켤 수도 있다.

최근 인공지능 스피커 중심으로 스마트 홈을 구현하는 것이 세계적 추세라고 한다. 유니크온의 기술도 그런 인공지능 스피커에 적용될 수 있나.

국내 스마트 홈 시장이 성장하기 위해서는 아마존 스마트 스피커 '에코'가 한국에 들어와야 한다고 생각한다. 국내에서도 스마트 스피커들이 출시가 됐지만 에코와 비교하면 상당한 차이가 있다. 애플 아이폰이 2009년 국내로 진출하면서 스마트폰 시장이 급변했던 것처럼 스마트 홈과 관련해서도 국내 시장이 다시 한 번 뒤집힐 필요가 있다. 에코의 국내 진출은 우리에게도 큰 기회가 될 것이다. 우리의 서비스에 API(응용프로그램 프로그래밍 인터페이스)를 연동하면 되기 때문이다.

다시 창업한다면 다르게 할 것 같나.

다시 창업한다면 최소한의 기능을 가진 단순한 제품을 먼저 개발해서 빠르게 매출을 내고 점점 복잡한 제품을 추가하는 형태로 개발할 것 같다. 현재 만드는 제품은 기술 난이도가 높아 개발에 너무 긴 시간이 소요되고 있다.

원래 농부가 되고 싶다고 했는데 지금도 그런가.

그렇다. 최종 목표는 농업의 자동화다. 부모님이 토마토 농장을 하는데, 그 영향이 크다. 농업 자동화는 기업형 농장뿐 아니라 소규모 농장까지 적용하는 것이 목표다. 기술을 계속 발전시켜 공장 자동화로, 그리고 최종적으로는 농업에 적용하고 싶다.

4차 산업혁명에 대해 어떻게 생각하나.

개인적으로 4차 산업혁명이라는 단어에는 거부감이 있지만 그 기반을 이루는 기술은 하나의 유행이 아니다. 지속적이고 안정적인 지원이 이뤄져야 한다. 4차 산업혁명 같은 실체가 모호한 단어부터 없애야 한다. 실체 없는 구호를 외칠게 아니라 이미 존재하는 것들부터 제대로 지원해주면 좋겠다. 특히 유행을 따라 매년 지원 방향이나 정책을 바꾸는 일이 없어야 한다. 하나의 기술이 제대로 익어가기까지 몇 년의 시간이 필요하므로 당장 돈이 되지 않는 분야라 해도 최소 5년 이상 먼 미래를 보고 꾸준히 투자가 이뤄져야 한다. 정부 정책이 매년 유행에 따라 결정이 되면 기업들도 이에 맞춰 방향을 틀게 되고, 이로 인해 기초과학이나 기반 기술들이 자라날 틈이 없다. 미래 흐름을 읽을 줄 아는 진짜 전문가 육성이 절실하며 만약 그게 가능하지 않으면 전문가들의 의견을 과감하게 경청하고 투명하게 반영 할 수 있는 환경을 조성해야 한다.

창업할 때 가장 중요하게 생각해야 할 건 뭔가.

사람에 대한 이해가 가장 중요하다. 사람들이 무엇을 생각하고, 어떻게 반응하는지, 무엇을 필요로 하는지를 먼저 읽고 거기에 맞는 제품이나 서비스를 제공해야 한다. 시대의 흐름을 읽을 수 있는 기획력이 중요하다. 제품이나 서비스 자체가 충분히 매력적으로 기획되었다면 그 자체로 마케팅 능력을 지닌다. 마케팅은 그 매력을 증폭시키는 역할을 하지만 매력 없는 제품은 마케팅으로도 어쩔 도리가 없다.

창업을 꿈꾸는 사람들에게 하고 싶은 말은.

실패를 두려워하지 말라. 큰 기업에서는 자신이 할 수 있는 일이 제한돼 있지만 작은 기업, 특히 자신의 기업에서는 무엇이든 원하는 대로 역량을 펼칠 수 있다. 다만 그만한 책임을 감수할 수 있어야 한다.

경험 가능한 미래
4차 산업혁명 2018

초연결 사회의 보안
Security

█ 더 많은 울타리가 필요하다

인스타그램은 2017년 8월 일부 유명인사들에게 긴급 메시지를 보냈다. 그들의 이메일 주소와 연락처에 해커들이 접근할 수 없도록 애플리케이션의 버그를 수정했다는 내용이었다. 하지만 해커들은 인스타그램이 보안 패치를 배포하기 전에 움직였다.

인스타그램은 해커들의 공격에 영향을 받은 계정 수를 발표하지 않았다. 하지만 해커들은 비밀번호 재설정 과정의 취약점을 이용해 인스타그램 사용자 600만 명의 개인정보를 확보했다며 해킹된 사용자 정보를 한 건 당 10달러에 판매한다고 밝혔다. 해킹 피해자 중에는 미국의 인기 연예인 셀리나 고메즈도 있었다.

미국 실리콘밸리에 기반을 둔 모바일 보안 스타트업 '에스이웍스

세계 보안 시장 규모

단위: 10억 달러

181.77

105.45

2015   *2021

*예상치   자료: Zion 마켓 리서치

SEWorks' 설립자인 홍민표 대표는 "인스타그램 해킹은 스마트폰 애플리케이션의 취약점 때문에 생길 수 있는 수많은 사이버 보안사고 중 하나일 뿐"이라고 말했다. 그는 "해커들은 악성코드를 스마트폰 애플리케이션에 심어 사용자 정보를 조작하거나 훔칠 수 있을 뿐 아니라 디도스 공격에도 사용할 수 있다"며 "최악의 경우 해커들은 게임이나 금융 애플리케이션의 현금을 가로챌 수 있다"고 말했다.

스마트폰이 컴퓨터를 대체하면서 모바일 보안이 중요해졌다. 하지만 보안에는 아직 허점이 많다. 2016년 구글 플레이스토어 인기 순위 상위 500위 안에 드는 유무료 애플리케이션 가운데 80퍼센트는 디컴파일링이 가능했다. 해커들이 침투할 여지가 있다는 의미다.

멀웨어로 불리는 악성 소프트웨어의 위력과 범위는 점차 커지고 있다. 사이버시큐리티 벤처스는 2017년 세계 정보보안 지출은 전년보다 7퍼센트 늘어난 864억 달러에 이를 것으로 예측했다. 2018년에는 930억 달러가 될 것으로 전망한다.

2017년 한국은 워너크라이 랜섬웨어에 전염되는 사고를 겪으면서 시스템이 외부 공격에 얼마나 취약한지를 다시 한 번 경험했다. 전 세계 150개국 20만 대의 컴퓨터가 이 공격을 받았는데, 이는 역사상 최악의 사이버사고 중 하나로 꼽힌다.

CJ가 운영하는 CGV 영화관 체인의 광고 서버는 이 멀웨어의 공격을 받았다. 이 공격으로 CGV 영화관들은 영화 시작 전 광고를 상영할 수 없었다. 몇몇 종합병원과 IT 서비스 기업의 장비 모니터링 서버, 제조기업의 공정이 이 사이버 공격의 희생양이 됐다. 전 세계 150개국 20만 대의 컴퓨터가 피해를 입었다.

▌초연결사회의 사이버 보안

4차 산업혁명 기술은 더 연결된 사회를 약속하지만 동시에 더욱 강력한 방어를 요구한다.

정보보안은 이제 사이버 보안이라는 더 큰 개념의 하위 범주에 속하게 됐다. 2017년 가트너가 발표한 보고서에 따르면 사이버 보안은 "의료 장치, 생체학 정보, 임베디드 시스템을 보호하는 것부터 자동차, 비행기, 군사 기술과 전통적인 IT 분야에 속하지 않던 다른 장치들을 안전하게 지키는 것"까지를 의미하게 됐다.

사물인터넷IoT 장치들은 특히 조작되기 쉽다. 와이파이를 통해 연결돼 있고, 보안에 허점이 많다. 가트너는 2020년 기업에 대한 확인된 공격의 25퍼센트 이상이 스마트TV, 냉장고, 가스 밸브, 전기 미터 등 사물인터넷 장치와 결부돼 있을 것으로 예측한다.

위키리크스가 CIA 문서를 누설하면서 사물인터넷 해킹은 실생활에

단위: 100만 달러

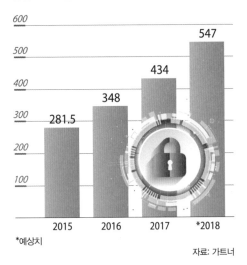

*예상치

자료: 가트너

존재하는 위협으로 떠올랐다. 위키리크스는 삼성전자의 스마트TV가 방에서 나누는 대화를 몰래 녹음해 CIA의 비밀 서버로 넘길 수 있다는 걸 밝혔다. 이런 약점이 2012~2013년 사이에 출시된 삼성 TV에서 발견되면서 삼성은 곧바로 보안패치를 배포했다.

사물인터넷 기능을 갖춘 수많은 제품을 만들고 있는 삼성은 관련 보안 시스템을 보완하려는 다양한 대책을 내놓고 있다. 삼성전자 대변인은 "사물인터넷 시대에 접어들면서 보안은 우리의 최우선 순위가 됐다. 삼성이 보안 영역에서 눈에 띄는 활약상을 보이지 않은 것은 보안이 중요하지 않아서가 아니며 일상적으로 보안 이슈에 대응하고 있기 때문이다"라고 말했다.

2017년 5월 삼성은 세계적으로 유명한 보안 전문가 안길준 미국 아리조나주립대학교 컴퓨터공학과 교수를 영입해 반도체사업부 산하 소프트웨어 보안팀을 이끌도록 했다. 3개월 후엔 공격, 방어, 알고리즘, 역공학 분야 화이트해커 경쟁대회를 처음으로 주최했다. 우승자는 최대 8,000만 원의 상금과 삼성전자 취업의 기회를 얻었다.

최근엔 2012년부터 운영해온 '버그 바운티' 프로그램을 확대하기로 결정했다. 지금까지는 스마트TV에서 발견된 취약점을 보고하는 개인들에게 보상금을 제공했다. 하지만 이번에는 보상금 액수를 2배로 늘려 20만 달러로 책정하고 해당 제품 또한 갤럭시S, 노트, A, J 등의 모바일 기기뿐 아니라 인공지능 비서 빅스비, 삼성페이 같은 소프트웨어로 늘어났다. 마이크로소프트, 페이스북, 구글 같은 세계적인 기술기업들도 비슷한 보상 프로그램을 운영한다.

SK텔레콤은 LG CNS 같은 다른 기업, 스타트업, 학자들과 손잡고 제품의 취약점을 분석하고 정부가 도입할 수 있을 만한 정책 가이드라인을 제안하고 있다.

▌산업 분야의 사이버 위협

제조 시설에 대한 해킹 역시 IoT 장치의 취약점을 파고든다.

해킹은 제조 공정에 오작동을 일으켜 엄청난 금전적 피해를 입힐 수 있다. 실제로 2014년 해커들은 독일의 한 제철소의 제어장치를 파괴해 용광로 조작을 방해했다.

가트너는 2020년에는 매년 한 건 이상의 대형 사고가 IT 보안 때문에 발생할 것으로 예측했다. 가트너의 연구 디렉터인 롭 맥밀란은 2017년 6월 발표한 보고서에서 "IT 문제가 물리적인 안전사고로 이어지는 시나리오는 상상하기 어렵지 않다. 날로 복잡해지는 연결성은 다양한 보안 수준의 사물과 기반시설이 서로 교류를 하고 있다는 걸 뜻한다. 이로 인해 불거질 위험을 예측하기는 어려울 것"이라고 말했다.

더 많은 공장이 IoT 장치를 공정에 사용하기 시작하면서 서울의 '펜타 시큐리티'는 2017년 스마트 팩토리 보안 솔루션이라는 신규 영역에 뛰어들었다. 설립 20년을 맞은 이 보안 소프트웨어 회사는 소프트웨어와 하드웨어 형태로 암호화 모듈을 제공해 스마트 팩토리의 IoT 장치의 보안 수준을 높인다.

'펜타 시큐리티' 한인수 이사는 "스마트 팩토리는 제조 공정을 혁신할 수 있다는 점 때문에 주목을 받았다. 제조 공정 관련 데이터를 모으고, 감시하고, 조정하는 것은 중요하지만 데이터를 누군가 중간에 가로챈 다음 위조하지 않도록 확인하는 것 또한 중요하다. 네트워크 공격을 막을 수 있도록 최적의 보안 시스템을 구축하는 것이 필요하다"고 말했다.

▌공공을 향한 공격에의 대처

한국 정부는 최근에서야 IoT 보안 공격에 대한 대책을 마련하기 시작했다. 과학기술정보통신부는 2016년 IoT 가이드라인을 마련했고 최근 기업들이 어떻게 스마트 홈 장치들의 취약점에 대처해야 하는지에

사이버 시큐리티 500 인덱스에 편입된 한국 회사

순위	회사명	분야	본사 위치
104	안랩	안티바이러스	한국 경기도
363	에스이웍스	모바일 앱 보안	미국 샌프란시스코
460	파수	데이터 · 소프트웨어 보안	한국 서울

*2017년 2분기 기준

자료: 사이버시큐리티 벤처스

대한 구체적인 방안을 발표했다. 하지만 제조업체들이 그와 관련해 어떤 법적 책임을 져야 하는지에 대해서는 아직 다루고 있지 않다.

한국인터넷진흥원 박창열 IoT 보안기술팀장은 "IoT 보안과 관련해 한국은 아직 걸음마 단계에 머물고 있다. 과거엔 제품 개발 초기 단계부터 보안 기능을 넣으면 개발이 늦어지거나 방해받을 수 있다고 생각했다. 2014년부터는 차츰 보안 관련 정책의 중요성에 대해 깨닫기 시작했다"고 전했다.

김승주 고려대학교 정보보호대학원 교수는 "정부가 보안 문제 전반에 대한 이해도를 높여야 한다"고 주장했다. 그는 "세계 500위권 안에 드는 보안 회사 가운데 한국 회사는 단 세 곳뿐이다. 정부는 보안 문제를 개인정보 유출이나 웹 페이지 마비 이상의 수준으로 생각할 필요가 있다"고 말했다.

김 교수는 사이버시큐리티벤처스가 발행한 《사이버시큐리티 500 인덱스》를 인용했다. 2017년 2분기 세계 500대 보안 기업에 포함된 세 곳의 한국 회사는 세계 104위를 차지한 안랩, 363위 에스이웍스, 그리고 460위 파수닷컴이다.

500위권 안에 든 회사들은 모두 136개국 출신이었으며, 그중 120개 회사가 미국 실리콘밸리에서 나왔다. 22개 회사는 아시아 태평양에 기반을 두고 있다. 이는 2016년에 비해 2배로 늘어난 숫자다.

에스이웍스의 홍 대표는 "한국은 보안에 대한 인식이 낮은 편이며, 관련 산업에서조차 지속적으로 예방 조치를 취하기보다, 사고가 난 후에야 단발적인 해결책을 내놓는 경우가 많다. 한국은 보안에 문제가 생긴 회사에 대한 법적 제재와 처벌이 미국 등 다른 나라에 비해 적은 편이다. 한국 정부는 기술 기업들이 보안 수준을 높이도록 관련 규정을 개정해야 한다"고 주장했다.

▌IoT를 넘어서면

인터넷과 연결된 제품의 범주는 점차 넓어지고 있다. 그 가운데 자동차 분야가 가장 두드러진 성장세를 보이고 있다. IHS마켓에 따르면 현재 전 세계에는 1,120만 대의 커넥티드 카connected cars가 주행 중인 것으로 추정된다. 점점 더 많은 자동차에 전자제어장치로 알려진 특수 목적의 컴퓨터가 설치됨에 따라 자동차들은 빠르게 바퀴 달린 컴퓨터로 진화하고 있다.

오늘날 자동차 한 대에는 50~60개의 전자제어장치와 80개 이상의 마이크로프로세서가 들어 있다. 전기차에는 이런 부품들이 훨씬 많이 들어 있다. 엔진, 변속장치, 센서, GPS, 라디오, 실내 온도 조절기 등의 전자 부품들이 모두 해커가 자동차로 침투할 수 있는 관문 역할을 할 수 있다는 이야기다. 해커들은 차의 위치를 쉽게 알아내고 수많은 장치 가운데 한 곳으로 잠입할 수 있다.

2015년에 보안 전문가 찰리 밀러와 크리스 발라섹은 2014년형 지프 체로키를 대상으로 한 전설적인 해킹 실험을 통해 자동차의 컴퓨터 시스템에 접근, 펌웨어에 악성코드를 심어 차를 통제할 수 있게 조작하는 과정을 보여줬다.

그들은 원격으로 에어컨뿐 아니라 조종장치, 브레이크, 변속장치를 조종할 수 있었으며, 원격으로 브레이크를 무력화시켜 차가 배수로에 처박히게 했다. 이 장면은 전 세계에 충격을 줬다. 이 실험의 여파로 크라이슬러는 지프 차량 140만 대를 리콜했다.

이르면 2025년경에는 자율주행이 도입될 것으로 예상되는 상황에서 자동차의 운행을 컴퓨터에게 맡기는 데서 오는 위험은 더 커질 것이다. IHS마켓 커넥티드 카 소비자 인사이트의 선임 애널리스트인 콜린 버드는 "사이버 보안은 자동차 산업이 향후 10~20년 간 맞닥뜨릴 가장 어려운 도전 중 하나가 될 것"이라고 말했다.

이 문제에 대한 주요 해결책은 전자제어장치를 보호하기 위한 복수의 사이버 보안 소프트웨어 프로그램을 개발하고 설치하는 것이다. 한국의 스타트업 '페스카로'는 자동차 제조사와 부품 업체들이 전자제어장치에 적용할 수 있는 보안 소프트웨어를 개발했다.

2016년 페스카로를 설립한 홍석민 대표는 자동차 보안은 자동차뿐 아니라 IT에 대한 지식을 필요로 하기 때문에 진입 장벽이 높다고 말한다. 주요 자동차 제조업체들은 점차 많은 수의 전기 엔지니어와 IT 전문가들을 채용하고 있다.

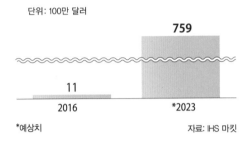

세계 자동차 사이버 보안 시장 규모

단위: 100만 달러

759

11

2016　　　　*2023

*예상치　　　　자료: IHS 마킷

현대자동차 계열사에서 전자제어장치 보안 담당 엔지니어로 근무한 홍 대표는 "단 한 번의 자동차 해킹이 사람의 목숨을 빼앗는 최악의 상황을 불러일으킬 수 있다"며 자동차 보안의 중요성을 강조했다.

테슬라 자동차가 인터넷으로 소프트웨어 업데이트가 가능한 것처럼 무선으로 보안을 강화하는 방법도 해외에서 개발됐다. 세계적인 자동차 부품 업체인 보쉬의 자회사인 '에스크립트'는 조만간 네트워크를 통해 자동차 보안 기능을 제공할 수 있게 될 것으로 보인다. GM 또한 최근 자체 무선 네트워크인 '온스타'를 통해 업데이트를 제공하겠다고 발표했다. IHS마킷은 나중에는 자동차 내부의 필수적인 전기 시스템이 초기 단계부터 사이버 보안을 염두에 두고 디자인될 것이라고 예측했다.

▌사이버 테러와의 전쟁

주요 사회 기반시설에 영향을 미치는 대규모의 사이버 보안 위협 또한 이제는 상상의 영역을 벗어났다. 2016년 한국에서는 수십 척의 어선들이 GPS 교란을 겪은 이후 조업을 포기하고 항구로 돌아와야 했다. 북한이 이 도발의 배후였던 것으로 알려졌다.

더 공포스러운 사이버 테러의 예는 영미안보정보협의회가 2017년 6월 발간한 보고서에 담겼다. 영국 런던에 위치한 이 연구소는 영국의 핵잠수함에 대한 사이버 공격이 성공한다면 "목숨을 빼앗을 뿐 아니라 직간접적인 핵탄두 교환이라는 재앙적인 상황을 불러일으킬 수도 있다"고 주장했다.

고려대 김승주 교수는 북한과 미국을 둘러싼 현재의 불안한 안보 상황에서는 특히 네트워크에 연결된 무기로 인해 발생할 수 있는 위협에 큰 관심을 기울일 필요가 있다고 말했다. 그는 "전통적인 무기와 달리 최근에 개발된 무기들은 무선으로 연결됐으며 인공지능에 기반을 둔다. 이러한 사이버 무기들은 사이버 공격으로부터 자유롭지 못하기 때문에 한국 정부는 재래식 무기를 포함해 모든 무기의 개발, 조달, 운영, 평가를 아우르는 사이버 방위 시스템을 업그레이드해야 한다"고 주장했다.

군사적 긴장감이 높아짐에 따라 도널드 트럼프 미국 대통령은 2017년 8월 공격을 억제하고 사이버 무기의 개발을 서두르기 위해 펜타곤의 사이버 지휘부를 격상시켰다.

"4차 산업혁명 시대에 사이버 보안은 필수다"

해커들은 흔히 악당으로 분류된다. 하지만 해커에도 좋은 해커가 있고 나쁜 해커가 있다. 화이트 해커는 선의의 해커를 일컫는 말이다. 보안 시스템의 취약점을 발견해 해킹을 방어하고 퇴치하는 정보 보안 전문가 역할을 한다.

홍민표(40) 에스이웍스SEWorks 대표는 2000년대 초반까지 세계 해킹 올림픽 등 다수의 세계 해킹방어 대회에서 우승을 거머쥔 한국 화이트 해커의 대부다. 이후 후배 해커들과 함께 '와우해커'를 조직, 여러 세계 대회에 진출해 좋은 성과를 거뒀다.

그는 국내 연구소나 대기업에 취업하는 대신 창업의 길을 선택했다. 2008년 쉬프트웍스라는 PC 기반 보안업체를 설립하고, 2년 뒤 코스닥 상장 소프트웨어 개발업체인 인프라웨어에 매각했다. 이후 2012년

에스이웍스를 창립했다.

홍 대표는 이 회사 창업 8개월 후 한국을 떠나 미국 실리콘밸리로 본사를 옮겼다. 글로벌 진출을 위해서는 현지에서 사업하는 게 낫다는 판단 때문이다.

에스이웍스는 모바일 애플리케이션 보안 솔루션 전문 스타트업이다. SE는 Security와 Service의 첫 두 글자에서 따왔다. 창업 6개월 만에 소프트뱅크벤처스와 퀄컴벤처스로부터 20억 원의 투자를 받은 이래 삼성벤처투자, 스마일게이트인베스트먼트, 원익투자파트너스 등에서 총 82억 5,000만 원의 투자를 유치하고, 2016년 말에 시리즈 A 라운드를 마쳤다.

2016년 3월 에스이웍스는 사이버 보안 개발자를 위한 클라우드 기반 스마트폰 애플리케이션 보안 솔루션인 앱솔리드AppSolid를 출시했다. 개발자들이 애플리케이션 출시 직전에 이를 앱솔리드 웹에 올리면 보안 취약점을 점검하고 난독화를 통해 보호막을 씌워준다.

해커와 창업가는 어떻게 다른가.

해커는 엔지니어이자 문제 해결을 하는 아티스트다. 반면 창업가는 어떤 문제를 어떻게 해결할 것인가 고민하고, 그 해결책을 세상에 적용하는 행동가다. 둘이 공존한다면 문제 해결에 대한 가능성이 높아진다.

실리콘밸리에서 사업을 하면서 느끼는 장점은.

규제로부터 자유롭고, 다양한 네트워킹 기회를 통해 세일즈 기회가 많다. 파트너십을 도모할 수 있는 자리도 잦다. 시장 규모가 큰 만큼 더 많은 기회가 있다는 걸 느낀다. 세계를 움직이는 기업들이 다 모여 있으니 다양한 백그라운드를 가진 유능한 사람들이 많다. 그들로부터 많은 것을 배운다. 그들과 함께 일할 기회가 많아 일 자체가 행복하다.

어려운 점이 있다면.

유능한 인재들은 많지만 우리의 기업 문화에 맞는 인재를 찾기는 쉽지 않다. 하지만 많은 시간과 노력을 투자한 결과 좋은 인재들을 구할 수 있었다.

과거 인터뷰에서 한국엔 애플리케이션 보안 시장이 형성되는 게 불가능하다고 말한 적이 있는데.

한국엔 보안 솔루션 산업의 성장을 가로막는 규제가 많다. 또 시장 규모가 상대적으로 작다. 시장이 작고 경쟁도 치열한 상황에서는 창의적인 비즈니스 모델로 승부하거나, 유사하지만 서로 시너지를 낼 수 있는 비즈니스 모델들이 함께 커가야 한다. 작은 시장에서 유사한 서비스를 내놓기보다 나중에 서로 융합이 가능한 서비스들이 함께한다면 해외 시장 공략이 쉬워질 수 있다. 하지만 현실은 누가 A라는 서비스를 하면 그것과 유사한 서비스를 내놓는 경우가 많다. 어떤 경쟁은 긍정적으로 작용해 서로의 성장을 돕지만 너무 많은 복제품이 나오면 가격 경쟁력이나 가격 체계를 무너뜨릴 수 있어서 매우 위험하다. 일부 보안 제품의 경우 특정 인증을 반드시 받아야만 시장에 나올 수 있게 한 것도 문제가 있다. 현재 대부분의 글로벌 기업들이 클라우드 기반으로 서비스를 하는데 공공이나 일부 기업들은 클라우드를 인정하지 않고 온프레미스 서버(IDC에 입주하는 방식의 물리적인 서버 사용)의 사용만을 허락하는 것도 걸림돌이다.

실리콘 밸리에서 사업하기는 어떤가.

좋은 세일즈팀을 구축해 활발히 활동하고 있다. 기업 가치가 예상했던 것처럼 빠르게 올라간 것은 아니지만, 기술을 인정받고 작은 기업도 공룡이 될 수 있다는 걸 꿈 아닌 현실로 체감하기 때문에 더 용기 내 일할 수 있어서 좋다. 물론 힘든 부분도 많았다. 하지만 어느 나라에든 마찬가지라고 생각한다. 어려운 만큼 시장 기회도 많다. 더 노력하고 더 큰 시장에서 뛰는 것이 우리 같은 기업이 해야 할 일이라 생각한다.

창업을 시작하며 세운 비전과 현재의 모습이 비슷한가.

처음 마음가짐이나 비전, 신념은 지금도 변함이 없다. 우리가 세운 가설이 있었고 그 가설을 증명하기 위해서 5년을 달려왔다. 우리가 만든 비즈니스 모델이나 시장 기회에 대한 신념은 변하지 않았다. 흔들릴 뻔한 적도 있었지만 묵묵히 앞으로 나아가고 있다. 변화하지 않는 기업은 죽은 기업이라는 말이 있다. 실수와 수정을 반복하면서 배웠고,

약간의 궤도 수정은 있었지만 결과적으로는 최종 목적지를 향해 갈 수 있는 힘을 얻었다. 세계 최고의 보안 기업으로 성장해 전 세계의 모든 개발자와 기업의 보안을 우리가 해결하겠다는 마음가짐도 여전하다. 지금은 모바일 애플리케이션 보안과 연관된 비즈니스 영역까지로 확장하는 그림을 갖고 달리고 있다. 쉬운 길만 있는 것은 아니지만 묵묵히 버티며 목표를 향해 가고 있다.

앱솔리드에 대한 반응은 어떤가.

실리콘밸리의 수많은 애플리케이션 개발 회사들이 보안 전문가를 자체적으로 확보하고 있지 않다. 이런 상황에서 제품 출시 후 제품에 대한 복제품이나 크랙버전(아직 오류가 있는 버전)이 출시돼 제품이 제대로 빛을 보지 못하고 시장에서 죽는 경우가 많다. 앱솔리드를 통해서 추가 자원이나 시간을 들이지 않고 보안을 할 수 있어서 반응이 좋다. 특히 최근 사이버 보안사고가 늘어나면서 더욱 그렇다. 앱솔리드는 별도의 지식 없이 누구나 간단한 업로드와 다운로드를 통해 애플리케이션의 취약점을 진단하고 강력한 보안을 바로 적용한다. 또 실시간으로 보안 상황을 모니터링하고 통합적으로 제어할 수 있다는 것도 장점이다.

창업을 결심하게 된 이유는.

에스이웍스 이전에도 다양한 사업을 했다. 모바일 백신 사업이였던 쉬프트웍스를 매각한 이후 모바일 애플리케이션 보안이라는 새로운 아이템으로 에스이웍스를 시작하게 됐다. 회사가 인수된 이후, 우리가 하고자 하는 일에 대한 부분을 하지 못하는 답답함이 있었고, 기업 문화의 차이점으로 인한 힘든 부분들이 있어서 다시 창업을 결심하게 됐다. 안전하게 직장 생활하며 안일한 생각으로 동물원 쇠창살에 갇혀 살고 싶지 않았기 때문이다.

한국에서 관심 높은 4차 산업혁명에 대해 들어봤나. 어떤 인상을 받았나.

새롭고 호감 가는 키워드지만 깊이 생각해본 적은 없다. 단 4차 산업 혁명 시대가 되면 사이버 보안은 더 중요하고 필수적인 요소가 될 것이다.

한국이 기술 혁신을 이루기 위해 가장 필요한 건 뭘까.

소규모 스타트업들의 빠른 성장을 위한 지원 및 투자가 필요하다. 새로운 기술을 다양한 산업군에 적용하기 위해서는 규제를 완화해야 한다. 어떤 비즈니스 모델이든 자유롭게 시도할 수 있는 환경이 돼야 한다. 문제가 되는 부분은 타협을 통해 해결해나가야 한다. 틀에 박힌 생각이 창의적인 발상을 짓누르게 하면 안 된다. 가장 불행한 사람은 정말 똑똑하게 태어났는데 국적이 한국인인 사람이라는 우스갯소리가 있다. 유능한 인재가 능력을 마음껏 펼치기 어려운 환경이라는 뜻일 것이다.

한국 초중등학생 사이에 부는 코딩 열풍에 대해 어떻게 생각하나.

나는 초등학교 4학년 때부터 어머니의 손에 이끌려 코딩스쿨에 갔다. 지금 열풍이 크게 새로운 것이라 생각하지 않는다. 잠시 잊혔다가 새롭게 붐이 일어난 것이다. 모두가 코딩을 잘하면 새로운 아이디어를 현실로 옮길 수 있어서 좋을 것 같다.

직원 수는.

현재 직원은 28명이다. 앞으로 북미 지역의 세일즈 조직을 확장할 계획이다.

계속 사업 규모를 키워갈 생각인가. 매각도 염두에 두고 있나.

아직 정하지 않았다. 계속 성장해서 기업공개IPO를 하고 싶다. 우리 회사와 시너지가 있을 것으로 보이는 회사가 있다면 M&A 후에 함께 상장하는 것도 고려 중이다. 현재는 모바일 보안에 집중하고 있지만, 기술의 확장을 통해 사이버 보안 관련 여러 영역으로 확장할 계획이다.

창업을 꿈꾸는 청년들에게 해주고 싶은 조언이 있다면.

뻔한 조언은 이미 수없이 많이 들어봤을 것이라 생각한다. 진심으로 해주고 싶은 말이 있다면 다양한 나라에서 다양한 사람들을 만나보라는 것이다. 그리고 단순히 생계를 위한 사업을 생각하지 말고 내가 이 세상의 어떤 것을 변화시킬 것인가, 어떤 기여를 할 것인가를 생각하라는 것이다. 망해도 도전 자체로 의미가 있다. 그 과정에서 배우는 것이 있고, 그 배움은 영원할 것이다. 망한 다음 또 다른 회사를 창업한다면 더 큰 내공으로 성공 확률이 더 커진다. 지치고 힘들어도 잘 버티고, 스스로 감정 조절을 잘해야 한다. 버티기와 감정 조절, 그리고 큰 그림을 그리면서 도전할 것을 강조하고 싶다.

"양질의 직장 내 직업 교육 이뤄져야
실업 문제 줄일 수 있어"

헤닝 카거만 독일 공학한림원 회장은 독일 '인더스트리 4.0' 정책을 만든 주역이다.

인더스트리 4.0은 제조업 분야에서 주목받는 개념이다. 과거 산업 혁명이 인간의 노동을 기계화, 디지털화하는 것이었다면, 인더스트리 4.0은 자동화의 새로운 단계를 말한다. 인공지능과 기계가 결합하면서 인간의 도움 없이도 제조 과정의 다양한 문제들에 대응할 수 있게 된다.

독일 정부는 2011년 이후 인더스트리 4.0 정책을 지원하고 있다. 이는 인공지능이나 사물인터넷 같은 신기술을 산업 생산에 적용하는 것이다. 중국 제조업의 발달에 위협을 느끼고 있는 한국에서는 독일의 인더스트리 4.0에 대한 관심이 높아지고 있다.

독일과 한국은 제조업 강국이다. 한국이 독일의 인더스트리 4.0에 대해 높은 관심을 보이는 것은 이 때문이다. 2017년 3월 카커만 회장은 서울을 방문해 4차 산업혁명과 인더스트리 4.0에 대해 강연을 했다. 카거만 회장은 글로벌 소프트웨어 회사인 SAP 회장을 역임한 바 있다.

코리아중앙데일리와의 이메일 인터뷰에서 카거만 회장은 클라우스 세계경제포럼 의장이 주창한 4차 산업혁명과 인더스트리 4.0과의 연관성을 언급했다.(당시 카거만 회장은 독일이 인더스트리 4.0을 제시한 건 제조업에 초점을 두고 혁신하기 위해서이며, 나중에 경제, 사회 등 다른 분야로 확산됐다고 설명했다.)

슈밥 의장이 이론가라면, 카거만 회장은 수년간 SAP을 경영한 비즈니스 실무 경험을 기반으로 이론과 현실 사이에 균형 잡힌 시각을 갖고 있는 인물로 꼽힌다.

카거만 회장은 2009년 독일 공학한림원의 일원이 된 이후 인더스트리 4.0의 대변자로 활약하기 시작했다. 독일 공학한림원은 독일 기술 과학계를 대표하며 독일 정관계와 협력하고 있다.

한국은 인더스트리 4.0의 어느 단계에 와 있다고 보나.

2017년 봄 한국 방문에서 한국이 4차 산업혁명에 잘 준비돼 있으며 인더스트리 4.0이 가져다줄 혜택에 대해서도 잘 알고 있다는 인상을 받았다. 최근 독일 공학한림원의 〈글로벌 인더스트리 4.0〉 연구 보고서에 따르면, 한국은 디지털 경제 선두 국가로 분류된다. 반도체 생산 능력이나 디지털 관련 제품, 기업들 현황을 근거로 한 분석이다. 한국의 기업들은 새로운 데이터 중심 비즈니스 모델의 가능성과 이점에 대해 잘 인식하고 있다.

한국 기업들, 특히 중소기업들의 경우 단순한 공장 자동화와 스마트 팩토리의 차이를 구분하지 못하고 혼란스러워하는 것 같다. 둘 사이의 차이점은 무엇인가, 그리고 그 혼란은 어디서 기인하나.

그건 한국만의 현상은 아니다. 인더스트리 4.0의 비전은 실시간으로 변화하는 상황에 적절히 대응할 수 있는 고도의 유연성을 수반한다. 시스템이 예기치 않은 변화에 자동으로 대응할 수 있어야 한다. 이는 제조 과정에 인공지능과 기계학습이 개입될 때만 가능하다. 중소기업들은 인더스트리 4.0을 위해 어떤 조치를 취해야 할지 잘 모르는 경우가 많다.

독일 공학한림원은 《인더스트리 4.0 성숙도 인덱스》를 발간했다. 변화의 각 단계에 대한 내비게이션을 제공한다. 하지만 인더스트리 4.0의 도입에 따른 비용, 자사의 능력, 혜택 사이의 균형점을 결정하는 것은 각 기업들의 몫이다.

한국은 전 세계에서 가장 발전된 네트워크를 갖고 있다. 하지만 기술적인 진보와 스타트업 측면에서는 뒤떨어져 있다. 그 이유는 뭐라고 생각하나.

한국의 디지털 인프라는 여전히 뛰어나다. 이는 제조업 분야 및 사회 경제 전체의 디지털 트랜스포메이션을 위한 선결 조건이다. 스타트업 활성화를 위해서는 스타트업 창업에 좋은 조건을 조성하고, 세금 혜택과 금융 혁신이 이뤄져야 한다.

한국은 어떤 산업 분야에 경쟁력을 갖고 있다고 보나.

간단히 말해 강점을 강화하고 약점은 약화시키면 된다. 독일은 강점인 제조업 분야에 우선 초점을 맞췄다. 사물인터넷과 제조업의 서비스업화 등을 포함하는 인더스트리 4.0이 바로 그것이다.

두 번째 단계로는 데이터 중심 비즈니스로 방향을 잡았다. 이는 인더스트리 4.0 전체를 관통하는 것이며 전 분야 서비스화의 기반이다. 비즈니스 모델의 혁신은 독일 기업들에게 커다란 도전이었다. 그리고 새로운 데이터 중심 비즈니스 모델은 헬스케어부터 중공업까지 우리 경제의 모든 부문을 변화시킬 것이다.

이 같은 비즈니스 모델들은 다양한 규모의 기업들과 다양한 영역으로 구성된 디지털 에코시스템을 통해 만들어지기 때문에 중소기업과 스타트업에 더 많은 기회를 제공한다.

한국의 제조업은 강력한 노조를 갖고 있다. 노동의 형태와 구조에 혁명적인 변화가 있을 경우 갈등이 예상된다. 어떤 해법이 가능할까.

독일은 인더스트리 4.0을 시작하면서 대기업, 중소기업, 과학자뿐 아니라 노조까지 모든 주요 이해관계자들을 초대했다. 인더스트리 4.0에 대한 포괄적인 컨센서스(동의)를 갖고 모든 관계자들이 인더스트리 4.0을 주요 의제로 삼았던 것은 이 때문이었다. 그들은 모두 우리 경제의 디지털 트랜스포메이션의 중요성을 깨달았고, 이를 구현하는 과정에 참여하기 원했다. 인더스트리 4.0 플랫폼은 현재 독일에서 4차 산업혁명의 발전을 조정하는 역할을 하고 있다. 그리고 모든 이해관계자들이 여기에 참여하고 있다.

일하는 방식이나 직업에 변화가 있을 것으로 예상될 경우 정직해야 한다. 모든 작업의 자동화가 이뤄짐에 따라 실업이 발생할 것이다. 이런 문제들은 더 큰 성장의 기회에 의해 상쇄될 수 있는데, 이는 한 가지 전제, 즉 더 개인적이고 보다 유연한 직장 내 양질의 직업 훈련이 이뤄진다는 전제하에서만 가능하다.

그리고 우리는 작업 환경에 대해서도 다시 생각해야 한다. 로봇은 우리cage를 떠나 인간과 함께 일하게 될 것이다. 무거운 물건을 드는 것 같은 힘든 일을 대신해주고, 일하는 사람들을 스마트하게 도울 것이다.

가족 경영 대기업 계열인 한국의 재벌 시스템이 4차 산업혁명에 도움이 될까.

대기업은 인더스트리 4.0의 선두에 설 수 있다. 하지만 우리는 중소기업을 활성화하고 지원해야 한다는 점을 잊으면 안 된다. 4차 산업혁명을 달성하는 핵심 요소는 협력이다. 대기업, 중소기업, 스타트업이 협력해서 데이터 중심 비즈니스 모델을 형성하는 디지털 에코시스템을 조성해야 한다. 국제적인 협력도 필요하다. 서로 다른 구성 요소들 간의 상호 정보 교환 및 이용을 위해 이는 필수적이다. 비용 때문에 기술 전환을 하지 못하는 '록인' 상태를 피하려면 투자 리스크를 줄일 수 있는 국제적인 협력이 매우 중요하다.

한국에는 고학력 청년층의 실업문제가 심각하다. 교육 시스템에 변화가 필요할까.

나는 한국 교육 시스템의 전문가는 아니기 때문에, 독일의 경우를 말하겠다. 독일이 인더스트리 4.0을 이끈 동력 중 하나는 고숙련 노동자들이었다. 이는 많은 부분 기업의 트레이닝 시스템과 직업학교 교육이 결합된 VETvocational education and training에 기인한다.

인구의 55.7퍼센트가 정규교육 이후에 직업교육 시스템인 VET를 거친다. 2016년에는 328개 직업에서 VET가 이뤄졌다. VET는 지속적인 평가를 받으며, 끊임없이 개선된다. 이건 정말 중요하다. 왜냐하면 인더스트리 4.0은 이 VET 시스템에 대한 새로운 도전을 의미하며 우리는 VET 단계를 거친 사람들이 디지털 경제에 걸맞은 경쟁력을 갖췄는지 끊임없이 관찰해야 하기 때문이다. 이 시스템은 중소기업의 경쟁력과 독일의 상대적으로 낮은 실업률에 기여하고 있다.

3부

문화
혁명

Culture Revolution

**The Fourth
Industrial
Revolution**

엔터테인먼트
Entertainment

▌가상현실을 통해 스타들과 나란히 서다

흰색 소파에 앉으면 지드래곤이 다가온다. 지드래곤이 소파에 앉는다. 손으로 하트를 만들고 볼에 뽀뽀를 해준다.

꿈을 꾸는 건 아니다. 현실에서 일어난 일이다. 물론 증강현실이긴 하지만. 기분은 나쁘지 않다. 잠시나마 지드래곤의 여자친구가 된 것 같다.

서울 광화문에 있는 한국관광공사 사무실 2층. 이곳엔 증강현실을 이용한 디지털기기들이 설치되어 있다. 방문객들은 이곳에서 빅뱅과 2NE1 멤버들과 함께하는 듯한 기분을 느낄 수 있다.

증강현실은 현실세계에 컴퓨터 그래픽을 덧붙인 이미지를 보여주는 기술이다. 가장 대표적인 예는 〈포케몬고〉다. 이 게임은 스마트폰을 통해 현실에서 실제로 포케몬을 잡는 것과 같은 효과를 준다.

증강현실이 현실의 이미지 위에 디지털 이미지를 덧입힌 것이라면 가상현실은 사람의 시야를 완전히 가상의 세계로 끌어들인다는 점에서 조금 다른 기술이다.

TV나 스마트폰의 액정 안에 갇혀 있던 엔터테인먼트산업은 이제 증강현실과 가상현실 기술을 통해 현실과 가상의 경계를 무너뜨리고 있다.

이런 기술은 일시적 유행일까, 아니면 새로운 엔터테인먼트산업으로 자리 잡을 것인가.

▌홀로그램 한류

최근 한국 가요계에서는 홀로그램 콘서트가 하나의 장르로 떠올랐다. 홀로그램 이미지를 통해 마치 라이브 공연을 보는 것 같은 느낌을 준다.

2012년 처음으로 홀로그램으로 콘서트 영상을 제작한 건 그룹 샤이니였다. 국내 기업인 '디스트릭트'가 개발한 이 기술은 2010년 사물놀이 공연에 처음 도입됐으며 이후 케이팝으로 확대됐다. 샤이니에 이어 소녀시대, 싸이, 빅뱅도 홀로그램 공연을 제작했다.

미국에서 마이클 잭슨같이 유명 가수들의 공연이 사후에 홀로그램 영상으로 제작된 적은 있다. 하지만 한류 가수들이 30분 넘게 출연하는 콘서트 전체를 홀로그램으로 만든 건 디스트릭트가 처음이다.

홀로그램 콘서트는 한국을 방문하는 외국 한류 팬들에게 인기다.

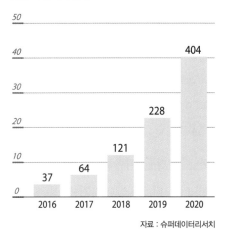

성장하는 글로벌 VR 시장

단위: 억 달러, 추정치

자료 : 슈퍼데이터리서치

라이브에 가까운 공연을 볼 수 있기 때문이다.

　장차 영상을 실시간 전송하는 기술이 발전하면 서울에서 진행 중인 콘서트를 홀로그램 영상으로 촬영해서 여러 나라로 동시에 전송하는 것도 가능할 것이다. 홀로그램으로 팬미팅을 하는 게 가능해질 날이 올 지도 모른다.

▌음악과 스포츠

　〈포케몬고〉 열풍에서 확인한 것처럼 가상현실 기술의 발전을 이끌고 있는 분야는 게임이다. 하지만 사람들은 이제 게임뿐 아니라 여행, 콘서트, 운동 등 생활 전반에서 가상현실의 활용을 기대하고 있다.

　클래식 공연도 가상현실과 결합하고 있다. 2017년 5월 런던 필하모니아 오케스트라는 플레이스테이션의 VR 기기로 상영이 가능한 VR 애플리케이션을 출시했다. 애플리케이션을 작동시키면 오케스트라가 런던 사우스뱅크센터에서 시벨리우스 교향곡 5번을 연주하는 모습을 담은 3D 영상이 나온다.

미국에서도 가상현실을 적용한 뮤직비디오가 속속 등장하고 있다. 아이슬란드 가수 비요크는 〈낫겟Notget〉이란 노래의 가상현실 뮤직비디오로 2017년 칸 광고제에서 디지털 그랑프리를 수상했다.

스포츠 생중계도 가상현실 기술과 결합하고 있다. 미국 뉴욕의 스타트업 '라이브라이크'는 디스플레이기기를 통해 스포츠팬들을 하나의 가상공간으로 끌어들인다. 사용자는 친구들과 동시에 이 서비스에 접속해 같이 경기를 보고 대화를 나눌 수 있다.

▌게임

게임 전문 미디어 '슈퍼데이터 리서치'는 가상현실 시장이 2017년 64억 달러에서 2020년 404억 달러 규모로 늘어날 것이며 그 선두에는 게임 소비자들이 있을 것이라고 전망했다. 골드만삭스는 2025년 가상현실과 증강현실 소프트웨어의 40퍼센트가 비디오게임에 사용될 것으로 내다봤다.

2016년은 가상현실과 증강현실 게임 업계에 기념비적인 해였다. CB인사이츠에 따르면 가상현실과 증강현실 업계 투자액은 2016년 18억 달러에 달했다. 이는 2015년의 7억 600만 달러와 2014년의 8억 2,000만 달러의 2배가 넘는 수치였다.

페이스북, 마이크로소프트, 구글 등 글로벌 IT 기업들은 HMD(head -mounted display, 머리에 탑재하는 디스플레이기기)를 선보였다. 한국 업체 중엔 삼성전자가 자사 스마트폰에 끼워 사용할 수 있는 기어 VR을 출시했다.

〈포케몬고〉 열풍은 하나의 가능성일 뿐이라고 여겨졌던 증강현실의 영향력과 수익성을 가시적으로 보여준 사건이었다. 애플리케이션 시장 조사 업체 '앱 애니'에 따르면 〈포케몬고〉는 2016년 7월 출시 이후 6개월 동안 9억 5,000만 달러의 수익을 올렸다.

디즈니는 '마블 시리즈'의 주인공들이 등장하는 가상현실 게임을 출시했다. 이용자들은 페이스북의 HMD '오큘러스 리프트'와 콘솔을 이용해 실제 마블 시리즈의 주인공이 될 수 있다.

하지만 가상현실과 증강현실 기술은 여전히 갈 길이 멀다. HMD는 아직 너무 비싸고 무겁다. 어지러운 증상도 개선돼야 한다.

한국에서도 〈포케몬고〉는 게임에 관심 없던 사람들에게까지 가상현실과 증강현실 게임의 존재를 알렸다. 2016년 〈포케몬고〉가 출시됐을 때 사람들은 버스나 기차를 타고 몇 시간을 달려 당시 유일하게 플레이가 가능했던 강원도로 포케몬을 잡으러 갔다. 하지만 〈포켓몬고〉 열풍을 이어갈 증강현실이나 가상현실 게임은 아직 등장하지 않았다.

〈포케몬고〉를 만든 회사 '오큘러스'의 개발자로 일했던 서동연 '볼레 크리에이티브' 대표는 "한국은 주거 공간이 좁기 때문에 최소 1평 남짓한 오픈 공간을 확보해야 하는 VR 체험이 확산하기 힘들다"고 말했다.

그럼에도 불구하고 가상현실이나 증강현실에 대한 관심은 완전히 사그라지지 않았다. 집 안에서 즐길 콘텐트는 많지 않지만 집 밖에서 즐길 수 있는 기회는 많아졌다.

강남역 근처에 위치한 '브이알플러스'는 2016년 7월 첫 VR방을 개장한 이후 2017년 전국 30여 개 매장으로 확대됐다. 서울 강남에 위치한 쇼룸은 HMD, 콘솔, 대형 컴퓨터 화면이 설치된 방 3개가 있다. 브이알플러스 마케팅 담당 김태훈 대리는 "VR방 이용객 대부분은 처음으로 VR을 경험해보고 싶어서 오는 경우다. 새로운 사업이 등장하고 나면 일정한 수용 기간이 필요한데 현재 VR방이 그런 단계인 것 같다"고 말했다.

최근 서울에는 성인용 VR방도 나왔다. 이곳을 찾은 사람들은 1인용 소파에 앉아 성인 VR비디오를 즐긴다.

▌그래도 희망은 있다

한국에서 증강현실과 가상현실 게임의 미래는 여전히 불확실하다. 하지만 다양한 시도들이 이어지고 있다. 〈포켓몬고〉 이후에 대기업들과 정부 역시 가상현실과 증강현실 분야에 대한 투자를 늘리고 있다.

롯데월드는 일부 인기 놀이기구에 HMD를 적용했다. 2017년 2월 한국 정부가 내놓은 신산업 규제 혁신 방안에는 가상현실과 증강현실이 포함됐다.

관련 업체들은 정부 규제가 너무 모호한 것이 산업 발전에 걸림돌이라고 지적한다. 규제가 너무 없어서 뭔가를 시도했을 때 어떤 규정을 위반하게 될지 아무도 모른다는 것이다. 일례로 한때 VR방에 대한 규제가 없어서 업체들은 PC방에 적용되는 규제를 따라야 할지 카페에 적용되는 규제를 따라야 할지를 몰랐다.

한편, 2017년 7월 28일 KT는 홀로그램 극장 K-Live를 송도 트리플 스트리트에 열었다. 서울, 싱가포르, 광주에 이은 4번째 극장이었다.

SK텔레콤은 2017년 7월 17일에는 SM엔터테인먼트와 계열사 지분 양수도를 통해 협력 관계를 맺었다. 두 회사의 결합은 SK텔레콤이 보유한 기술력과 SM엔터테인먼트 소속 스타들의 지적재산권의 시너지를 노린 것이다.

SK텔레콤은 "양사의 전략적 제휴로 한류산업은 새로운 전기를 맞을 것으로 기대된다. 앞으로 인공지능 기반 개인 맞춤형 콘텐츠를 제공하는 서비스가 등장하는 등 ICT와 콘텐츠의 융합이 가속화할 것이다"라고 밝혔다.

▌인공지능이 예술작품 창작도 할 수 있을까?

2016년 9월 소니컴퓨터과학연구소는 인공지능 소프트웨어 '플로우 머신즈Flow Machines'가 제작한 두 곡을 발표했다. 그중 하나인 〈아빠의 차Daddy's Car〉는 비틀스 스타일로 작곡한 노래였다. 인공지능이 딥러닝으로 1만 3,000곡을 학습한 후 비틀스의 곡을 모방해 만들었다. 인공지능이 미술, 음악, 영상 등 문화 콘텐츠를 창작하려는 시도는 활발하게 이뤄지고 있다.

과거에도 기계가 인간의 예술적 능력을 능가할 것이라는 두려움을 심어준 발명품이 있었다. 카메라가 대표적인 예다. 하지만 실제로 인간

VR 기술이 활용되는 분야

단위: 억 달러(전망치)

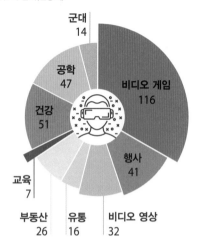

군대
14

공학
47

건강
51

비디오 게임
116

교육
7

행사
41

부동산
26

유통
16

비디오 영상
32

자료 : 골드만삭스 리서치

의 창의력을 뛰어넘은 기술은 없었다.

반면 인공지능과 딥러닝 기술은 지금까지와는 차원이 다른 위기감을 불러일으키고 있다. '더 넥스트 렘브란트The Next Rembrandt'는 인공지능을 미술과 결합한 시도다. ING의 PR 캠페인으로 시작한 이 프로젝트는 17만 개가 넘는 렘브란트의 그림 조각들을 딥러닝으로 학습하고 이를 토대로 렘브란트의 그림체를 모방한 초상화를 3D 프린터로 제작하는 것이었다. 이 프로젝트는 2016년 칸 광고제에서 그랑프리를 수상했다.

미국 러트거스대학교와 찰스턴칼리지, 페이스북인공지능연구소는 반대로 그 누구의 화풍도 모방하지 않는 인공지능 알고리즘을 개발했다. 연구자들은 15세기와 20세기 중반에 제작된 작품들을 딥러닝으로 학습시켜서 그 시스템 고유의 화풍을 개발하도록 만들었다. 시스템이 내놓은 결과물을 본 비평가들은 어떤 그림이 기계가 만든 것인지 구별하지 못했다. 심지어 일부 비평가들은 인간이 만든 작품보다 기계의 작품에 더 후한 평가를 내리기도 했다.

인공지능 영상 분야에 눈에 띄는 사례로는 2016년 광고대행사 맥칸 재팬이 만든 크리에이티브 디렉터 로봇 AI-CD가 있다. 이 로봇은 TV 광고를 제작한다. 지난 10년간 일본의 광고제 수상 작품을 연구한 결과를 토대로 광고를 만들었다. 이후 인간 크리에이터가 제작한 광고와 로봇이 만든 광고 중 어느 쪽을 선택하겠냐고 사람들에게 물었다. 그 결과 승리는 사람이 만든 광고 쪽이었다. 하지만 그 비중은 54퍼센트에 불과했다. 46퍼센트는 로봇이 만든 광고를 선택했다.

한국에선 인공지능의 예술 창작은 아직 활발하지 않다. 그 가운데 사람의 허밍을 토대로 작곡을 해주는 모바일 애플리케이션 '험온 HumOn'이 눈에 띈다. 험온은 이용자의 허밍을 인식해 악보를 만들고 그 선율을 토대로 반주까지 제작해 들려준다.

애플리케이션을 개발한 업체인 쿨잼컴퍼니의 최병익 대표는 "텍스트 기반의 트위터에서 사진 기반의 인스타그램으로, 최근에는 동영상 기반의 스냅챗으로 무게중심이 이동하고 있다. 앞으로는 더 좋은 동영상을 만들기 위한 BGM 시장도 함께 발전할 것이라고 생각한다"고 말했다.

"머신러닝을 이용해 작곡을 하다"

쿨잼컴퍼니의 최병익(36) 대표는 '음악은 돈 많이 들고 배고픈 길'이라는 아버지의 반대에 부딪혀 전자공학을 전공으로 선택했다.

하지만 한양대학교 전자공학과에 진학한 후 그는 밴드부 활동을 하며 음악에 대한 열정을 키워갔다. 어렸을 때부터 치던 피아노뿐 아니라 모두 7가지 악기를 학창시절에 익혔다.

그는 듣는 것보다 연주하는 게 더 좋았다. 학부 졸업 작품도 피아노를 치면 악보로 바꿔주는 기술을 주제로 했다.

대학 졸업 후엔 삼성전자에 입사했다. 회사에서도 음악에 대한 사랑을 이어갔다. 전자공학을 전공한 음악 애호가로서 두 지점이 만나는 사업 아이템을 찾고 싶었다. 그는 입사 5년차였던 2015년 악보를 만들어주는 애플리케이션으로 사내 공모전에 응모해 당선됐다.

이후 삼성전자 사내 벤처 육성 프로그램인 C-Lab에서 1년 동안 직접 꾸린 5명의 팀원들과 애플리케이션 개발에 매달렸다. 1년 후인 2016년 5월 그중 4명의 팀원들과 스타트업 쿨잼컴퍼니로 스핀오프(회사 분할)했다.

쿨잼컴퍼니가 개발한 애플리케이션은 악보를 읽을 줄 모르는 사람도 허밍만으로 작곡할 수 있도록 도와주는 '험온HumOn'이다. 화성악은커녕 악보에 대한 기본 지식이 없는 사람도 험온을 사용하면 콧노래 하나로 꽤 그럴 듯한 곡을 만들 수 있다. 다양한 장르의 반주가 입혀진 멜로디가 완성된다. 발라드, R&B, 재즈 등 총 7가지 장르의 반주가 제공된다.

험온은 이용자가 입력한 멜로디에 어떤 코드로 반주를 덧입히는 게 가장 좋은지 판단해준다. 머신러닝을 통해 한 장르당 수백 개의 곡을 분석해 그 결과를 적용한 것이다.

2016년 5월 첫 베타서비스를 출시한 험온은 반년 만에 누적 다운로드 10만 건을 돌파했다. 구글의 안드로이드 버전만으로 이룬 성과다. 2017년 5월에서 iOS 버전을 출시했고 현재(2017년 11월 기준)까지 누적 다운로드 수는 약 50만 건이다. 다운로드의 반은 해외에서 발생한다.

2017년 4월엔 세계 3대 음악박람회 중 하나인 미뎀랩Midemlav에서 음악 크리에이션/교육 부문 최우수 혁신 서비스로 선정됐다. 매년 가장 주목할 만한 엔터테인먼트 관련 스타트업을 선정하는 이 대회에서 쿨잼컴퍼니는 32개국 136개 기업의 경쟁을 뚫고 4개의 수상 기업 중 하나가 됐다.

최 대표는 "음악을 듣기는 쉽지만 만들기는 쉽지 않다"며 "10초나 20초 길이의 짧은 음악이라도 누구나 자신의 감정과 경험을 담아 쉽게 만들 수 있게 도와주는 만만한 음악 툴을 만드는 것"이 목표라고 말했다.

삼성전자는 4년제 공대생이 들어갈 수 있는 최고의 직장 중 하나였을 것 같은데, 퇴사를 망설이지는 않았나.

6년의 재직 기간 중 1년은 C-Lab에서 험온에만 매달려 있었으니 삼성전자에서의 실질적인 근무 기간은 5년이다. 일하면서 배운 게 참 많은데 적당한 시기에 나왔다고 생각한다. 솔직히 아깝다고 생각한 적은 없다. 소득이 줄었지만 당장 먹고 사는 덴 지장 없으니 괜찮다. 회사 재직 3년 되는 시점에 업무적인 실력이 더 이상 크게 늘지 않는다는 생각이 들었다. 대신 느는 건 대인관계였는데 그게 100세 시대에 끝까지 나를 지켜줄 것 같지 않았다. 스핀오프하고 배운 게 정말 많다. 장기적인 관점에서 삼성에서 보내는 10년과 스타트업을 한 10년을 비교해보면 아깝다기보다 오히려 이게 더 합리적인 길이지 않을까 싶다.

스핀오프 이후에 어려움은 없었나.

어려움이 있다기보다 하는 일이 달라졌다고 하는 게 맞을 것 같다. 대기업이라는 울타리를 벗어나니 재무, 회계, 법률 등을 스스로 도맡아 해결해야 했다. 생각보다 시간을 많이 뺏기더라. 나머지 팀원들은 서비스와 애플리케이션 개발에만 집중한다. 인력이 부족하니 나머지 일들은 다 내가 한다. 나도 논문 보고 서비스 기획도 하고 싶은데 다른 일에 시간을 빼앗기다 보니 욕심만큼 못 하게 돼서 아쉽긴 하다. 참고로 지금 조직은 나 포함 8명인데 그중 반이 개발자고 디자이너 한 명, 음악 알고리즘 개발 도와주는 뮤지션이 한 명 있다.

험온의 핵심 기술은.

첫 번째는 음악으로부터 정보를 추출해서 악보로 그리는 것이다. 음악과 소리 자체에는 정보가 없다. 그 안에 어떤 음이 발생했고 언제 시작하고 끝나는지, 빠르기는 어떤지 뽑아내는 기술을 음악정보복원music information retrieval이라고 한다. 두 번째는 이용자가 만든 멜로디에 어울리는 악기 반주를 덧붙이는 머신러닝 기술이다. 장르별로 악기 편성과 자주 쓰는 드럼비트, 화음, 악기를 연주하는 방법이 다르다. 장르당 곡 수백 개를 분석하는데, 이때 장르별로 충실한 곡들을 골라서 입력시켜야 한다. 예를 들어 발라드라는 장르로 검색되는 곡들은 정말 많지만 일반인이 인식하는 정통 발라드에 해당하는 곡들은 한정돼 있다.

첫 공개 이후 1년이 넘도록 험온은 아직 정식 출시 이전의 베타버전이었다.(12월 말 현재 정식버전 출시) 완성도는 이미 있어 보이는데 어떤 점을 보완하려는 건지.

1년 넘게 베타버전으로 수익을 안 내고 있었다. 사실 일부러 안 내고 있었다. 베타란 아직 완성되지 않았다는 뜻인데, 어설프게 만들어서 돈을 받기보다 조금 더 완성되고 검증된 후에 돈을 벌 방법을 궁리하려고 했다. 기획한 것 중에도 아직 애플리케이션에 구현 안 한 게 많다. 최근에 악보에 가사를 입력하는 기능을 추가했는데, 반주에 맞추어 이용자가 직접 노래 부른 걸 녹음하는 기능도 개발 중이다. 만든 노래를 험온 이용자들끼리 공유할 수 있는 자체 플랫폼도 만들고 있다. 이용자들과 그들의 곡을 연결해 '좋아요'를 누르고 랭킹도 나오게 만들 예정이다.

운영 자금은 어디서 조달하나.

C-Lab 스핀오프들은 모두 삼성으로부터 초기투자를 받는다. 그리고 지난해 12월에 롯데그룹 스타트업 육성 전문 법인인 롯데액셀러레이터로부터 투자를 받았다. 현재까진 두 기업에게서 받은 펀딩으로 운영하고 있다.

성공을 확신하나.

나뿐만 아니라 함께 스핀오프한 4명이 포함된 우리 팀도 이걸 하면 성공할 것이라는 확고한 신념으로 이어가는 건 아니다. 우리가 지금 이 자리에 함께 있고 함께 직면한 문제들이 있으니 그걸 해결해야 하고, 그런 고민들을 풀어나가는 와중에 이 사람들과 함께하는 게 재미있다는 생각이기 때문에 여기까지 온 거 같다. 우리가 뭔가 했을 때 소비자들에게 좋은 피드백이 오는 그런 사소한 일들이 우리를 하루하루 나아가게 한다. 3개월 뒤 우리가 뭘 하고 있을지 아무도 자신할 수 없다. 하지만 그걸 찾아가는 과정을 지금 우리 팀이 함께하고 있는 거라고 생각한다.

험온의 비전은.

궁극적인 목표는 인류에게 카메라 같은, 청각적인 표현 수단을 제공하는 것이다. 음악은 만들기 어렵지만 수학적인 법칙을 갖고 있는 분야라 조금만 자동화하면 가능할 거라고 생각한다. 사진에 필터를 씌우고 보정해주듯 흥얼거림도 청각적인 필터를 덧대어 노래로 만들어주면 음악으로도 인스타그램 같은 소셜 미디어가 만들어지지 않을까 생각한다.

**The Fourth
Industrial
Revolution**

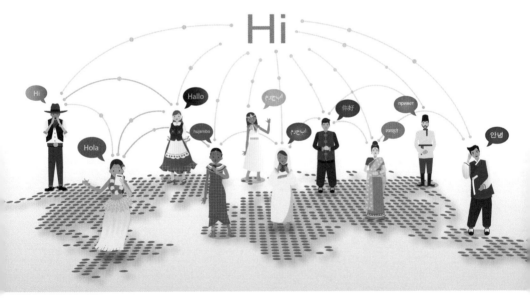

번역
Translation

▌인공지능 시대엔 인간 통역사가 사라질까?

2003년 개봉한 영화 〈사랑도 통역이 되나요〉의 한 장면. 중년에 접어드는 영화배우 밥 해리스 역을 맡은 빌 머레이가 일본인 광고 촬영감독과 통역사를 통해 의사소통을 한다. 일본인 감독이 일본어로 배우 해리스에게 연기를 지시하고, 이를 통역사가 영어로 바꿔서 전달한다. 감독은 일본어로 길게 지시하는데 통역사는 이걸 한 문장으로 바꾼다. "돌아서서 카메라를 쳐다봐 알았지?" 하지만 해리스는 통역 내용에 신뢰가 가지 않는다. 그는 의심스러운 듯 "그게 감독이 말한 전부가 맞느냐"고 되묻는다.

이 영화가 개봉된 지 약 15년이 지났다. 그 사이 많은 게 변했다. 이제는 스마트폰만 있으면 그 일본인 감독이 한 말을 단어 하나까지 실시간으로 영어로 바꿔 확인할 수 있다.

절대 인간을 대체할 수 없을 것으로 보였던 기계번역은 점점 진화하고 있다. 형태도 다양해지고 있다.

국내에서 개발된 애플리케이션 '플리토'는 기계번역에 인간의 번역을 더한 형태다. 플리토는 한국어, 중국어, 영어 등 총 23가지의 언어(2018년 5개 추가. 스웨덴, 체코, 말레이시아, 폴란드, 네덜란드)로 번역 서비스를 제공하고 있다. 애플리케이션에 설치된 자동번역기능으로 1차 번역 결과를 제공한 뒤 번역 의뢰인이 만족하지 않을 경우 이를 100만 명에 달하는 전문 번역가에게 실시간으로 전달한다. 플리토는 자체적으로 일정 실력 이상의 일반인에게 '전문 번역가' 자격을 부여한다.

플리토는 자체적으로 개발한 테스트를 통과했거나 번역 자격증이 있는 사람에게 전문가 자격을 주고, 이용자가 기계번역보다 더 나은 번역을 원할 땐 이를 해당 언어 전문가에게 전달해 번역을 요청한다.

이용자는 만족스러운 결과를 제공한 번역가에게 포인트를 제공한다. 이 포인트는 나중에 현금으로 돌려받을 수 있다. 플리토는 더 완벽한 번역 결과를 원하는 사용자의 욕구를 채워줄 뿐 아니라, 데이터를 계속 수집해 기계번역 기술을 향상시키고 있다.

이정수 플리토 대표는 "인공지능은 인간의 뇌와 같다. 지속적인 학습을 통해 똑똑해진다. 기계번역과 인간번역 모두 중요하다. 우리는 인간 번역을 통해 수집한 번역 데이터를 자체 인공지능 시스템에 적용시켜 같은 실수를 되풀이하지 않도록 지속적으로 학습시킨다"고 설명했다.

플리토처럼 인간이 기계번역을 개선시켜 수정하는 것을 '포스트 에디팅'이라고 한다. 2012년 설립된 플리토는 현재까지 약 140억 원의 투자를 유치했다. 플리토의 사용자 수는 현재 170여 개국 850만 명에 달한다. 이 중 한국어 사용자는 10퍼센트에 불과하다.

플리토의 연 매출은 60억 원에 육박하며 대부분의 수익은 다른 기계번역 업체에 데이터를 판매하는 것으로부터 나온다. 고객들이 번역 비용으로 지불한 돈은 플리토에서 활동하는 번역가들의 수익이다.

플리토와 같은 번역 애플리케이션들은 인공신경망번역NMT 기술을 사용한다. 이는 수만 건의 번역을 종합해서 가장 자연스러운 번역을 도출하는 기술이다.

한국전자통신연구원ETRI 김영길 실장은 번역 기술 발달로 인해 언어의 장벽이 사라지고 사람들이 다른 언어로 실시간 소통할 수 있는 시대가 올 것으로 전망했다. 그는 "10년 후에는 이어폰 같은 웨어러블 기기를 이용한 번역기가 대중화될 것"이라며 "기계번역을 이용할 때 생기는 불편함이 상당 부분 해소될 것"이라고 말했다.

▌기계번역의 역사

기계번역의 역사는 냉전이 한창이던 1950년대로 거슬러 올라간다. 미국은 당시 기계를 이용해 러시아 문서를 영어로 번역하려고 했다. 하지만 당시 컴퓨터 번역은 인간번역보다 오랜 시간이 걸렸고, 비용도 많이 들었기 때문에 대중의 관심을 받지 못했다.

기계번역 기술이 크게 발전한 건 1988년 IBM이 통계방식SMT이라는 기술을 소개하면서 부터다. 통계방식이 사용되기 전엔 문법 규칙을 기반으로 언어학자의 도움을 받아 번역하는 방식이었다. 통계방식은 과거 번역자료 및 통계를 기반으로 한 빅데이터를 통해 번역하는 방식이다.

구글은 이 기술을 바탕으로 한 기계번역 서비스를 2006년 시작했다. 당시에는 영어, 프랑스, 독일어, 스페인어 등 네 개 언어만 번역이 가능했다. 현재는 번역 가능한 언어가 100여 개에 달한다. 구글코리아에 따르면 월 5억 명 이상이 '구글번역'을 이용하고 있으며, 초당 100만 개의 단어를 처리한다. 구글 역시 인공신경망번역 기술을 통해 더욱 정확한 번역 결과를 제공하고 있다.

인공신경망번역 기술의 발전과 함께 마이크로소프트나 네이버 같은 대형 IT 기업들이 번역사업에 진출하기 시작했다. 이들이 번역사업에 진출한 가장 큰 이유는 성장 잠재력이다. 번역자동화사용자협회 TAUS에 따르면 2016년 25억 달러에 불과했던 세계 자동통·번역 시장 규모는 연평균 약 30퍼센트씩 성장해 2019년엔 70억 달러 규모로 올라설 전망이다.

네이버는 2016년 '파파고'라는 번역 애플리케이션을 출시했으며, 현대백화점, GS리테일 등과 제휴해 쇼핑객들을 돕고 있다. 마이크로소프트는 2017년 3월 한국어를 자체 인공신경망번역 시스템에 추가했다고 밝혔다. 현재 마이크로소프트는 11개의 언어로 번역 서비스를 제공하고 있다.

앞으로 번역산업은 이어폰 같은 웨어러블 기술에 초점 맞출 가능성이 크다. 한컴은 지난해 '지니톡'이란 번역 애플리케이션을 출시, 다른 언어를 사용하는 사람이 이어폰을 통해 소통할 수 있는 기술을 소개했다. 지니톡은 2018년 평창동계올림픽 자동 통·번역 공식 소프트웨어로 선정됐다. 신소우 한컴인터프리 대표는 "인공지능이 접목되면 3년 내 사투리도 이해할 수 있을 것"이라고 말했다.

이어폰을 통해 실시간 번역 서비스를 제공한 것은 한컴이 처음이 아니다. 현재까지 여러 비슷한 상품이 출시됐지만 아직 고객이 완벽히 만족할 수준에 달하진 못했다. 가장 최근 발표된 것은 호주의 링모 Lingmo가 개발하는 179달러 상당의 제품이다.

IBM의 인공지능 기술 왓슨을 탑재한 링모의 이어폰은 5초 만에 문장을 다른 언어로 번역할 수 있다. 포르투갈어, 중국어, 영어, 프랑스어, 독일어, 이탈리아어, 스페인어로 서비스를 제공할 계획이라고 한다. 휴대전화나 무선네트워크WiFi 신호에 연결되지 않아도 작동하는 최초의 제품이라는 게 이 회사의 주장이다.

한국 정부 역시 기계번역에 많은 투자를 하고 있다. 과학기술정보통신부는 2017년 211억 원을 투자, 인공지능을 기반으로 한 시스템을 구축한 뒤 한국의 역사적 기록물인 《승정원일기》를 현대인이 이해할 수 있는 언어로 번역할 계획이라고 밝혔다.

《승정원일기》는 1623년부터 1910년 사이 작성된 것으로, 조선왕조를 비롯한 각종 기록이 담겨 있다. 3,243권에 달하는 번역 작업은 1994년에 시작됐으며 2062년에 완료될 계획이었다. 과기정통부는 인공지능 기술과 인간 번역가의 도움을 통해 이 시간을 단축함으로써

2035년에 완료할 수 있을 것으로 전망하고 있다.

과기정통부는 2017년 1,630억 원을 인공지능 관련 R&D 사업에 투자했다. 이는 전년보다 47퍼센트 늘어난 것으로, 언어와 음성인식 기술에 초점을 맞췄다.

▌완전한 기계번역은 아직 요원

번역 관련 기술이 발전하고 있지만 전문가들은 기계가 단시간에 인간 번역가를 대체하기는 불가능할 것으로 보고 있다.

대구가톨릭대학교 서정목 번역학 교수는 "번역의 경우 직역과 의역 사이 어느 지점에서 선택을 해야 하는데, 이는 인간의 창조적이고 독자적 활동이 관여하는 부분이다. 기계적 자동번역으로 완벽하게 처리하는 것은 아직 요원하다. 하지만 언젠가는 완벽한 통역이 가능한 날이 올 것으로 본다. 지난 과학문명사를 보면 인간이 상상했던 기술 중 다수는 현실에서 구현돼왔기 때문이다. 언젠가는 반대로 인간이 그리운 시대가 올 것"이라고 말했다.

영어학원을 운영하는 김재민 원장은 번역 기술 발전이 업계에 큰 타격을 미치진 않을 것으로 내다봤다. 그는 "디지털 계산기가 있다고 해서 수학을 안 배우진 않는다. 물론 기술의 도움을 받아 더 편하게 이용할 수는 있지만 언어 자체는 궁극적으로 사람이 구현하는 것이다. 언어에는 단순히 말만 있는 게 아니라 감정 및 표현 방식, 문화 등이 포함돼 있다"고 말했다.

플리토의 이정수 대표 역시 미래에도 인간 번역가는 꼭 필요할 것

Source: Each company

으로 전망했다. 그는 "계속해서 새로운 단어가 생겨나고 사라지고 있다. 인간의 도움 없이 기계가 실질적으로 완벽해지기는 어렵다. 의료 분야와 마찬가지로 기계나 로봇에 오류가 있을 수 있다. 번역 기술이 인간 번역가의 일자리를 위협하지는 않을 것이며 오히려 인간이 더욱 큰 세상을 보는 데 도움을 줄 것이다. 많은 한국인들이 프랑스 같은 문화적으로 풍요로운 국가에서 나온 신문이나 책을 언어 때문에 읽지 못한다. 번역 기술이 발전해 다른 국가에서 일어나는 일에 대해 대충이라도 알 수 있게 되며, 과거 즐기지 못한 다양한 문화를 경험할 수 있게 될 것이다."

영국의 경제주간지 《이코노미스트》 역시 최근 기사에서 기계번역이 나아가야 할 길은 멀지만 현재의 기술 수준만으로도 충분히 도움이 되고 있다고 분석했다. "인공신경망번역 기술이 아직은 인간을 대체할 수준에 도달하지 못했다. 저자의 의도와 문화가 담긴 문학을 기계가 번역하기에는 너무 많은 것이 필요하다. 금융이나 법률같이 전문적인 일과 관련된 경우 작은 실수 하나도 용납될 수 없다. 하지만 많은 사람이 다른 문화권 사람들은 무엇을 읽고 어떠한 대화를 하는지 알고 싶어 하면서도 다른 언어를 배울 시간은 없다. 발전하는 차세대 번역 기술이 이를 실현시킬지도 모른다."

▌기계가 아시아권 언어 번역을 잘 못 하는 이유

기계번역 기술이 최근 들어 급격히 발달했지만 번역의 질은 언어의 종류에 따라 여전히 차이가 있다.

전 세계에서 가장 많은 사람이 사용하는 구글번역기의 경우 어순과 문법 체계가 비슷한 언어, 즉 영어, 프랑스어, 독일어, 스페인어 간의 번역은 상당히 우수하다. 하지만 한국어, 일본어, 아랍어 등 서양 언어와 체계가 많이 다른 경우는 번역이 잘 안 되는 상황이다.

특히 한국어의 경우 접두어나 접미어에 따라 뜻이 크게 달라진다. "나는 학교에 간다"와 "나는 학교에 가네요"는 다른 의미를 가질 수 있다.

한국전자통신연구원ETRI 김영길 실장은 "한국어의 경우 어순의 변화가 많고 서술어가 생략되기도 한다"며 "한국어는 영어보다 번역하기 어려운 언어"라고 말했다.

이 때문에 어떤 이들은 한 언어를 다른 '중간언어'로 번역하는 과정을 통해 기계번역의 한계를 극복하기도 한다. 예컨대 한국어를 영어로 번역할 땐, 먼저 한국어를 일본어로 번역한 뒤 일본어로 번역된 것을 다시 영어로 번역하면 더 나은 번역이 가능하다. 이는 그 반대도 마찬가지다.

플리토 이정수 대표는 문장의 끝에 마침표를 사용하지 않았거나, 오타가 있었거나, 띄어쓰기를 잘못하면 기계번역이 제대로 작동하지 않는다고 전했다. 특히 아시아권 언어는 이러한 문제가 더욱 부각된다.

플리토는 설립 초기 한국 인기 연예인의 소셜네트워크서비스SNS에 올라온 글을 번역해 화제가 됐다. 그런데 이런 글들은 오타가 많고 문법적으로 틀린 곳이 많아 기계가 번역하는 데 어려움을 겪었다고 한다.

또 하나의 문제점은 문맥에 있다. 예를 들어, 중국어의 경우 두 개의 한자가 모여 하나의 한자가 되는 경우가 많다. 기계번역은 이 경우 하나의 한자로 번역할지, 두 개로 번역할지 쉽게 결정하지 못한다.

"뚜렷한 목표로 위기를 돌파하라"

'플리토'의 번역은 인공지능을 활용하는 네이버나 구글의 번역과는 다르다.

인간이 참여하는 번역이다. 플리토의 '집단지성' 번역은 전 세계 플리토 회원들이 자발적으로 번역에 참여해 이뤄진다. 기계번역이 하기 힘든 유행어나 은어, 속담까지도 번역할 수 있다. 어순이 바뀌거나 문맥에 대한 이해가 필요한 글도 정확하게 번역한다.

이렇게 제공된 번역 서비스는 빅데이터로 차곡차곡 쌓인다. 플리토는 이 데이터가 필요한 업체에게 판매해 수익을 얻는다.

이정수(35) 대표가 플리토를 창업한 것은 2012년이다. 대기업을 나와 창업했던 당시 직원은 단 3명뿐이었다. 하지만 4년 만에 플리토는 직원 50여 명, 매출 60억 원으로 성장했다. 요즘 플리토가 번역하는 문장은 하루 30만 개에 달한다. 이 대표는 "인공지능 번역과 인간번역의 중간 지점을 포착했다"고 플리토에 대해 설명했다.

대기업에 다니다가 창업을 결심한 이유는.

2009년 SK텔레콤에 입사해 투자팀에서 근무하면서 스타트업들을 많이 만났다. 지금은 크게 성장한 '배달의 민족'이나 '티켓몬스터' 같은 회사들이 당시엔 스타트업이었다. 그들을 만나면서 갈증을 느꼈다. 회사 동료들과 모이면 상사 욕을 하거나 '이 회사에서 언제까지 일할까? 은퇴하면 치킨집을 할까?' 이런 얘기밖에 안 하는데, 스타트업들은 자기 얘기만 했다. '이번에 이런 서비스 만들었는데 우리는 이렇게 할 거야', '우린 미래에 이렇게 될 거야' 같은 얘기들. 그들이 초롱초롱한 눈빛으로 자신들의 서비스에 대해, 희망찬 미래에 대해 말하는 것이 너무 멋있어 보였다. 보고만 있어도 설렜다. '나도 저렇게 살고 싶다'고 생각했다. 그러던 중 플리토의 현재 사업 모델이 된 번역 서비스 아이디어로 SK 사내 벤처 '두드림'에 지원했다. 실시간 번역 데이터를 축적할 수 있는 서비스라는 점을 인정받아 선정됐다. 2012년 스마트폰이 대중화되는 걸 보면서 퇴사를 결심했다. 스마트폰을 활용하면 되겠다는 생각에서였다.

그래도 창업을 결심하기가 쉽지 않았을 것 같은데.

SK텔레콤 퇴사 당시 연봉이 8,000만 원 이상이었다. 월 실수령액이 500만 원을 넘었다. 창업하는 순간 그게 제로가 된다. 망하면 대기업

도 다시 못 간다. 결혼도 못 한다. 당연히 그런 걱정들을 했다. 하지만 운 좋게 투자자를 만날 수 있었다. SK텔레콤 투자팀에서 일 때문에 만났던 벤처캐피털VC DSC인베스먼트로부터 첫 투자를 받았다. 사업 설명을 하는 도중 그 회사 대표가 내게 "얼마가 필요하냐?"라고 물었다. 내가 "3억이 필요하다"라고 하니 그는 "그럼 8억 투자하겠다"라고 했다.

사업 설명을 듣자마자 그 자리에서 투자 결정을 했다는 건가.

사실 투자나 사업은 운이 중요하다. 그 운이 되는 순간이 있다. 다만 그 운을 쟁취하기 위해서는 그전부터 준비가 되어 있어야 한다. SK텔레콤에서 일할 때 벤처캐피털 관계자들에게 소위 '갑질'을 했다면 이런 투자 기회를 놓쳤을 것이다. 회사에 근무할 때도 내 아이디어에 대해 사람들에게 꾸준히 설명을 했다. "번역 관련 창업을 하고 싶다, 자신 있다"는 말도 기회가 될 때마다 벤처캐피털 관계자들에게 했다. 창업하는 사람은 자기만의 확신이 있어야 한다. 보통 사업한다고 하면 주변 사람들은 대부분 '안 될 거 같은데'라고 반응한다. 그런 반응에 흔들리지 말아야 한다.

플리토 애플리케이션은 어떻게 개발했나.

퇴사 후 영국에 갔다. 테크스타스TechStars라는 유명한 스타트업 인큐베이터가 있는데 한국 회사로는 처음으로 플리토를 인큐베이트하기로 결정했기 때문이다. 런던 사무실을 제공받았고 그곳에서 애플리케이션 개발을 했다. 두 달 만인 2012년 11월 말, 첫 데모 버전 애플리케이션이 나왔다. 지금으로 보면 쓰레기나 다름없는 수준이었다. '개판 5분 전'이라고나 할까. (하하) 12개 나라 말로 번역할 수 있었지만 오류(버그)가 많았다. 당시엔 디자이너가 없어 그림판으로 내가 직접 디자인했다. 그림판으로 하는 디자인은 어땠겠나. 정식 출시는 2013년도 9월이다. 첫 공식 애플리케이션은 지금과 비슷하다.

출시 직후부터 화제가 됐다.

당시 다른 회사의 번역 애플리케이션이 워낙 형편없었다. 번역 전문가에게 의뢰하기는 싫지만 자동번역 애플리케이션은 믿을 수 없는 사람들을 대상으로 하는 업체는 우리가 유일했다. 대학생과 직장인을 상대로 빠르게 자리매김했다. 2013년 국내 6~7개의 스타트업 콘테스트에서 대상을 받았고, 이것이 자연스레 투자로 이어졌다.

기억에 남는 순간을 꼽는다면.

2016년 말 인천공항에서의 일이다. 앞에 서 있는 사람이 스마트폰을 쓰는데 거기 우리 플리토 애플리케이션이 있었다. 이 애플리케이션 많이 쓰냐 물으니 "너무 잘 쓰고 있다"고 하더라. 그 말에 "사실 제가 만든 겁니다"라고 했다. 너무 기분 좋은 순간이었다.

보람을 느끼는 때는.

많은 베트남인들이 플리토 애플리케이션을 쓰고 있다. 국제결혼은 다

3부 문화 혁명

른 자동번역기로 번역이 안 되기 때문이다. 국제결혼 과정에서 오고 가는 대화는 굉장히 진지하다. 예를 들어, '본토에 연인이 있었다면서 왜 비밀로 한 거야' 같은 거다. 베트남 국제결혼 카페 사이트에 가면 이런 질문 내용이 많은데 자동번역으로는 도저히 번역할 수 없는 내용들이다. 자신의 상황을 호소하며 법적 구제를 요청하는 내용도 있다. 남편으로부터 폭행당하고 있다는 등의 내용을 베트남어로 써서 우리에게 번역을 요청한다. 그런 사람들은 사정이 넉넉하지 않을 거 같은데 우리 번역 서비스에 한 달 10만 원 이상을 지출한다. 이에 대한 지원을 서울시에 여러 번 요청했지만 이들이 대부분 서울 아닌 경기도 안산 등지에 산다는 이유로 지원이 어렵다는 입장이다. 하지만 이들의 상황은 절박하다. 베트남 사람들이 우리 애플리케이션을 이렇게 많이 쓰게 될지 정말 몰랐다.

수익은 얼마나 되나.

아직 순수익을 내진 않는다. 투자는 지금까지 140억 원 받았고, 매출은 월 5억 원 규모다. 하지만 빠르게 성장하고 있다. 트래픽이 일주일에 약 10퍼센트씩 증가하고 있다. B2B 영업이 매출에서 가장 큰 부분을 차지한다. 마케팅 비용을 줄이면 흑자 전환은 어렵지 않다. 사용성을 높이기 위한 서비스들을 줄이면 손익은 얼마든지 맞출 수 있다. 하지만 마케팅 비용을 줄이면 매출은 유지되겠지만 성장 속도가 느려질수 있다. 우린 작은 사업이 아닌 글로벌 서비스를 추구하기 때문에 당장 수익을 내는 것에 급급하지 않는다.

회사의 비전을 한마디로 설명한다면.

언어 데이터 관련 세계 제일 기업이 되는 것이 우리 목표다. 언어의 가치는 지금보다 미래에 훨씬 더 크다고 본다. 지금도 글로벌 기업과 협업을 많이 하고 있다. 미국 마이크로소프트나 중국 텐센트, 바이두 같은 글로벌 기업과 같이 일하고 있다. 그들이 필요로 하는 언어 데이터를 플리토가 갖고 있기 때문이다.

4차 산업혁명 관련 정부 규제를 평가한다면.

정부 규제의 가장 큰 문제는 대기업의 과도한 영향력 행사를 막기 위해 만들어진 규제들이 동일한 기준으로 스타트업에도 적용된다는 것이다. 예를 들어, 주민등록번호 요구는 대기업의 개인정보를 이용한 사업을 방지하기 위해 도입된 것인데 이것이 스타트업 회사에게도 똑같이 적용된다. 스타트업의 경우 글로벌 서비스를 만들어서 외국인 회원을 유입시켜야 하는데, 이 경우 외국인 인증서를 받아야 한다. 어떤 외국인이 신분증을 요구하는 한국 사이트에 가입하겠는가. 다른 나라 서비스는 그냥 사용할 수 있는데 말이다. 한국의 인터넷산업 발전이 뒤쳐졌던 가장 큰 이유가 가입 시 주민등록번호 등록을 의무화했기 때문이다. 이 때문에 싸이월드는 해외 진출이 전혀 안 됐다. 여전히 비슷한 일들이 계속되고 있는 것이다. 페이팔Paypal도 소위 '환치기' 우려 때문에 한국에선 불가능하다. 거래 포착이 안 된다는 이유다. 하지만 전 세계에서 페이팔이 안 되는 곳은 중국과 한국뿐이다.

무보수로라도 일하고 싶어 하는 청년이 많다고 하던데.

창업을 원하는 이들이 경험을 쌓고 싶어서 지원하는 경우가 많다. 해외 스타트업 사례를 봐도 그렇다. 실제로 애플이나 구글엔 무급으로 일하는 젊은이들이 많다. 하지만 우리는 무조건 되돌려 보낸다. 노동 규제 때문이다. 과거 대기업들이 인턴 직원을 무보수로 활용하면서 '열정페이'란 것이 생겨났고, 그것을 막기 위해 정부가 관련 규제를 만들었다. 문재인 정부의 사람 중심 경제 정책을 높게 평가하지만, 그 역시 긍정적인 부분과 부정적인 부분이 있다. 일괄적으로 적용하면 부정적인 결과를 낳을 수 있다. 뭔가 해보려는 사람들의 사기를 꺾을 수도 있다.

4차 산업혁명을 뭐라고 정의하나.

3차 산업혁명의 경우 정보 제공자가 전문가에 한정돼 있었다. 하지만 4차 산업혁명의 세상에선 정보 제공자가 누군지 모르는 상황이 된다. 너무나 많은 사람이 정보 제공자가 될 수 있다. 이로 인한 장점과 단점이 명확하다. 장점은 너무나 많은 정보가 빠르게 쌓여서 실시간 적용된다는 점이다. 단점은 그 안에서 올바른 데이터를 걸러내는 것이 어렵다는 것이다.

4차 산업혁명을 맞는 한국의 최우선 과제는 꼽는다면.

교육이 변해야 한다. 아무리 대통령이 바뀌어도 그 아래 중간층은 바뀌지 않는다. 우리가 대통령과 일하는 게 아니지 않나. 정부는 바뀌었지만 공무원들은 전혀 바뀌지 않았다. 그들의 특징은 책임을 지지 않으려 한다는 점이다. 규제가 계속 늘어나는 이유도 어떤 문제를 미연에 방지하기 위해 계속 장애물을 설치하기 때문이다. 장애물 때문에 사람들이 뭔가를 안 벌이면 애초에 문제가 발생하지 않을 것이기 때문이다. 그렇다면 '왜 공무원들은 일을 이렇게 하나'라고 물으면 교육의 문제로 돌아간다. 어렸을 때부터 부모님으로부터 '관리가 돼라. 장사는 천한 직업이다'라는 말을 듣고 자랐다. 그래서 공부해서 관리가 됐다. 나라를 위해 일한다기보다 '관리가 되면 대우받을 수 있다'는 생각 때문이다. 그런 이들이 실제로 관리가 되고 나면 자신이 갑이라는 갑을관계 인식이 생긴다. 중국이 무서운 건 상하관계에 대한 개념이 없다는 점 때문이다. 특히 나이에 대한 상하 개념이 없다. 관계가 굉장히 수평적이다. 한국과 비교가 안 될 정도로 빠르게 성장하고 있다. 중국도 예전엔 칭화대학교, 북경대학교 나온 친구들이 공산당 관리가 되려고 했지만, 지금은 다 IT산업으로 진출하고 있다.

본인은 그런 말 안 듣고 자랐나.

외국에서 어린시절을 보냈다. 아버지께서 해외 주재원이어서 쿠웨이트, 사우디아라비아 같은 중동국가에서 16년 동안 살다가 중학교 3학년 때 한국에 왔다. 대원외국어고등학교를 거쳐 고려대학교 경영학과에 진학했다. 대학 친구들은 고시 공부를 많이 했는데, 나는 그쪽엔 전혀 관심이 없었다. 그래서 내가 뭘 잘하는지, 뭘 재밌어하는지 알아보자는 생각에 여러 일들을 해봤다. 2000년대 중반 당시 〈프렌즈

Friends〉, 〈섹스 앤 더 시티Sex and the city〉 같은 미국 드라마가 인기가 많았는데, 그걸 보면서 미드 속 주인공들이 쓰는 커피 잔을 수입해서 파는 사업을 해봐야겠다는 생각을 했다. 〈프렌즈〉 주인공들이 모이는 센트럴파크 카페 마크가 박힌 머그 같은 것 말이다. 그 머그 제작사인 독일 회사에서 하나에 3만 원에 수입해 10퍼센트 마진을 붙여 3만 3,000원에 팔았는데 오히려 손해였다. 한 번 수입할 때 1,000~2,000개씩 들여왔는데, 가져오면 2~3일이면 완판이었다. 인기가 매우 높았다. 하지만 매출은 좋은데 적자였다. 오는 길에 몇 개는 깨지고 배송비도 있고 하니 말이다. 이걸 싸게 만드는 방법을 궁리하다가 경기도 이천 공장을 통해 한 개당 2,000원에 제작해서 팔았다. 그렇게 판매하다가 사람들에게 욕도 먹고 그랬다. 그런 과정을 거치면서 내가 사업 쪽에 소질이 있다고 생각했던 거 같다.

스타트업 창업을 하려는 이들에게 조언을 한다면.

장밋빛 전망만 가지고 창업하면 안 된다. 내가 2012년에 창업했을 때, 같이 창업했던 회사들 중 90퍼센트가 망했다. 쫄딱 망했다. 망한 회사의 창업자들도 자기 분야에서 각자 일 잘 하다가 꿈을 위해 창업했던 사람들이다. 창업을 하면 처음 2년은 행복하다. 투자금도 들어오고 미래도 밝아 보인다. 그러다가 1년 반 정도가 지나면 발전이 보이지 않는 시기가 온다. 그때 돈을 목적으로 창업을 한 경우라면 바로 무너진다. 그 시기를 버티려면 왜 내가 창업을 했는지에 대한 목적이 명확해야 한다. 나는 '언어의 장벽을 넘어선다'는 명확한 목적의식이 있었다. 두 번 정도 자금 사정이 어려웠던 때가 있었다. 그만두고 싶은 적도 있었다. 하지만 최종적으로 성취하고 싶은 것이 있으니까 버틸 수 있었다. 목적이 명확해야 끝까지 갈 수 있다. 또 스타트업은 책임의식이 굉장히 중요하다. 대기업 같은 경우는 선배들이 책임을 지는 반면에 여기는 연차와 관계없이 개개인이 책임을 진다. 자기가 맡은 책임의 중압감을 버티지 못한다면 일을 할 수가 없다. 책임감이 강한 친구들이 일할 수 있다.

**The Fourth
Industrial
Revolution**

교육
Education

▌4차 산업혁명 시대의 교실은 어떤 모습일까

4차 산업혁명을 주창하는 경제학자들은 기술이 인간 삶의 질을 향상시킬 거라고 말한다. 하지만 더 편리해진 만큼 노동시장의 변화도 불가피하다. 로봇이 사무직과 소매업 인력을 대체하고, 인공지능 플랫폼이 금융, 교육, 의학 서비스를 제공하게 될 날이 올 지도 모른다. 인류는 새로운 기술에 적응할 다음 세대를 교육하고 훈련해야 할 중대한 임무에 직면했다. 어떤 직업과 기술이 살아남을지에 대한 논의가 한창이다.

GE의 수석 이코노미스트인 마르코 아눈지아타Marco Annunziata는 2016년 12월 《글로브 앤 메일》에 기고한 칼럼에서, 미래 직업은 '제대로 발달된 문제해결 능력과 창의력'을 요구하기 때문에 노동자들은 엄

3부 문화 혁명

청난 변화를 겪게 될 것이라고 말했다. 교육과 훈련이 그런 변화를 빨리 따라잡아야 한다.

교육 전문가들은 과학, 기술, 공학, 수학, 즉 'STEM'으로 불리는 전통적인 교과에 더해 '6C'가 중요하다고 말한다. 6C란 창의력, 비판적인 사고, 의사소통, 협동, 컴퓨터적 사고, 그리고 호기심을 말한다. 가르치기 더 어렵지만 어린이의 발달에 필수적인 추상적인 자질들이다.

▌ 미래의 교실

2016년 12월 한국 교육부는 교실에서 학생들의 적성을 최대한으로 살리면서, 스스로 사고하고 문제를 해결할 수 있는 능력을 높여줄 방안을 제시했다. 교육부는 보고서에서 "교육 개혁이 결실을 이루도록 하기 위해서는 교실의 혁신과 교사들의 역할이 필수적"이라고 강조했다.

최근 온라인 공개수업, 즉 무크MOOC는 교수 방법 변화에 중요한 역할을 했다. 무크란 지역과 교육 배경에 상관없이 누구나 참여할 수 있는 온라인 교육 과정이다.

무크는 대부분 자막이 있는 비디오 강연, 개념 이해를 돕기 위한 숙제, 그리고 아이디어를 강화시켜 주는 퀴즈로 구성된다.

2015년 10월 한국 정부는 한국 사정에 맞게 개발한 'K-무크'를 출범시켰다. K-무크는 온라인으로 대학 강의를 제공한다. 교육부에 따르면 2017년 4월까지 26만 명이 K-무크에 등록했다. 교육부는 공학, 인문학, 한국문학 등 수요가 많은 과목 위주로 160개 이상의 강연을 추가 개설할 예정이다. 통틀어 전국 10개 대학의 300개의 강연을 들을

초 · 중등 교육에 도입될 4차 산업혁명 기술

1년 이내	메이커스페이스 · 로봇
2~3년	애널리틱스 · 가상현실
4~5년	인공지능 · 사물인터넷

자료 : NMC/CoSN 호라이즌 리포트 프리뷰(2017년 K-12판)

수 있게 된다. 무크는 또 도시와 시골 간의 교육 격차를 해소하고, 외딴 지역의 교사 부족 현상을 해결할 수 있을 것으로 예상된다.

무크는 'K-12(한국을 포함한 여러 국가의 12년간의 정규교육 과정)'과 대학 이후의 평생 교육에도 활용된다. 미국 스탠퍼드대학교에서 제공하던 무료 컴퓨터 과학교실에서 시작된 유다시티Udacity가 대표적인 예다.

1세대 무크 회사 유다시티는 초기에는 컴퓨터, 수학, 물리학 과목의 강의 이수 증명서를 발급했는데, 이후엔 학생들이 89달러를 내면 자격증 취득으로 이어지는 기말고사를 치를 수 있도록 했다. 현재 유다시티는 아마존이나 페이스북 같은 기업과 협업해서 직업 현장에서 활용할 수 있는 '나노학위'를 수여한다. 삼성전자, 인텔 등 30여 개 기업은 '고용 파트너'로서 유다시티 졸업생들이 구직활동을 시작하기 전에 접촉할 수 있다는 내용의 협약을 맺었다.

세바스찬 트룬 유다시티 설립자는 2016년 12월 《MIT 테크놀로지

리뷰》와의 인터뷰에서 교육 관련 수요와 인생에서 단 한 번뿐인 대학 교육 사이의 간극이 점차 커지고 있다고 말했다. 대학 교육이 인생에서 한 번뿐이라는 생각은 사람이 평생 한 가지 직업만 가지는 시대의 것이다. 기술이 빠르게 변화하고 있는 만큼 사람들도 새로운 직업에 빨리 대응해야 하는 상황이다. 새로운 것을 빨리 배우고 적응해야 한다.

한국의 1세대 벤처 기업가인 이민화 카이스트 교수는 한 칼럼에서 "이제 은퇴가 없는 액티브에이징active aging 시대에 들어서고 있다. 평균 52세까지 25년을 근무하고 은퇴해도 77세까지 25년은 더 일할 수 있다. 초고령화로 인생 이모작 시대가 열린다. 4차 산업혁명의 지속적인 일자리 변화는 초고령화가 요구하는 이모작 교육을 넘어 N모작 교육 수요를 창출한다. 평생교육의 중요성이 현재 초중고대학의 정규교육을 넘어서게 될 것이다"라고 주장했다.

▌창의적인 교실

무크가 이용하기 편리해도 직접 해보는 것만큼 교육 효과가 높지는 않다. '메이커스페이스'는 교육 부문에서 최근 주목을 받는 개념이다.

메이커스페이스는 학교나 사설 교육기관의 공작실(워크숍)을 말한다. 도구와 학습 경험을 제공해 학생들이 아이디어를 실행할 수 있도록 돕는 공간이다. 학생들은 스스로 전자기기를 만들 수 있고, 오픈소스 학습 자료나 3D 프린터 등을 활용해 간단한 전자기기부터 로봇까지 다양한 물건을 만들어볼 수 있다.

이는 워크숍에서 물건을 만들어내는 전통에서 그 뿌리를 찾을 수 있다. 최근의 메이커스페이스는 직접 디자인하고 구성해보는 작업을 통해 높은 수준의 창의적 문제해결 능력을 기를 수 있다는 점 때문에 각광받고 있다.

'10메이크'라는 코딩 교육 브랜드를 운영하는 스타트업 '매직에코'의 최재규 대표는 "앞으로 단순 수학문제를 푸는 능력은 더 이상 인간의 핵심 경쟁력이 되지 못한다. 인공지능 시대에는 문제해결 과정에서 다른 사람과 협업하고 설득하는 과정이 더욱 필요하게 될 것이다"라고 말한다.

대다수의 한국 학부모는 메이커스페이스를 경험하기 위해 방과후 교육을 선택하고 있다. 학교 수업이 끝난 후 추가 비용을 지불해가며 이를 배우고 있는 것이다. 학생들은 이곳에서 레고를 이용해 드론을 만들거나, 모바일 애플리케이션을 개발하고, 장난감 기계를 만든다.

일부 대학들은 메이커스페이스 활동에 참여한 경력을 가진 대입 지망생들에게 가산점을 주기 시작했다. MIT 같은 해외 대학들은 이런 제도를 이미 시행 중이다.

한국의 일부 중학교, 대학교 및 구청들이 발명과 디자인에 초점을 둔 메이커스페이스를 운영하고 있지만, 공교육에서는 아직 정식으로 메이커스페이스를 도입하지 않았다. 때문에 많은 교수법 전문가들은 정부가 이러한 공간에 대한 투자를 확대할 것을 촉구한다.

미국의 뉴미디어 컨소시엄은 2017년판 《K-12 NMC/CoSN 호라이즌 리포트》 프리뷰에서 미래 교실을 어떻게 개선하고 새로운 목표를 설정하느냐에 대한 해답을 메이커스페이스라는 개념에서 찾을 수 있

해외 혁신 교육 기관들

	특징	지역	시작 연도
칸아카데미	• 전 연령대에 걸쳐 수학, 컴퓨팅, 미술 관련 맞춤형 학습 지원을 제공하는 비영리 기관 • 유튜브 비디오로 짧은 강의 제공	전 세계	2006
싱귤레리티대학	• 스타트업을 대상으로 교육 프로그램을 제공하고 사업 인큐베이터 역할을 하는 싱크탱크 • 글로벌 솔루션 프로그램은 새로운 기술을 가르치고 학생들은 여름에 창업을 위해 협업함	실리콘벨리	2008
미네르바스쿨	• 캠퍼스 없는 대안 학교 • 응용분석과 의사결정 석사 학위 제공	샌프란시스코, 베를린, 부에노스아이레스, 서울, 하이데라바드, 런던, 타이페이	2011
알트스쿨	• 전통적인 교육과 실리콘벨리에서 기대하는 하이테크 교육을 결합한 새로운 형태의 학교 • 마크 주커버그와 피터 틸 등 다양한 투자자들로부터 받은 기금으로 운영	샌프란시스코 베이, 뉴욕	2014

다고 밝혔다. 리포트에 따르면 3D 프린터나 3D 모델링 애플리케이션이 더 많이 보급됨에 따라 메이커스페이스가 앞으로 1년 안에 선진국의 교실에서 일반화될 것이다. 호라이즌 리포트는 매년 세계 교육의 기술 트렌드를 소개하는 권위 있는 보고서다.

이 리포트는 로봇 역시 1년 이내에 교실에 널리 보급될 것으로 예상했다. 2~3년 이내에 분석 기술과 가상현실VR이 도입되고, 4~5년 이내에 인공지능과 사물인터넷이 학교에서 주요 교육 도구로 활용될 것으로 내다봤다.

컴퓨터 코딩은 넓은 의미에서 메이커스페이스의 중요한 부분을 차지하는데, 전문가들은 코딩이 컴퓨터적 사고를 자극하는 수단이 될 수 있다고 본다. 코딩 교육은 컴퓨터나 애플리케이션을 사용하는 방법을 가르치는 게 아니라, 이런 것들이 어떻게 만들어졌는지를 알게 해주기 때문이다.

많은 나라가 정규교육 과정에 코딩을 편입시키고 있다. 영국은 2014년부터 코딩을 5세 이상의 어린이 대상 정규교육 과정에 포함시켰다. 중국과 인도는 2010년에 포함시켰다. 팀 쿡 애플 대표는 2017년 6월 도널드 트럼프 미국 대통령과 만난 자리에서 코딩을 의무교육 과정에 포함시킬 것을 건의했다. 한국은 2018년 중,고등학교를 시작으로 2019년에는 초등학교까지 코딩 교육을 정규 교과목으로 편성할 예정이다.

▌교사 리더십의 변화

교사들의 역할과 의무도 변하고 있다. '뉴미디어 컨소시엄'은 2016년 보고서에서 "많은 콘텐트가 온라인으로 제공되면서 교사들은 더 이상 교실에서 유일한 권위 있는 정보의 원천이 될 필요가 없다"고 주장했다.

하지만 이는 교사들이 교실에서 사라지고 로봇으로 대체돼야 한다는 의미는 아니다. 보고서는 "교사들은 지시가 아닌 상담 위주로 리더십 스타일을 바꾸고, 학생들을 기획, 실행, 평가에 참여시키는 임무를 맡게 됐다"고 서술했다.

'거꾸로 교실'은 이런 변화를 보여주는 사례다. 거꾸로 교실의 중심은 교사가 아닌 학생이다. 수업시간은 실험이나 토론 등을 통해 한 가지 주제를 깊이 탐색하는 데 맞춰진다. 교사와 학생의 상호작용은 더 개별적이고 덜 일방적이 된다.

교육부는 교사의 역할 변화에 대한 대책을 준비 중이다. 그중에는 교육 및 사범대의 커리큘럼을 수정하거나 임용고시를 개정하는 것이 있다. 교사 양성 과정과 교육의 발전 간의 격차를 좁히기 위해 임용고시에 합격한 예비교사들이 일정 의무기간 동안 연수를 받도록 하는 것도 고려 중이다.

이와 관련해 서울대학교 교수 15명은 2017년 창의적인 교수법을 연구하는 모임을 만들었다. 이들은 어떤 학생이든 제대로 배우면 창의력을 기를 수 있다고 주장한다. 한국교육공학회 회장을 맡고 있는 서울대학교 임철일 교육공학과 교수는 "많은 사람이 한국이 4차 산업혁명에 대비한 교육에 뒤떨어졌다고 주장하지만 대학에서 교수법을 다시 설정하기만 해도 그 격차를 줄일 수 있을 것"이라고 말했다.

전문가들은 또 인간과 기계가 융합하게 될 머지않은 미래를 대비해 학제융합교수법이 필요하다고 말한다. 과학과 인문학 간의 간극이 크게 줄어들 것이며, 이에 따라 교양과목이 지속가능한 혁신에 중요한 역할을 하게 될 것이다.

미국 싱크탱크인 '브루킹스연구소'는 최근 리포트에서 인문학을 전공하는 학생들이 4차 산업혁명을 헤쳐나가는 데에 필요한 광범위한 역량을 갖고 있다고 분석했다. 물론 이런 인문학적 소양이 파괴적인 기술과 효과적으로 조합됐을 때라는 전제하에서다.

2017년 3월 출범한 한국 에듀테크 스타트업 얼라이언스의 김진수 대표는 교육의 가치지향점은 여전히 교육의 기본에 있다고 강조한다. 그는 "교육의 변치 않는 가치는 결국 건강한 마음가짐과 신체, 다른 이들과 잘 어울릴 수 있는 좋은 인품을 지닌 전인적인 사람을 키우는 데에 있다. 기술은 그런 노력을 뒷받침하는 도구"라고 말했다.

▎아직 쉽지 않은 교육 기술 사업의 성공

글로벌 교육산업은 전통적인 교육 기법에 소프트웨어, 인공지능, 가상현실, 증강현실, 3D 프린팅 등의 최신 기술을 결합해서 100여 년간 거의 변하지 않았던 학습 모델을 바꾸려 노력해왔다.

한국에서는 '에듀테크'라는 용어로 더 많이 알려진 '에드테크EdTech'는 교육과 기술의 합성어다. 에드테크는 5조 달러 규모에 이르는 거대한 교육 시장의 큰 축이다. 학생들이 노트북이나 태블릿 PC를 이용하기 쉬워지고 인터넷으로 연결된 교실이 늘어나는 가운데 에드테크는 학생 주도 교육을 가능하게 한다.

에드테크 컨퍼런스를 개최하는 '에드테크엑스글로벌EdTechXGlobal'에 따르면 글로벌 에드테크 시장은 매년 평균 17퍼센트씩 성장해 2020년까지 2,520억 달러 규모에 이를 전망이다.

한국은 최근에 와서야 에드테크의 가능성을 깨닫게 된 상황이다. 한국의 에드테크 관련 주요 스타트업들의 활동 분야는 크게 학습 방법과 학습 주제에 도움을 주고, 학생들의 자기주도적 학습 능력과 문제해결 능력을 높이고, 학부모와 교사 간 의사소통을 돕는 것으로 분류될 수 있다.

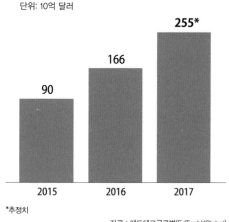

세계 에드테크 시장 규모

단위: 10억 달러

255*

166

90

2015   2016   2017

*추정치

자료 : 에드테크글로벌(EdTechXGlobal)

일부 기존 교육 업체들도 전통적인 교육 기법과 새로운 기술의 융합을 시도하고 있다. 하지만 대부분의 경우 광고 마케팅에 그치고 말았다.

한국에 에드테크 회사가 얼마나 있는지, 그 시장의 규모는 어떤지에 관한 공식자료는 없다. 교육 업계 관계자들은 에드테크 산업의 변동성이 다른 산업보다 훨씬 심하다고 전한다. 하지만 혁신적인 기술을 도입한 소수의 회사는 세계적인 성공을 거두고 있다.

뤼이드Riiid는 토익시험 대비 문제풀이 과정에 인공지능 알고리즘을 도입해 주목받았다. 자체 개발한 객관식 시험 관련 인공지능 기술로 한국, 미국, 일본, 중국에서 특허를 출원했고, 중국에서 매년 20만 명이 치르는 대입 시험 공부와 그 밖의 영어능력 시험 준비에도 이 플랫폼이 적용될 예정이다.

장영준 뤼이드 대표는 "소수의 에드테크 스타트업만이 서비스와 기술력을 경쟁력으로 삼는다. 너무 많은 회사가 모호하고 순진한 생각을 가지고 에드테크에 뛰어든다"고 말한다.

또 다른 성공적인 스타트업으로 '노리KnowRe'가 있다. 전임 사설학원 수학강사가 미국 뉴욕에 본사를 세운 이 회사는, 회사 내부의 클라우드 시스템을 통해 수학 교육을 돕는 모바일게임을 개발했다. 현재 미국의 70여 개 학교에 서비스를 제공하고 있으며, 다른 교육 기업들과도 공급계약을 맺었다.

글로벌 인터넷 회사들 또한 에드테크에 속속 뛰어들고 있다. 실리콘밸리와 기술 대기업들은 대안학교를 짓고, 자체 개발한 교육 프로그램을 개발하고, 새로운 형태의 교육기관에 투자함으로써 어린이들의 학습 방식을 바꾸고 있다.

"학생과 교사, 교사와 학부모가 소통하는 교육 커뮤니티"

부모님은 아들이 공무원이 되기를 원했다. 부모님의 바람대로 아들은 임용고시를 패스하고 교사가 됐다.

하지만 교사생활 4년 만에 더 좋은 교육 서비스를 만들기 위해 학교를 그만두겠다고 선언했다. 부모님의 반대가 거셌지만 그는 뜻을 굽히지 않았다. 조현구(33) '클래스팅' 대표 이야기다.

대구교육대학교와 서울교육대학교대학원을 나와 초등학교 교사로 근무하던 조 대표가 클래스팅을 구상한 건 교육 현장에 맞는 건전한 소셜네트워크가 필요하다는 생각에서였다.

2012년 베타 서비스를 출시했고, 서비스 이용자가 35만 명을 넘어선 2013년 초 교단을 떠났다. 지난 4년간 약 100억 원의 투자를 유치했고, 미국, 중국, 일본, 대만 등지에 진출했다. 현재는 전국 1만 개 이상의 학교, 35만여 명의 회원이 클래스팅을 사용하고 있다.

어렵게 얻은 안정적인 직장을 버리고 창업을 했다. 후회는 없나.

창업은 특정 전문 분야를 잘 알고 있는 사람이 해야 한다. 스타트업 창업자 중에 교사 출신이 드물다. 그래서 교육에 혁신이 없었던 것 같다. 교직을 떠나는 결정이 쉽지는 않았다. 하지만 원래 컴퓨터를 좋아했고 공대에 진학하려고 했다. 공무원이 돼야 한다고 생각하는 부모님 때문에 컴퓨터교육과에 진학했다. 컴퓨터가 교육에 어떤 방식으로 접목되면 좋을까 고민을 많이 했다.

클래스팅이란.

학급을 의미하는 'Class'와 만남을 의미하는 'Ting'의 결합어인 클래스팅은 학생과 교사, 교사와 학부모가 소통하는 애플리케이션 기반 커뮤니티다. 폐쇄 공간에서 수업 내용뿐 아니라 학습 자료, 사진, 동영상을 공유할 수 있고 학부모에게는 알림장 역할을 한다. 서비스에 등록된 학급이나 학교 간 교류도 가능하다. 온라인 학습 관리 분야 관련 스타트업은 미국, 중국 등지에 수년 전부터 있었지만 소셜네트워크 기능을 접목한 것은 클래스팅이 최초다.

왜 이런 사업을 시작했나.

모든 학생에게 똑같은 것을 가르치는 학교 시스템에 회의가 들었다. 공교육은 1794년에 프로이센에서 시작됐고 강대국 위주로 의무교육이 도입됐다. 그로부터 220년 정도가 흘렀지만 적은 수의 선생님이 많은 학생을 가르치는 방식에는 큰 변화가 없었다. 나는 기술이 교육문제를 해결할 수 있을 것이라고 생각했다. 기술에 밝은 사람들은 교사의 길을 선택하지 않고, 정부가 도입하려는 교육 기술은 교사들에게 맞지 않다. 나는 그 둘의 중간자 역할을 하고 싶었다. 기술은 사회를 변화시키고 있다. 학교에 도움이 될 만한 기술을 제공하고 싶었다.

교사를 그만두고 스타트업을 운영하는 과정에서 힘든 일은 없었나.

회사 발전 단계별로 어려운 점이 생겼다. 초창기에는 가족의 반대, 자금 조달 문제, 투자자를 설득하는 일, 좋은 인재를 데려오는 일, 팀을 구성하고 팀원을 설득하는 일이 어려웠다. 회사가 커지면서는 합류하는 직원들이 기대만큼의 실적과 열정을 보여주지 않을 때 힘들고, 해외사업 확장도 고민이다. 하지만 이 모든 일에 보람이 있다. 나쁜 기억을 잘 잊는 장점 덕분에 스트레스를 잘 감내하는 편이다. 스트레스에 무딘 건 창업가에게 필요한 자질이다.

가장 힘들었던 순간은.

부모님은 내가 공무원이 되길 바라셨고 임용고시를 합격하고 교사가 되었을 때 무척 기뻐하셨다. 그런 교직을 그만두고 좋은 교육 서비스를 만들기 위해 창업을 하겠다고 했을 때 집안 반대는 극심했다. 설득하는 데 거의 1년 정도가 걸렸다. 가족, 친지, 주변 사람들의 극심한 반대를 무릅쓰고 계속 더 나은 서비스를 만들기 위해 시간과 노력을 투자했던 초기 1년이 가장 힘든 시기였다.

초기 창업 자금은 어떻게 조달했나.

서버 비용이 없어서 교사로 일하며 모은 돈으로 초기 창업 비용을 조달했다. 그런데 그마저 곧 부족해졌다. 2012년 구글과 방송통신위원회가 주관한 글로벌 K스타트업에 참가해서 우승 상금 3,000만원을 받았다. 2013년에 소프트뱅크벤처스로부터 첫 투자를 유치했다.

보람을 느낀 에피소드가 있다면.

2016년 경주 지진과 2017년 포항 지진이 발생했을 때 클래스팅을 통해 교사와 학생들이 서로의 안전을 확인하고 등교시간 변경 안내 등 긴급소식을 전하는 것을 보고 보람을 느꼈다.

클래스팅이 학생들로 하여금 스마트폰을 더 많이 사용하게 만드는 건 아닌가.

컴퓨터와 스마트폰을 사용하는 것은 시대의 흐름이다. 그 시대의 흐름 속에 우리는 학교 교육이 뒤쳐지지 않게 하는 역할을 한다. 즉, 학교 교육을 하는 데 있어 컴퓨터와 스마트폰이 편리함을 제공할 수 있도록 소프트웨어를 만들고 교사, 학생, 학부모가 이것을 활용하게 한다.

사업을 시작했던 2010년과 지금 달라진 점은.

지금은 개인학습이 훨씬 중요해졌다. 2010년만 해도 예산은 부족하고 학생 한 명당 교사 수가 적어 똑같은 내용을 다수의 학생들에게 가르칠 수밖에 없었다. 처음에는 교사들에게 교육 이외의 부담을 줄여주는 시스템을 개발하는 데에 집중했다. 2015년이 되자 딥러닝, 머신러닝이 상당 수준으로 발달해 모든 산업에서 받아들일 수 있게 됐다. 따라서 개별 기업이 원천기술을 개발할 필요가 없다. 우리 회사는 소셜 네트워크에 기반한 플랫폼을 사용한 덕분에 오랜 기간 빅데이터를 쌓아왔다. 빅데이터를 통해 교육이 개별 학생들의 성취도에 어떤 변화를 주는지 측정할 수 있었다. 이를 기반으로 개인화 학습을 도입했고, 최근에는 방과후 학생들에게 교사가 좀더 개인화된 교육을 제공할 수 있는 기술을 개발했다. 가시적인 성과가 나오는 중이다.

출산률 감소로 학생 수가 줄어들고 있다.
저출산으로 학생 수가 줄어들자 교육 당국은 교사 수를 줄이고 있다. 이렇게 좋은 기회에 교사를 늘리면 더 좋을 텐데 말이다.

현재 진출해 있는 국가는.
공식적으로 진출한 국가는 대만, 일본, 싱가포르, 홍콩, 미국 등이다. 터키어, 스페인어, 영어, 중국어(번체, 간체), 일본어, 한국어 등이 지원되고, 베트남어를 추가하기 위해 현직 교사들이 언어 변환 작업을 진행 중이다. 국가 간, 도시 간 교류도 하고 있다. 웹사이트에서 지역과 학교를 골라 교류 신청 아이콘을 클릭만 하면 된다. 이를 통해 한국 학교와 대만 학교 학생들이 상대방 국가에서 홈스테이를 하거나 미국 보스턴의 학교랑 충북 충주의 학교가 문화 교류를 진행하기도 했다.

수익 모델은.

디즈니, EBS, 대교, YBM, 천재교육, 지학사 등 약 25개 국내외 교육 콘텐트 업체들과 계약을 맺은 후 지난 1년 반 동안 디지털화 작업을 했다. 흩어져 있던 각종 동영상 및 출판물 등의 콘텐트를 단일 포맷으로 통합해 '러닝카드'라는 인공지능 학습비서를 클래스팅에 실었다. 초등학교 3학년부터 중학교 3학년 교육 과정까지 지원한다. 학교에는 무료로 제공하고 있다. 대신 방과후에 사용할 때는 유료다. 요금은 콘텐트에 따라 월 2만~5만 원으로 다양하다.

앞으로 계획 중인 사업은.

현재는 중학교 과정까지만 콘텐트를 제공하고 있지만 곧 고등학교 학습 과정 및 수학능력시험 대비도 가능하도록 할 계획이다. 우리 솔루션은 커리큘럼이 있는 모든 학습 영역에 가능하기 때문에 토익이나 공무원 시험까지도 적용 가능하다. 최근에는 각 학급에서 클래스팅 커뮤니티에 올리는 사진을 인쇄해 연말에 학급 앨범을 인쇄하는 파트너와 협약을 맺었다.

클래스팅의 비전은 무엇인가.

다루고 싶은 기술이 많다. 모바일이나 스마트폰뿐 아니라 주변 모든 사물을 통해 사용자가 우리 콘텐트를 접할 수 있도록 하고 싶다. 사물인터넷 기술을 적용하면 가능할 것이다. 첫 단계로 2018년부터 삼성전자의 스마트싱스SmartThings 사물인터넷 기술이 접목된 패밀리허브

냉장고 외부 디스플레이를 통해 클래스팅을 사용할 수 있도록 제휴를 맺었다. 음성비서를 통해 우리 콘텐트를 접하는 방법도 개발 중이다. 넷플릭스가 오리지널 콘텐트를 내놓는 것처럼 언젠가는 우리도 우리만의 학습 데이터를 개발하고 싶다.

해외사업은 현황은.

국내로 진출하고 싶어 하는 해외 업체들이 있다. 옥스포드, 피어슨 등과 협의 중이고 디즈니와는 협약을 맺어 디즈니 영어 동화책을 우리 콘텐트로 제공 중이다. 해외 진출을 위해서는 현지에서 잘 쓸 수 있는 서비스를 만드는 게 우선이라고 생각한다. 언어 변환을 하고 시범 서비스를 만들어서 1년 전부터 효과를 측정 중이다.

매출은 얼마나 되나.

2017년 5월부터 본격적으로 유료 비즈니스 모델을 추가해 서비스를 시작했고 5개월 만에 손익분기점을 넘겼다. 지금까지 쌓아온 플랫폼이 강력했기에 가능한 일인 것 같다.

많은 전문가들이 4차 산업혁명의 본질은 교육에 있다고 한다. 어떻게 생각하나.

한국에 에드테크(에듀테크) 분야의 스타트업이 더 많이 생기도록 하려면 학교에서 에드테크 스타트업에 라이선스 비용을 지불하고 쓰는 나라가 돼야 한다고 본다. 학교들은 여전히 국가에서 만들어준 무료 자료를 사용하고 추가 비용을 지불할 의사가 없다. 당연히 시장이 없으니 관련 스타트업이 생길 리가 없다. 우리나라는 예산을 외주 업체에 준 다음 업체가 개발한 자료를 학교가 무료로 사용하도록 한다. 영국의 경우 예산을 그대로 개별 학교에 나눠주고 자율적으로 사용하고 싶은 서비스를 구입하도록 한다. 그래서 영국에는 에드테크 기업이 엄청나게 많이 생겨났다.

우리나라는 구조적인 문제 때문에 사교육에 투입되는 비용이 훨씬 큰 기형적인 상황이 벌어졌다. 에드테크 기업들이 생긴다 해도 학부모를 상대로 만들어진다. 대교, 교원, 웅진, 천재교육 등 대기업뿐 아니라 스피킹맥스, 에스티유니타스, 스마트 스터디, 카카오 키즈 등의 스타트업 모두 학부모, 즉 개인으로부터 받는 돈으로 수익을 창출한다.

한국의 교육은 아주 독특하다. 여전히 대학 진학이 우선이다. 4차 산업혁명이 교육 현장을 바꿀 수 있을까.

어느 나라든 대학과 대학생 수에는 제한이 있게 마련이다. 따라서 모든 대학 입시는 상대평가다. 하지만 우리나라 학생들은 이 경쟁에서 이기기 위해 대부분의 시간과 노력을 투입한다. 그러고 나서 막상 대학에 가서는 논다. 우리나라는 대학 졸업이 너무 쉽다. 대학 교육이 직업을 결정하는 데 직접적인 영향을 끼치고 경쟁력 있는 인재를 만드는 데도 중요한 역할을 하는데, 한국 대학은 졸업이 쉽다보니 학생들이 공부를 덜 한다. 미국의 경우 대학에 들어가는 것은 쉽지만 졸업하는 것을 어렵게 해 공부를 많이 해야 한다. 우리나라도 입학은 쉽고 졸업이 어려운 구조가 돼야 한다.

앞으로의 포부는.

이 회사가 몇 백 년간 존속되는 기업이 됐으면 좋겠다. 소프트뱅크, 아마존, 구글, 페이스북 등 기업 하나하나가 세상을 바꾸고 있다. 나도 제프 베조스나 일론 머스크처럼 인류에 도움을 주는 일을 하고 싶다. 황사 등 기후문제와 우주에 관심이 많다.

경험 가능한 미래
4차 산업혁명 2018

스마트 쇼핑
Smart Shopping

▌AI가 추천하고 가상공간에서 쇼핑하는 미래

2014년 미국의 대표 인터넷 쇼핑 업체 이베이는 '무노력zero-effort 쇼핑'을 예고했다. 당시 이베이의 이노베이션&벤처스팀을 이끌던 스티브 얀코비치는 "스마트기기를 통해 저절로 쇼핑이 이루어지는 미래가 향후 10년 안에 이루어질 것"이라고 예견했다. 그로부터 4년이 채 지나지 않은 현재, 얀코비치의 10년 계획은 이미 현실에서 조금씩 구현되고 있다.

인공지능은 소비자의 구미에 맞는 제품을 알아서 추천하고, 가상현실 기술은 마치 백화점에서 쇼핑하는 것과 같은 경험을 집에서 편하게 할 수 있게 한다.

온라인과 오프라인 플랫폼이 점차 하나로 통합되면서 쇼핑은 언제

어디서나 가능해지고 있다. 앞으로는 소비자들이 더 많은 권한을 갖게 되고 제조와 유통 과정에도 개입하게 될 거라고 전문가들은 전망한다. 또 많은 데이터를 축적하여 의미 있는 정보를 추출할 수 있느냐가 경쟁에서 승패를 좌우하게 될 것이다.

롯데, 신세계, 현대백화점과 같은 국내 유통 대기업들과 인터넷쇼핑 업체들이 앞다퉈 미래 기술을 도입하고 있는 이유다.

▌커지는 소비자 영향력

클릭 한 번으로 소비자는 무제한 정보를 얻을 수 있는 시대다. 소비는 자신이 필요한 것이 무엇이며 원하는 것이 무엇인지에 대해 예전보다 더 정확히 파악할 수 있다. 이들을 만족시키기 위해서는 개인화된 서비스가 필수다.

이 분야에서 앞서가는 업체는 아마존이다. 아마존은 최근 의상 추천 인공지능 스피커 '에코 룩Echo Look'을 출시했다. 카메라가 달린 에코룩 앞에 서면 이 기기가 그날의 코디가 괜찮은지를 판단해준다. 에코룩은 사용자의 사이즈, 과거 구매 이력, 그리고 지금 유행하는 스타일을 분석한다. 사용자의 평소 스타일을 분석해서 구매할 만한 옷을 추천하기도 한다.

중국 알리바바도 빅데이터와 알고리즘을 사용해 쇼핑 목록을 추천한다. 보통은 과거 구매 이력만을 활용하지만 알리바바는 사용자가 살펴본 사이트, 북마킹 해둔 사이트 등을 모두 고려하여 더 창의적인 제품을 추천한다.

한국의 오픈마켓 '11번가'를 운영하는 SK플래닛은 맞춤형 서비스의 일환으로 2017년 3월 자체 개발 챗봇 '바로'를 선보였다. 11번가 온라인 플랫폼에서 사용 가능한 '바로'는 24시간 운영된다. 2016년 8월 도입한 '디지털 컨시어지' 서비스를 업그레이드한 '바로'는 사용자의 애매한 요구도 알아들을 만큼 똑똑하다.

예를 들어, '원룸에 놓을 수 있는 공기청정기를 추천해줘'라고 하면, 바로는 20평 남짓의 방에 맞는 작은 공기청정기를 추천한다. '영화 보기 좋은 노트북을 추천해줘'라고 했을 땐 화질에 중점을 두고 추천 목록을 구성한다. 어떤 제품을 살지 마음을 정하면, 바로는 11번가 플랫폼뿐 아니라 네이버에 올라온 상품들까지 검색해 최저가를 찾아준다.

'바로'에는 딥러닝 기술이 탑재돼 있다. 많이 사용할수록 더 똑똑해진다는 이야기다.

SK플래닛 CCConversational Commerce본부 김태양 본부장은 "바로의 패턴을 분석해보면, 고객들은 상담원이 퇴근한 오후 6시와 오후 9시 사이에 바로를 가장 많이 찾는 것으로 나왔다. 현재는 시작 단계이며, 앞으로의 가능성이 더 큰 서비스"라고 말했다.

현대백화점도 비슷한 기능을 구사하는 챗봇 '헤이봇'을 서비스하고 있다. 현대백화점은 소비자들에게 좀더 정확한 서비스를 제공하기 위해 5,000개의 키워드와 5만여 개의 예상 답변을 미리 입력했다. '내 치마가 언제 배달되나요?'라고 물으면 헤이봇은 '죄송합니다 고객님, 현재 재고 부족으로 배송이 지연되고 있습니다. 조금만 더 기다려주세요'라고 답한다.

오프라인 매장에서도 로봇이 고객 응대에 활용되기 시작했다.

롯데백화점 명동점 지하 1층에는 하얀색의 매끄러운 로봇이 손님들을 맞는다. 고객이 백화점에 들어가면 로봇이 인사를 건네며 매장에서 할 수 있는 것들을 추천한다.

이 로봇의 이름은 '엘봇'이다. 롯데는 엘봇을 한국과학기술연구원 KIST의 사내 벤처 '로보케어'와 공동으로 개발했다. 사람의 형태를 한 이 로봇은 1미터를 살짝 넘는 키에 한국어, 중국어, 일본어, 영어를 구사한다. 얼굴 쪽에 탑재 돼 있는 터치스크린을 통해 백화점 안에 있는 맛집을 추천하기도 하고, 고객이 원하는 장소를 찾을 수 있도록 돕거나 헬프 데스크로 안내한다.

현재 엘봇은 롯데백화점의 명동점에만 설치돼 있다. '로보케어' 김성강 대표는 로봇과 유통채널의 협업은 더 큰 가능성이 있다고 생각한다. 그는 "로봇이 여러 가지 언어를 구사할 수 있다는 점이 매장에서는 굉장히 유용하다. 한국말이 능숙하지 않은 외국인들은 매장 직원들과 접촉하는 걸 부담스러워하는 경향이 있는데, 로봇과의 대화는 더 편해한다. 로봇이 지금은 안내데스크 용도로 사용되지만, 미래에는 매장 점원의 역할도 할 수 있을 것이다"라고 말했다.

▌경계 없는 쇼핑

온라인 쇼핑은 편리하다. 다양한 옵션을 빠르게 제시할 수 있다. 하지만 단점이 하나 있다. 소비자가 원하는 상품을 자세히 살필 수 없다는 점이다. 옷이라면 입어보지 못하는 것이 큰 단점이다.

유통업체들이 선보인 4차 산업혁명 기술

롯데백화점	• IBM왓슨 도입해 챗봇 개발 • SKT와 협력해 식품 매장에서 카트 없이 쇼핑 가능한 '스마트쇼퍼' 솔루션 상용화 • 증강현실 이용한 피팅 룸 디바이스 도입 • 로봇 쇼핑 도우미 '엘봇' 매장에 도입
신세계백화점	• 자체 개발 인공지능 고객 분석 프로그램 'S마인드' 도입
현대백화점	• 가상현실 서비스 도입한 VR스토어 운영 • 온라인 플랫폼에 인공지능 탑재한 챗봇 '헤이봇' 운영
이베이코리아	• 모바일 플랫폼에 음성인식 검색 서비스 도입
SK플래닛	• 딥 러닝 알고리즘 탑재한 챗봇 '바로' 출시

자료: 각 회사

화면에서 본 옷이 실물과 일치하지 않아 반품하는 건 누구나 경험하는 일이다. 반품 과정이 오래 걸리기 때문에 실제 길을 다니다가 본 제품이거나 정말 사고 싶어 벼르고 있는 제품이 아닐 경우엔 화면으로만 보고 살지 말지를 결정하는 건 위험한 일이다.

이때 유용하게 사용할 수 있는 기술이 가상현실VR이다. 집 안에서도 백화점에서 쇼핑하는 것 같은 물리적 경험을 선사한다. 제품을 다방면에서 살펴볼 수 있으며 브랜드 쇼룸에서만 느낄 수 있는 분위기도 재현할 수 있다.

골드만삭스는 2025년이 되면 유통산업에서 사용되는 가상 혹은 증강현실 기술이 16억 달러 규모에 달할 것이라고 예상했다.

2016년 이베이 오스트레일리아는 지역 최대 백화점인 마이어백화점과 협업하여 세계 최초의 가상현실 백화점을 구현했다. 고개를 살짝 틀고 손을 가볍게 움직이는 것만으로도 가게들을 둘러볼 수 있으며 구매까지 완료할 수 있다. 알리바바 또한 'Buy+'라는 이름의 비슷한 서비스를 내놓았다.

한국에서는 현대백화점이 가상현실을 활용하고 있다. 현대백화점은 약 20개 브랜드를 가상현실로 체험할 수 있는 서비스를 2016년 선보였다. 20개 브랜드는 스포츠 브랜드 나이키, 화장품 브랜드 베네피트, 그리고 럭셔리 브랜드 몽블랑 등 다양하다. 가상현실에서 체험할 수 있는 제품들은 약 2~3개월마다 업데이트된다.

하지만 VR을 통한 구매는 아직 불가능하다. VR기기를 끼고 돌아다니다가 마음에 드는 제품이 있으면 다시 스마트폰에서 구매 페이지를 찾아야 한다. 현대백화점은 2018년까지 VR 공간에서 자동추천 기능을 선보일 예정이다. 2019년까지는 백화점 전체를 가상현실로 선보인다는 계획이다.

롯데백화점은 다른 방식으로 증강현실 기술을 활용하고 있다. 바로 3D 가상피팅 서비스다. 엘봇 옆에 있는 이 가상 피팅 서비스는 사용자가 그 앞에 서면 센서를 통해 수치를 잰 후, 다양한 옷을 증강현실을 통해 착용해볼 수 있도록 한다.

이 서비스의 가장 큰 장점은 여러 가지 옷을 아주 짧은 시간 안에 착용해볼 수 있다는 점이다. 착용 시 정확한 피팅감은 알 수 없지만 대충의 느낌이 어떤지를 보여준다.

업계에서는 가상현실 기술이 온라인 플랫폼에 도입됐을 때 더 활용도가 높을 것이라고 예상한다. 미국 마케팅 회사 워커스샌드의 보고서에 따르면 1,400명의 미국 소비자를 대상으로 한 설문조사에서 응답자의 약 35퍼센트는 가상으로 입어볼 수 있다면 온라인쇼핑을 더 많이 하겠다고 답했다.

가상현실과 증강현실 기술은 패션 업계에만 국한하지 않는다. 가구 업계도 앞다퉈 미래 기술을 도입하고 있다. 온라인 플랫폼에 증강현실 기술을 도입함으로써 자신의 공간에 맞는 인테리어를 체험할 수 있는 것이다.

한국의 가구업체 한샘은 최근 자사 온라인쇼핑몰 애플리케이션에 증강현실 서비스를 선보였다. 애플리케이션을 통해 한샘 가구를 자신의 집에 가상으로 배치해볼 수 있는 서비스다. 가구는 환불 과정이 복잡하고 초기 구매 비용이 높다. 그런 가구를 가상으로 미리 집 안에 배치해볼 수 있다는 건 큰 장점이다. 스웨덴 가구 업체 이케아도 최근 애플과 손잡고 자사 쇼핑 애플리케이션에 증강현실 서비스를 선보일 것이라고 밝혔다.

▌여전히 남아 있는 걸림돌

다양한 기술 도입에도 불구하고 한국의 미래 쇼핑 서비스는 아직 가야 할 길이 멀다. 스마트폰 보급률 세계 1위(88%)인 IT 강국이라는 점을 고려할 때 실망스러운 부분이 있는 것도 사실이다.

LG경제연구원의 서기만 수석연구위원은 미래 쇼핑 서비스의 발달 수준은 "수집한 데이터 양에 달려 있다"고 말한다. 수집한 데이터의 양이 많아야 인공지능의 기능을 최대로 끌어올릴 수 있으며, 소비자들을 놀라게 할 만한 서비스를 제공할 수 있다는 것이다.

그는 "일본과 미국 등 해외에서는 데이터 수집을 위해 정보를 사고 파는 일이 매우 흔하다. 정보 중개업을 하는 스타트업이나 회사도 많다. 하지만 한국에서는 정보의 교류에 관한 법제가 복잡할 뿐더러 개인정보 유출에 예민하기 때문에 정보 중개 분야에 뛰어들려는 회사가 많지 않다"고 말했다.

미국의 소프트웨어얼라이언스BSA가 2016년 24개국을 대상으로 한 국가별 클라우드 컴퓨팅 발전 분야에서 한국은 12위에 머물렀다. 클라우드 컴퓨팅은 빅데이터 분석의 필수 요소인데 한국은 데이터 수집에 필요한 제도와 규제가 마련돼 있지 않다.

KT는 2016년 빅데이터 분석을 통해 맞춤형 서비스를 제공하는 쇼핑 애플리케이션 '쇼닥'을 출시했다. 고객의 나이, 성별, 사는 동네, 과거 구매 이력 등을 분석해 좋아할 만한 상품을 선별해서 보여주는 서비스다. 1년이 갓 지난 이 애플리케이션은 2017년 7월 서비스를 종료했다. 이 애플리케이션은 누적 다운로드 290만 건을 돌파한 상태다. 적지 않은 숫자다.

KT는 "소비자의 취향을 정확하게 분석하기에는 수집되는 데이터의 양이 부족했고, 결국 수익성이 없는 사업이라는 결론에 따라 서비스를 종료하기로 했다"고 설명했다.

한국 정부도 이 문제를 인지하고 있다.

2017년 4월 한국 법제처는 빅데이터 산업 관련 규정을 재정비하기 위한 용역을 발주했다. 법제처 관계자는 "현재의 법률에서는 빅데이터 산업을 위한 데이터 수집과 개인정보보호법이 상충하는 부분이 있는 것은 사실이다. 여러 쟁점 분석 결과를 바탕으로 구체적인 법제 개선 안을 도출하는 것이 목표"라고 말했다.

▎위기에 빠진 오프라인 쇼핑

미래 기술이 온라인쇼핑을 더 편리하게 만들고 있지만 모두가 혁신을 반기는 분위기는 아니다. 오프라인 매장과 그곳에서 일하는 직원들을 벼랑 끝으로 몰고 있기 때문이다.

신세계그룹 정용진 부회장은 2017년 "불과 15년 만에 대형마트 매출이 반 토막 난 일본처럼 우리나라 대형마트도 더 가깝고, 더 편하고, 더 즐거운 경쟁 업태에 밀려 선택받지 못할 수 있다"고 말했다.

산업통상자원부 통계에 의하면 2016년 한국 온라인쇼핑 매출은 2015년에 비해 18.1퍼센트 증가했다. 하지만 오프라인 매출은 4.5퍼센트 증가하는 데 그쳤다. 눈으로 직접 확인할 필요가 없는 제품을 파는 오프라인 매장은 명백한 위기를 맞고 있다.

미국에서는 이 같은 오프라인 매장의 위기가 이미 진행 중이다. 아마존과 이베이와 같은 새로운 유통업체의 영향 때문일지도 모른다.

2016년 미국의 유명 백화점 메이시스는 68개의 매장을 폐업하고 1만 명을 감원하기로 했다. 시어스백화점 또한 2017년에 150개의 매장을 닫고 온라인 채널을 강화한다고 발표했다. JC페니백화점도 130개 매장을 닫기로 했다. 이는 약 5,000명의 감원으로 이어질 가능성이 있다.

스위스 투자은행 크레딧스위스는 2017년 6월 발간한 보고서에서 2017년 말까지 미국의 8,670개의 오프라인 매장이 문을 닫을 것으로

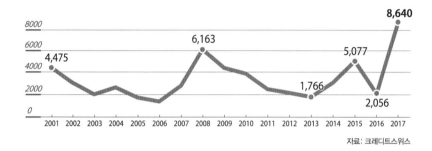

폐업한 미국 오프라인 매장 수

자료: 크레디트스위스

전망했다. 또 향후 5년 안에 20~25퍼센트의 오프라인 매장이 폐업할 것으로 예상했다.

"오프라인 매장들이 위기를 타파하려면 전통적인 역할에서 벗어나야 한다"고 현대경제연구원 정민 연구위원은 말한다. 오프라인 매장의 주요 역할은 수익을 내는 것이라는 생각에서 벗어나야 한다는 것이다.

하지만 오프라인 채널이 완전히 없어지지는 않을 것이라는 전망이 우세하다. 현재의 위기는 오프라인 매장이 업그레이드할 수 있는 기회이기도 하다는 것이다. 오프라인 매장의 역할이 경험형, 엔터테인먼트형, 혹은 온라인 구매와 소비자를 연결해주는 중간지점으로 변모할 수 있다. 예를 들어, 온라인에서 구매한 물품을 픽업하는 장소라든지, 제품을 실물로 볼 수 있는 창구의 역할로 바뀔 수 있다.

신세계그룹의 쇼핑몰 스타필드는 이 도전을 받아들이는 중이다. 스타필드 하남 지점은 전통적인 매장 외에 스파, 실내 스포츠, 엔터테인먼트 시설 등을 구비했다. 코엑스 지점에는 사람들을 불러모으기 위해 약 5만 권의 도서를 공짜로 읽을 수 있는 개방형 도서관을 열었다.

"인공지능은 사람을 연구해야 하는 분야다"

대학에서 철학을 전공한 '와이즈넛'의 강용성(48) 대표는 4차 산업혁명을 이해하기 위해서는 인간과 언어에 대한 이해가 먼저 이뤄져야 한다고 생각한다. 하드웨어가 아닌 소프트웨어 전쟁으로 본다. 빅데이터 분석과 머신러닝을 통해 자체 개발한 인공지능 기반 챗봇 솔루션이 경쟁 업체와 차별화되는 건 이 부분이다.

그는 "챗봇과 인공지능은 사람을 연구해야 하는 분야다"라고 말했다. "사람이라는 주제를 빼놓고 4차 산업혁명을 바라볼 수 없고, 만약 그렇게 한다면 실패할 수밖에 없다"는 게 그의 말이다.

와이즈넛은 2000년 검색 솔루션 업체로 국내에서 사업을 시작했다. 이후 빅데이터 분석으로 사업의 영역을 확장해 현재 인공지능 기반 챗봇과 쇼핑도우미 솔루션을 개발한다. 쇼핑 분야뿐만 아니라 금융 및 공공기관 등에 인공지능 기반 챗봇을 제공하고 있다.

강 대표는 2001년 와이즈넛의 영업팀으로 입사해 2013년 대표이사로 선임됐다.

2016년 와이즈넛의 매출은 전년 대비 18퍼센트 증가한 200억 원을 기록했다. 매출 200억 원 이상을 달성한 건 업계 최초다. 임직원 수는 202명이며 그중 78퍼센트가 연구개발R&D 인력이다.

2017년 9월 와이즈넛은 인공지능 기반 자체 기술을 롯데닷컴의 대화형 챗봇 '사만다'에 적용하기 시작했다. 365일 24시간 언제든 서비스를 이용해 상품 추천과 구입에 도움을 주는 인공지능 기반 대화형 챗봇 서비스다.

와이즈넛은 검색 엔진 업체로 시작했다. 어떻게 인공지능 기반 챗봇을 만드는 회사로 사업 다각화를 이루었나.

2000년 설립된 와이즈넛은 미국에서 '마이사이먼MySimon'이라는 검색엔진으로 시작했다. 우리가 인공지능을 이야기할 때, 떠오르는 기업이 몇 개 있다. 왓슨의 IBM, 마이크로소프트와 구글 등 세계적인 기업들이다. 그런데 생각해보면 이들은 공통점이 있다. 구글은 검색엔진 회사로 시작했다. 마이크로소프트도 빙Bing이라는 검색엔진이 있다. IBM은 자체적인 검색 기술이 있었지만, '비비시모Vivisimo'라는 미국 검색 솔루션 업체를 인수했다. 대화가 가능한 챗봇을 만들고 인공지능을 개발하기 위해서는 검색이 굉장히 중요한 기반기술이기 때문이다. 미국의 〈엑스마키나〉라는 영화를 봐도 주인공인 인공지능 로봇을 개발한 사람이 검색엔진 회사 사장으로 나온다. 쇼핑을 할 때 우리는 검색 창에 '하얀 아디다스 운동화'를 친다. 하지만 행간에는 '하얀색 아디다스 운동화를 파는 최저가 사이트를 알려줘'라고 질문하고 있는 것이다. 기계에게 대화를 시도하는 것이다. 이를 기반으로 데이터를 분석하고 머신러닝을 통해 인공지능을 개발하게 된 것이다.

쇼핑 플랫폼에 도입된 챗봇은 아직 초기 단계다. 좀더 자연스러운 대화가 가능해야 할 것 같다.

그러기 위해서는 데이터 축적과 분석이 중요하다. 챗봇은 행간을 읽을 수 있어야 하고 더 나아가 유저의 감성도 파악할 수 있어야 한다. 감성 같은 경우는 소셜 데이터를 통해 파악할 수 있다. 예를 들어, 고객이 SNS에 어떤 포스팅을 올렸고, 어떤 포스팅에 '좋아요'를 눌렀는지, 어떤 댓글을 달았는지를 분석하는 것이다. 이런 수십 가지 경로를 통한 데이터 분석을 활용해 유저가 백화점에서 점원의 응대를 받는 것 같은 느낌이 들게 해줘야 한다. 우리 회사는 그런 기능을 가능케 하는 기술을 개발하고 있다. 예를 들어, '출생신고서'라는 단어를 쓰지 않고 '아이를 낳았는데 어떻게 할까요'라고 물으면 출생신고서를 작성해야 한다고 알려주는 것처럼 말이다. 최근 국내에도 일본의 인공지능 로봇 '페퍼'가 들어왔다. 광고를 보면 외로운 1인 가구에 친구가 되어줄 수 있는 존재처럼 보인다. 하지만 그 경지에 도달하려면 엄청난 양의 데이터 축적이 필요하다. 아직은 그 경지에 이르지 못했다. 예를 들어, 아기 엄마가 '심심해'라고 말했을 때, 그 말이 '아이가 보고 싶어'라는 뜻을 내포하고 있다는 걸 유추할 수 있어야 한다. 지금 유통 업계와 쇼핑 분야에서 챗봇의 핵심은 고객의 질문을 제대로 이해하는 것이다.

와이즈넛의 챗봇이 타 업체의 챗봇과 차별화되는 점은 무엇인가.

챗봇은 검색엔진에 기반하지 않아도 만들 수 있다. 시나리오를 만들어서 기계적으로 대응을 하는 것이다. 하지만 그 경우 정해진 시나리오에 정확하게 부합하지 않으면 원하는 답을 들을 수 없다. 짜인 질문을 집어넣으면 그럴싸해 보이긴 하지만 실생활에 활용할 때는 수많은 변수가 있기 때문에 제한적이다. 장점이라면 비용이 저렴하다는 것뿐이다.

챗봇이 인간만큼 정확한 상품 추천과 응대를 할 수 있을까.

내가 백화점에 갔을 때, 점원은 그날의 날씨와 최근 패션 트렌드, 그리고 나의 인상을 바탕으로 아이템을 추천해준다. 그런데 그래 봤자 본인이 응대한 약 1,000여 명의 고객을 바탕으로 특정 아이템을 추천하는 것이다. 하지만 이걸 로봇이 했을 때를 생각해보라. 이 로봇은 1,000명이 아니라 100만 건의 구매 패턴을 분석했을 것이다. 각종 SNS에 떠도는 트렌디한 패션 아이템, 그리고 그날 날씨 정보에 맞는 색다른 아이템을 추천할 수도 있다. 더 정교한 추천과 맞춤형 응대가 가능해질 것이다.

나중엔 챗봇이 어떻게 발전할까.

'사만다'와 같은 쇼핑 도우미 챗봇처럼 다양한 산업에도 챗봇을 활용할 수 있다. 그 예가 산업구조적으로 유통과 밀접한 관계인 물류산업(콜센터)에도 챗봇이 사용되는 것이다. 현재 우리는 배달에 관련된 반복되는 질문들을 유동적으로 챗봇이 처리할 수 있는 서비스를 하고 있다. 내가 구매한 상품이 언제 도착하고 현재 어디에 있는지 같은 질문에 답해준다. 사람의 언어를 컴퓨터가 이해할 수 있게 바꿔주는 것이 우리가 개입하는 부분이다.

최근 채용설명회에 취업 준비생이 대거 몰렸다고 들었다.

4차 산업혁명에 접점이 있다고 하면 사람들이 많이 몰린다. 요즘 강의 제안도 많이 들어오는데, 인문대 혹은 비전공자 대상으로 이들이 4차 산업혁명 시대에 어떻게 살아남을 수 있는지에 대한 이야기를 해달라고 한다. 아마 내가 철학과를 나와서 그런 것 같다. 분명한 것은 빅데이터, 인공지능 같은 공학적 이야기가 나온다고 해서 비전공자들이 갈 곳이 없어지는 건 아니다. 취업설명회 때 모였던 취준생들도 거의 절반이 비전공자였다. 우리가 검색엔진을 기반으로 사업을 한다고 해서 기계를 다루는 공대생만 필요로 하지 않다. 언어를 분석해야 하기 때문에 언어 전공자들, 인문학 전공자들, 그리고 통계나 수학을 전공한 사람 등 다양한 분야의 인력을 원한다.

4차 산업혁명으로 사회가 어떻게 변화할 것이라고 보나.

빅데이터라는 것이 대두가 된 시점이 5년 전쯤으로 알고 있다. 4차 산업혁명에 대한 전조는 그때부터 시작됐다고 볼 수 있는데, 국가적 차

3부 문화 혁명

원에서 붐이 일어나기 전과 후의 차이가 크다. 지금은 이제 이런 솔루션에 대한 수요가 커져서 공급이 부족한 수준까지 달했다. 시장의 변화는 사람들의 니즈를 쫓아갈 수밖에 없다. 반대로 기업의 파워가 커서 사람들의 니즈를 끌고 가는 경우가 있는데, 우리는 삼성이나 애플 같은 회사는 아니니까 니즈를 끌고 갈 수는 없다. 한 가지 분명한 것은 인류가 '편리함'을 향해 가고 있다는 거다. 편리한 인터넷 검색을 원했기 때문에 스마트폰이 시장을 장악했고, 보다 편리한 쇼핑을 원하기 때문에 인터넷 쇼핑을 하고 챗봇의 도움을 받는 것이다. 그것은 부정할 수 없는 시대의 흐름이라고 생각한다.

쇼핑의 산업은 어떨 것이라 보는가.

필요한 것을 합리적인 가격에 사는 데 있어 챗봇과 로봇이 더 정확한 정보를 주게 될 것이라고 생각한다. 하지만 쇼핑이란 것이 항상 필요에 의해 발생하는 것은 아니기 때문에 완벽히 대체할 거라고 볼 수는 없을 것 같다.

경험 가능한 미래
4차 산업혁명 2018

뷰티 앤 사이언스
Beauty and science

▋아름다움은 당신의 눈 속에 있다

서울 강남에 위치한 '아리따움' 플래그십 스토어의 한 코너에는 실험실 같은 공간이 있다. 하얀 벽과 커다란 책상, 흰 가운을 입은 컨설턴트와 피부 측정용 기기가 있는 곳이다. 이곳은 아이오페 바이오랩이다. 여기서 고객들은 자신의 피부 측정을 받고, 결과에 따라 아이오페 샘플 제품을 받아간다.

"여기 보시면 눈가와 볼 주변 피부에는 피지가 거의 없는 게 보이실 거예요. 그러니 고객님은 필링 제품을 사용하실 때 그 부위는 피하셔야 해요. 오히려 피부를 자극할 수 있어요." 이곳에서 만난 한 컨설턴트는 피부 테스트를 받고 있는 고객에게 이렇게 말했다.

이 얼굴 피부 분석기는 피지가 있는 모공을 빨간색으로 표시해 보여주고 있었다. 60분에 걸쳐 진행되는 이 코스는 얼굴의 주름, 모공, 색소 침착 정도와 수분 함유량을 자세하게 알려준다.

아이오페 바이오랩은 전국에 모두 7곳이 있다. 서울 명동점에서는 90분짜리 인텐시브 프로그램을 제공한다. 일반 60분짜리 코스와 달리 인센티브 코스는 추가 30분 동안 생명과학과 약학 분야 석사 이상의 학위를 가진 연구원들이 일대일 피부 상담을 해준다. 아이오페 명동점의 바이오랩은 벌써 월말까지 예약이 다 차 있다.

맞춤형 화장품은 뷰티 업계의 트렌드다. 2016년 이후 아모레퍼시픽, LG생활건강 등 국내 화장품 업계의 선두 주자들은 개인 맞춤형 세럼, 수분크림, 립스틱 등의 제품을 내놓기 시작했다.

대한화장품산업연구원이 2016년 발간한 '한국인 피부측정 및 설문조사 보고서'에 따르면 한국 여성은 잡티, 칙칙함, 모공 확장 등 평균 7개의 피부 고민을 갖고 있다.

아모레퍼시픽 관계자는 "피부 관리 방법이 워낙 다양해지다 보니 젊은 세대 사이에는 자신의 피부에 잘 맞는 최적의 방법을 찾는 맞춤형 화장품에 대한 관심이 커지고 있는 것 같다"고 말했다.

┃ 더 똑똑해진 소비자

"한국은 제품을 구매하기 전에 자신에게 꼭 맞는 제품을 찾아보는 '화장품 소비 전 단계'가 매우 발달돼 있다."

온라인 뷰티 커뮤니티 '파우더룸'의 김정은 창업자는 이렇게 말했다. 파우더룸은 180만 명이 넘는 회원을 거느린 국내 최대 뷰티 커뮤니티다.

한국처럼 뷰티 커뮤니티나 리뷰 사이트가 단독으로 존재하는 경우는 매우 드물다. 미국이나 유럽의 경우 화장품 구매 사이트 안에 제품 리뷰가 녹아 있는 정도다. 한국에 뷰티 커뮤니티가 발달한 건 한국 소비자들이 트렌드에 민감하고, 서로 정보 나누는 걸 좋아하며, 화장품 산업이 발달했기 때문이다.

과거 화장품 리뷰의 대표 미디어는 블로그였다. 하지만 스마트폰이 대중화된 이후엔 과거의 블로거 상당수가 유튜브 등 영상 미디어를 이용하고 있다.

유튜브에서 주로 뷰티 제품 리뷰를 하는 사람들을 '뷰튜버'라고 부른다. 뷰튜버들 가운데 가장 많은 구독자를 거느리고 있는 사람은 '포니'와 '씬님'이다. 포니의 구독자는 2017년 말 기준 331만 명, 씬님은 140만 명이 넘는다. 이들을 포함해 상위 5명은 모두 100만 명 이상의 구독자를 보유하고 있다.

각각의 뷰튜버는 자신만의 개성이 있다. 예를 들어, 씬님은 남성 아이돌인 지드래곤을 포함해 유명 한류 스타들의 메이크업을 재현하는 걸로 유명하다. 걸쭉한 입담과 브랜드를 서슴없이 비판하는 솔직한 제품 후기도 매력이다.

뷰튜버들은 화장품 소비층의 저변 확대를 반영한다. 남성들의 화장품에 대한 관심이 커지면서 남성 뷰튜버도 출현했다. 과감한 색조화장을 즐기는 개그맨 김기수부터 기초화장품과 스킨케어 전반을 상세하게 다루는 '화장품 읽어주는 남자'까지 활동 영역도 세분화돼 있다.

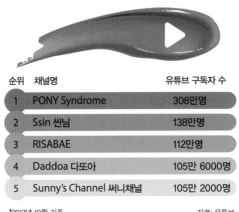

인기 뷰튜버 TOP 5

순위	채널명	유튜브 구독자 수
1	PONY Syndrome	308만명
2	Ssin 씬님	138만명
3	RISABAE	112만명
4	Daddoa 다또아	105만 6000명
5	Sunny's Channel 써니채널	105만 2000명

*2017년 10월 기준   자료: 유튜브

한국 남성 화장품 시장은 계속 커지고 있다. 실제로 올리브영의 남성 화장품 판매량은 2014년부터 2016년까지 매년 평균 40퍼센트씩 증가했다.

화장품을 평가해 순위를 매기고 성분을 분석하는 화장품 리뷰 전용 모바일 애플리케이션도 있다. '화해'는 안드로이드 애플리케이션 마켓에서 100만 회 이상 다운로드된 인기 리뷰 애플리케이션이다. 화해는 258만 개 이상의 평점을 보유하고 있으며 제품의 성분 분석 제품 수는 9만 5,000건이 넘는다. 이 애플리케이션은 각 화장품의 성분을 모두 공개하고, 해당 성분의 위험도를 '낮은 위험도'부터 '높은 위험도'까지 3단계로 나누어 표시한다. '높은 위험도'의 성분 대부분은 향이나 색상을 내기 위한 첨가제들이다.

많은 젊은 한국 여성은 화장품을 구매할 때마다 애플리케이션을 본다. 매장에 가서도 사고 싶은 제품이 생기면 우선 애플리케이션을 열어서 해로운 성분이 들어 있는지 확인하는 이들도 많다.

▌사물인터넷을 이용한 피부 측정

화장품 회사들 역시 자신의 피부를 세세하게 파악하고 더 전문적인 지식을 바탕으로 제품을 선택하려는 소비자들의 욕구를 충족시키기 위한 제품과 서비스를 개발하고 있다.

도넛처럼 생긴 '웨이스킨'이라는 기기를 얼굴에 살짝 갖다 대면 피부의 수분도를 확인할 수 있다. 기기의 반대쪽에 있는 센서는 습도나 자외선 등 외부의 환경적인 요인을 측정한다. 블루투스로 스마트폰과 연동하면 기기는 환경 변화에 따라 '피부에 수분을 보충하라'거나 '썬크림을 다시 바르라'고 알려준다.

수분도를 측정하도록 설계한 이유에 대해 이 제품을 제조한 '웨이웨어러블'의 문종수 창업자겸 대표는 "얼굴의 주름이나 탄력은 매일 변하지는 않는다. 하지만 수분은 매일 변화하고, 주름이나 색소 등은 얼굴 피부 전반에 영향을 끼치는 요소이기 때문"이라고 답했다.

피부 측정을 위해 카메라를 이용하는 기기도 있다. 대만의 스타트업이 만든 '하이미러'는 이름대로 거울겸 화면 위에 카메라를 덧댄 형태의 전자기기다. 이용자가 카메라 앞에 얼굴을 3초 동안 대면 기기가 안색, 투명도, 탄력 등 5가지 척도를 기준으로 얼굴을 측정해 그 결과를 1부터 100 사이의 점수로 표현한다.

측정 기록을 저장하기 때문에 시간의 흐름에 따른 개선 여부를 알 수 있는 것이 장점이다. 연동된 모바일 애플리케이션에 갖고 있는 스킨케어 제품을 등록하면 측정 결과를 토대로 제품 사용 순서나 사용법 등을 알려주기도 한다.

2017년 CES에서 혁신상을 받은 제품 중 하나는 머리빗이다. '케라스타즈 헤어 코치'는 로레알과 프랑스의 웨어러블 제조업체 '위딩스'가 만든 제품으로 빗이 머리 사이를 지나갈 때 내는 소리와 음파를 바탕으로 머리카락의 부시시함, 건조함, 갈라진 머리끝을 감지한다.

빗의 움직임도 감지하기 때문에 너무 세게 머리카락을 빗으면 진동으로 경고한다. 사용자들은 애플리케이션을 통해 머리카락을 올바르게 빗는 방법과 케라스타즈의 제품 추천을 받을 수 있다.

▌현장에서 제품 추천받기

매장에서 피부를 측정해주는 서비스는 대형 화장품 업체들 사이에서 활발하게 이뤄지고 있다. LG생활건강의 CNP차앤박 화장품은 '르메디 바이 CNP'라는 브랜드를 통해 매장에서 개인 맞춤형 세럼을 제조한다.

상담 결과와 피부 측정 결과에 따라 세 개의 기본 세럼 중 하나와 다섯 개의 기능성 앰플 중 두 개를 골라 50밀리리터 병에 해당 고객의 이름이 프린트된 라벨을 붙여준다.

국내 스타트업 '톤28'은 한층 심화된 개인 맞춤 서비스를 제공한다. 고객의 얼굴을 부위별로 나눠 측정, 온도·습도·자외선 등의 환경변화를 반영해 고객 개인별로 스킨케어 제품들을 다르게 제작한다.

이 회사는 구독형 서비스를 제공한다. 서비스를 신청하면 우선 컨설턴트가 고객의 턱·이마·눈 주변과 입가를 나누어 피부 측정을 한다. 그리고 나면 고객은 계절별로 자신의 피부가 어떻게 변할지를 예측하는 톤28의 알고리즘에 따라 1~3개월 간격으로 그에 맞는 제품을 제공받는다.

톤28의 공동창업자 정마리아 씨는 "한국인의 절반은 건성이나 지성이 아닌 복합성 피부를 갖고 있다. 한 부위가 건성이어도 다른 부위는 지성일 수 있다"고 설명했다.

해외에서 대부분의 맞춤형 뷰티 제품은 색조화장품을 위주로 발전하고 있다. 대부분의 국가가 기초제품의 경우 맞춤형 화장품 제조를 금지하고 있기 때문이다. 미국 스타트업인 '매치코'와 랑콤은 둘 다 과학적인 색 측정 기술을 기반으로 피부색에 맞는 맞춤형 파운데이션 서비스를 제공한다.

랑콤의 맞춤형 파운데이션인 '르 테인트 파티큘리에'는 미국의 유통 업체 노드스트롬 매장에서 제작이 가능하다. 매치코는 모바일 애플리케이션으로 소비자들의 피부색을 전송받는다.

유전자 맞춤형 화장품 역시 뷰티 업계에서 미래 먹거리로 손꼽히는 분야다. 아모레퍼시픽과 LG생활건강은 2016년부터 유전자 생명공학 연구소들과 공동연구를 진행 중이다.

유전자 화장품의 상용화를 처음 실현한 회사는 한국화장품이다. 2017년 4월 론칭한 브랜드 '제네르떼'는 가글을 이용해 소비자의 유전자 정보를 추출하고 이를 토대로 피부의 탄력, 노화, 색소 침착에 대한 정보를 알아낸다. 소비자들은 그에 따라 120가지의 제품 조합 중 하나를 추천받는다.

▌ 남은 과제는 규제

국내 맞춤형 화장품 시장은 아직 태동기에 있다. 진정한 의미의 개인 맞춤형 화장품을 위해서는 아직도 더 많은 소비자 정보가 축적돼야 한다.

소비자 정보가 충분히 축적되지 않은 이유 중 하나는 맞춤형 화장품이 국내 업계에서 허용된 지 얼마 안 됐기 때문이다. 식품의약품안전처는 2016년 맞춤형 화장품 판매 활성화를 위한 시범사업에 착수하면서 신청한 업체들에 한해 맞춤형 화장품 제작을 허용했다. 여전히 제도는 시범 단계에 있으며 현재 30개 업체가 등록돼 있다.

맞춤형 화장품에는 몇 가지 민감한 이슈가 있는데, 그중 하나는 안전성이다. 피부에 닿는 제품을 각각의 소비자에 따라 모두 다르게 제조한다면 품질 관리에 구멍이 생길 수 있다.

"아무 가게에서나 '이러이러한 제품이 당신에게 맞습니다'라고 여러 브랜드의 제품을 섞어서 줬을 때 문제가 되면 누가 품질관리를 한 건지, 누가 책임을 질 건지에 대한 문제가 발생할 수 있다"라고 식약처 관계자는 말한다.

두 번째 문제는 맞춤형 화장품의 효과성 입증이다. 맞춤형 화장품의 효과를 입증할 기관이나 객관적인 전문가 집단이 있을지도 의문이다. 또 그 결과가 과학적으로 유의미하다고 볼 수 있을지에 대한 의구

심도 있다.

스킨케어 제품의 임상적 효과를 입증하려면 그 제품이 피부를 얼마나 개선했는지를 객관적인 수치로 나타낼 수 있어야 한다. 변화 정도가 기존 제품과 비교했을 때 유의미한지도 살펴야 한다.

하지만 맞춤형 화장품 자체가 등장한 지 얼마 안 됐기 때문에 임상적으로 유의미한 수치가 나오기에는 측정 자료가 미비하고 측정 방법도 충분히 개발되지 않은 것이 현실이다.

성신여자대학교 뷰티산업학과의 김주덕 교수는 현재 대기업들이 맞춤형 화장품을 위해 측정하는 피부 요인들은 진정한 의미의 맞춤형 화장품을 만들기에는 너무 사소한 변수라고 지적한다. 그는 "진짜 맞춤형 화장품을 만들려면 노화도를 정확히 측정해야 하는데 지금은 그렇게까지 하기에 기술적으로 제도적으로 여건이 마련되지 않았다"고 말했다.

대한화장품산업연구원의 손성민 연구원은 "제품의 안전성과 기성 제품과의 차별화를 통한 유효성 입증이 가장 먼저라고 본다. '과연 내가 쓰는 제품보다 정말 더 효과적인가?'에 대한 신뢰가 생기면 시장 확대는 얼마든지 가능하겠지만, 우선 무엇보다 기술 개발 등 과학과 마케팅이 융합돼야 한다"고 말했다.

▌내가 만약 연예인 A처럼 화장을 한다면? VR로 확인해볼까

신기술에 밝은 화장품 소비자들 사이엔 가상현실VR에 대한 관심이 커지고 있다. 모바일 애플리케이션부터 매장에 설치된 거울형 기기까지 다양한 방법이 등장하고 있다.

국내 업체들 중에서 가상현실을 가장 활발하게 마케팅에 적용하고 있는 곳은 아모레퍼시픽이다. 2015년에 출시한 '뷰티 미러'는 가상현실로 소비자가 화장한 모습을 시연해주는 모바일 애플리케이션이다. 일부 매장에서는 키오스크를 설치해 더 큰 화면으로 서비스한다.

라네즈 브랜드 전용으로 출시된 '뷰티 미러'는 소비자들이 라네즈 파운데이션부터 아이섀도우와 립스틱까지 바른 모습을 가상으로 보여준다. 이용자의 얼굴을 카메라가 생생한 라이브 동영상으로 촬영해 보여주기 때문에 화장품을 가상으로 바른 상태에서 얼굴의 움직임까지 볼 수 있고, 다른 조명 아래서 그 제품이 어떻게 발색되는지 확인할 수 있다. 배우 송혜교의 사진에 있는 메이크업을 자신의 얼굴에 해볼 수도 있다.

비슷한 애플리케이션으로는 로레알이 2014년에 출시한 '메이크업 지니어스'가 있다. 메이크업 지니어스는 대형 뷰티 브랜드가 최초로 출시한 가상현실 제품 시연 애플리케이션이다. 이 애플리케이션은 출시 2년 만에 1,000만 회 이상의 다운로드를 기록했다.

애플리케이션에 적용된 기술은 캐나다 토론토에 본사가 있는 스타트업 '모디페이스'가 개발했다. 이 회사는 로레알뿐 아니라 세포라, 어반 디케이를 포함해 70개가 넘는 글로벌 뷰티 브랜드와 협력하고 있다.

모디페이스는 현재 전 세계에 있는 대부분의 가상 메이크업 시연 애플리케이션에 기술을 제공한다. 이 기업의 핵심 기술은 얼굴 부위의 세세한 움직임을 정확하게 파악하는 것과 실제 모델들의 화장품 시연 사진을 기반으로 화장품이 개개인의 피부에 어떻게 발색될지 예측하는 알고리즘이다.

모디페이스 대표 파함 아라비는 2016년 '오그멘티드 월드 엑스포Augmented World Expo'에서 "우리는 사람들이 가상현실을 체험할 때 매장에서 더 많은 시간을 보내는 것을 관찰했다. 매장에 가상현실 거울을 설치하면 사람들은 거기에 이끌려 더 많은 시간을 보내고, 제품에 더 확신을 가지게 됐다. 이는 더 많은 구매로 이어졌는데, 그런 의미에서 실제로 뷰티 업계에서 가상현실은 이미 뚜렷한 성과를 보인 셈이다"라고 말했다.

성형 분야에서 가상현실의 선두주자는 스위스 업체인 '크리살릭스'다. 이 회사의 주력 상품은 코 성형, 가슴 성형, 보톡스 등의 시술 전후를 입체적인 가상 이미지로 보여주는 소프트웨어다.

시연 이미지는 환자가 세 개의 다른 각도에서 찍은 수술 부위 사진을 바탕으로 만들어진다. 예를 들어, 가슴 성형을 희망하는 환자는 보형물의 모양과 양을 다르게 설정해 가상 이미지를 볼 수 있다. 환자들과 상담을 진행하는 의사들에게도 유용한 서비스다.

크리살릭스 홈페이지에 따르면 현재 전 세계 2,122명의 의사가 성형수술 가상 시연 서비스를 이용하고 있다.

"빅테이터를 활용한 맞춤형 개인 화장품"

정마리아(41) '톤28TOUN28' 공동대표는 화장품 회사에서 10년 넘게 근무했다. 회사에서 마지막으로 담당했던 프로젝트는 천연물 소재 연구였다. 그는 거기서 천연화장품 시장의 잠재력을 봤다. 몸에 좋은 걸 찾아 먹는 시대가 왔고, 앞으로는 음식뿐 아니라 생활용품, 그리고 화장품에도 그런 시대가 올 거라는 생각이었다.

톤28은 천연화장품 구독 서비스를 제공하는 스타트업이다. 구독자 개개인의 피부 상태를 4개 부위로 나누어 측정한 데이터를 토대로 계절에 따라 각자의 피부 상태에 맞는 화장품을 보내준다. 서비스 이름처럼 28일마다 새로운 제품을 받아볼 수 있다.

28일마다 새로운 제품을 보내주는 건 한국 기후의 특성 때문이다. 한국은 사계절이 뚜렷한 나라다. 봄엔 황사와 미세먼지, 여름엔 장마,

겨울엔 한파 등 1년 내내 습도와 온도가 변한다. 피부는 이런 변화에 빠르게 반응한다. 하지만 스킨케어 제품 하나를 다 쓰는 데 걸리는 시간은 보통 두세 달이다. 소비자들은 계절에 맞지 않는 화장품을 쓰게 되는 일이 많다. 박준수(38) 공동대표는 "같은 계절 안에서 개인별 차이보다 한 사람의 월별 피부 변화가 더 크다"고 말했다.

톤28은 2016년 11월 크라우드 펀딩 사이트 '와디즈'에서 목표 금액의 7배를 달성하면서 알려졌다. 현재 톤28의 구독자 수는 5,000명. 순전히 회사의 소셜네트워크 계정으로 이루어낸 성과다. 재구독률은 35퍼센트. 랜털이 활발한 정수기의 재구독률 17퍼센트의 2배 가까운 수치다.

구독 서비스 이용 방법은.

'뷰티 지니어스'라는 상담사들이 고객을 직접 방문해 얼굴의 주름값, 색소값, 수분값 등을 측정한다. 얼굴을 4개 부위로 나누어 측정하는데, 이는 각 부위의 변수가 다르기 때문이다. 예를 들어, 눈가 피부와 볼 피부는 매우 다르다. 그렇게 얻은 결과에 각 계절의 수분도나 미세먼지 등을 반영한 환경 변수를 적용하면 구독자의 피부 변수들이 어떻게 변화할지 알고리즘으로 예측할 수 있다. 이를 토대로 얼굴 부위별로 바를 화장품을 28일 주기로 하나씩 만든다. 얼굴에 기초제품을 7개씩 바르는 건 영양 과잉이다.

창업을 하기 전 무슨 일을 했나.

정마리아 대학에서 생물학을 전공했다. 향장학으로 석사학위를 받았다. 화장품 회사에서 10년 넘게 근무하고 40세 되던 해에 퇴사했다. 화장품 업계에 종사하면서 채워지지 않는 갈증이 있었다. 뭔가 다른, 더 올바른 일을 하고 싶다는 생각을 했다. 천연화장품에 관련된 일을 하고 싶었다. 하지만 사업에 대해 아는 게 없었다. 그래서 교회 지인이었던 박 대표에게 조언을 구했다. 당시 그리 가까운 사이는 아니었는데 이 친구가 영화도 하고 디자인도 하고 워낙 재주가 많은 사람인 걸 알고 있었다.

박준수 전에는 전자회사의 트렌드 조사기관에서 일했다. 화장품 분야는 정 대표가 천연화장품사업에 대한 조언을 부탁하면서 처음 들여다봤다. 그러면서 화장품이야말로 잘못 쓰면 정말 독이 될 수 있단 걸 알게 됐다. 잘못된 음식이 몸에 들어오면 간을 거치며 정화되지만 피부는 정화 단계가 없다. 화장품 업계의 잘못된 관행을 고칠 필요가 있다고 생각했다. 사업 초기에는 휴직 상태에서 정 대표에게 컨설팅을 제공하다가 2016년 11월 공동대표가 됐다.

톤28 제품의 특징은 뭔가.

우리는 과대포장으로 인해 초래되는 고비용을 없애기 위해 코팅지를 쓰지 않는다. 대신 젖지 않고 새지도 않는 종이 패키지를 자체적으로 만들었다. 화학성분에 천연성분 한두 가지 넣고 '천연화장품'이라고 마케팅 하는 게 싫어서 화장품에 천연성분만 쓴다. 화장품의 변질과 계절별 피부 변화에 대응하기 위해 구독형 서비스를 시작했다. 사업 초기에 만난 포장 업계, 화장품 업계 사람들은 '너희가 어떻게 이런 문제를 다 해결할거냐', '업계를 너무 모른다'고들 했다. 우리 제품은 즉각적으로 눈에 띄는 효과가 나지는 않는다. 제품을 바른 직후에 일시적으로 피부를 좋게 만드는 성분이 없기 때문이다. 흡수도 잘 안 되고 사용감이 떨어진다고 느낄 수 있다. 천연화장품의 특징이다. 하지만 몇 달 쓰면 다른 제품으론 못 바꾼다. 재구독률이 증가하는 것도 이 때문일 것이다.

제품 생산은 어디서 어떻게 하나. 천연재료는 어디서 구하나.

천연원료는 국내 개발 제품으로 과학적으로 검증된 소재들이다. 호주나 이탈리아 등에서도 기능성 원료들을 냉장 수입한다. 제품 원료를 구독자 개개인에게 맞는 레시피로 배합하는 건 직원들이 직접 손으로 한다. 그냥 섞어서 흔든다고 되는 게 아니다. 성분을 파괴하지 않으려면 균일한 진동을 주며 섞어줘야 한다. 게다가 우리는 종이 패키지에 넣기 때문에 기존의 화장품 용기에 최적화된 기존 대량생산 시설로는 패키징을 할 수가 없었다. 자동화 시스템을 개발 중이고, 곧 반자동 시스템을 도입할 예정이다. 무슨 성분 몇 그램을 넣으라고 하면 그대로 넣어주고 섞어주는 기계다. 3D 프린터를 이용하는 방법도 고려하고 있다. 모든 과정을 자동화하는 기기를 개발하는 게 목표다. 개개인 맞춤 화장품을 위한 자동화 기계는 전 세계 어디에도 없다. 우리가 처음으로 성공해보려고 한다.

앞으로 계획 중인 서비스나 상품은.

맞춤 구독 서비스를 계속해나가면서 별도의 제품 라인업을 준비하고 있다. 그 첫 번째 제품이 블루라이트까지 차단해 주는 자외선 차단제다. 블루라이트란 스마트폰이나 컴퓨터 모니터 등에서 발생하는 푸른 빛인데, 자외선과 마찬가지로 피부 속에 침투하면 독성이 되고 피부 노화의 원인이 된다. 현대인이 자연광에 노출되는 시간은 하루에 약 1시간밖에 되지 않지만, 블루라이트에 노출되는 시간은 10시간이다. 블루라이트 차단 제품은 우리가 최초로 만들었다. 1,000개 한정 판매했는데 한 달 만에 다 팔렸다. 샴푸와 바디제품도 준비하고 있다.

화학성분을 쓰지 않는 이유는.

인체에 닿는 모든 제품은 화학성분 안전인증을 거치게 돼 있다. 하지만 우리는 몸에 흡수되는 화학성분은 아무리 인증 받은 제품이라도 최소한만 쓰는 게 좋다고 믿는다. 임상 테스트란 게 길어봤자 1, 2년이다. 장기 축적으로 인한 영향을 보려면 몇 십 년은 봐야 하는데, 현실적으로 쉽지 않다. 실제로 인류가 플래스틱을 사용한 시점부터 증가한 병들이 있다. 파라벤은 효능이 정말 뛰어나지만 장기 축적될 경우 나쁜 영향을 줄 수 있어서 많은 회사가 다른 것으로 대체하려고 하는 성분이다. 화학성분이 무조건 나쁘다고 단정할 수는 없지만 장기적으론 최대한 멀리하는 게 좋다는 건 의심치 않는다.

천연화장품 사용자들이 늘고 있다. 화장품 성분 분석 앱도 인기다. 패러다임이 바뀌는 것 같다.

앞으로 3~5년이면 훨씬 많이 변해 있을 거라고 본다. 저가형 화장품의 등장으로 화장품 가격에 대한 고정관념이 깨졌다. 전에는 아무리 값싼 화장품도 2만~3만 원은 줘야 한다고들 생각했지만 요즘은 아니지 않나. 성분 분석 애플리케이션 '화해', 천연화장품 '씨드물'의 성과를 매우 긍정적인 신호로 보고 있다. 2, 3년 전까지만 해도 화해는 뷰티 애플리케이션 1위가 아니었다. 지금은 2위와 큰 차이가 나는 압도적 1위다. '발암 생리대', '가습기 살균제' 사태에서도 볼 수 있는 것처럼 화학제품에 대한 사람들의 태도가 변하고 있다. 천연화장품에 대한 관심이 커지는 것은 거스를 수 없는 흐름이라고 생각한다.

천연화장품 사업의 어려운 점은.

우선 원료가 비싸다. 톤28 제품은 100퍼센트 천연성분으로만 제작한다. 어떤 원료는 화학성분 원료 가격의 10배 이상이다. 일부 성분은 최고 50배까지 이른다. 그래서 천연화장품은 수출이 어렵다. 재료 원가가 높으면 판매 가격도 높아야 하는데, 시장 가격이라는 것이 있으니 지나치게 올릴 수도 없다. 종이 패키지를 자체 개발한 것도 원료의 질에 집중하기 위해서다.

또 아직 소비자들 사이에서 천연화장품이라고 하면 효능이 떨어진다고 생각하는 경향이 있다. 일반적으로 기초화장품에는 제품을 바른 직후 일시적으로 피부가 좋아진 것처럼 느끼게 하는 성분이 들어간다. 화장품 업계 용어로 '사용성'이라고 한다. 홈쇼핑 채널에서 '비포애프터' 효과를 눈으로 볼 수 있는 것도 그런 성분들이 들어 있기 때문이다. 천연성분만으로 만들어진 화장품은 장기적으로는 피부에 훨씬 좋지만 즉각적인 효과가 보이지 않고 바르는 순간에도 흡수가 덜된다. 우리 제품을 오래 쓴 고객들은 천연화장품의 효과를 알고 재구독하지만 그런 경험이 없는 소비자들에겐 다가가기 쉽지가 않다.
또 천연화장품은 친환경 제품에 가치를 두는 소비자들이 많이 찾는다. 한국 시장은 아직 이런 인식이 떨어지는 것 같다.

사업하면서 기뻤던 순간을 꼽는다면.

박준수 사업 초기에 지인, 업계 관계자, 벤처캐피털 등 모두에게 부정적인 평을 들었다. 그런데 창업 후 얼마 안 돼 아모레퍼시픽에서 마케팅 강의를 해달라는 요청을 받았다. 우리의 시도를 굉장히 눈여겨보고 있다며 화장품 업의 판도를 바꿀 수 있는 회사라는 평을 들었다. 우리 사업의 비용 구조가 안 좋아 투자자들에게는 호평을 받지는 못하지만 업계 관계자들에게 인정을 받으니 확신을 가질 수 있었다.

정마리아 나는 회사에서 고객 대응을 담당하고 있는데 소비자들의 반응을 보면서 확신을 많이 얻는다. 20대 고객 중에 백혈병을 앓는 분이 있는데 홍조가 심하고 건조해서, 뭘 발라도 간지러움을 느껴서 아예 바를 수 있는 제품이 없었다. 그가 유일하게 쓰는 게 우리 제품이다. 제품 사용 후기들이 굉장히 힘이 된다. 100퍼센트 천연제품을 포기하고 싶은 유혹이 있지만 그럴 때마다 다시 좋은 원료에 집중하자고 마음을 다잡는다.

현재 매출과 회사 규모는 어떻게 되나.

화장품 구독 서비스로 월 1억 원씩 매출을 내고 있는데 아직까진 적자다. 2018년에 반맞춤형 제품이 나오면 손익분기점을 넘을 수 있을 것으로 예상하고 있다. 지금까지의 적자는 사업 시작할 때부터 예상했던 것이다. 지금은 데이터를 모으는 시기라고 생각한다. 많은 맞춤형 제품이 인건비 부담 때문에 사라진다. 그런데 구독자가 1만 명만 모이면 그로부터 발생한 빅데이터를 통해 성별, 연령별 공통 피부 특성을 반영한 반맞춤형 제품 생산이 가능해진다. 다품종 소량생산이 가능해지는 것이다. 지금은 활성 구독자가 5,000명이고 2018년에는 1만 명을 돌파할 것으로 본다. 그걸 분석해서 반맞춤형 제품을 내놓으면 손익분기점을 넘길 수 있을 것이다. 직원 수는 19명이다. 그중 12명이 현재 서울, 경기 지역에서 고객들을 직접 방문해 피부를 측정해주는 뷰티 지니어스들이다.

해결해야 할 과제는.

인건비 부담이 크다. 고객 한 명 한 명을 뷰티 지니어스들이 찾아가기 때문이다. 예약하고 막상 찾아가면 없는 사람들도 많다. 그래서 사람들이 찾아올 수 있도록 오프라인 매장도 확대할 계획이다. 2017년 수원에 있는 AK플라자에 입점했다. 소품종 대량생산, 오프라인 매장 확대를 통해 인건비를 줄이면 비용 구조를 개선할 수 있을 것 같다.

**The Fourth
Industrial
Revolution**

법률
Legal Tech

▍인공지능 변호사가 로펌의 파트너가 될 수도 있다

2013년 미국 위스콘신 주에서 총기사건 관련 5가지 혐의로 체포된 에릭 루미스는 재판 후 그중 2개 혐의에 대해 유죄를 선고받았다.

당시 판사는 형량을 선고하면서 컴퍼스Compas라는 컴퓨터 시스템에 자문을 구했다. 컴퍼스는 노스포인트Northpointe라는 미국 법률 솔루션 회사가 개발한 시스템이다. 범죄자의 재범 가능성을 데이터 알고리즘을 통해 예측한다. 컴퍼스는 성범죄자인 루미스의 재범 가능성이 높다고 판단했다. 판사는 루미스에게 징역 6년형을 선고했다.

루미스는 컴퍼스를 사용한 것은 적법절차원칙 위반이라며 항소했다. 하지만 2016년 위스콘신 주 대법원은 알고리즘을 활용한 평가는 적접절차원칙 위반이 아니라며 항소를 기각했다.

'리걸테크Legal Tech'라고 불리는 법률 관련 기술은 해외는 물론 한국의 보수적인 법률 시장에 새 바람을 일으키고 있다.

대표적으로 법률 검색, 변호사 검색, 전자증거개시, 법률 자문 등 총 4개 분야가 영향권에 있다. 전자증거개시E-discovery는 주로 미국이나 영국에 있는 절차인데, 소송 준비 과정 중 관련 증거를 양측이 온라인으로 교환하는 절차를 말한다.

'리걸테크'가 가장 발전한 나라는 미국이다. 미국은 누구나 법원 전자기록 공개 시스템인 '페이서Public Access to Court Electronic Records'를 통해 과거 판례를 검색, 확인할 수 있다. 미국 정부는 1999년부터 모든 판례를 디지털화했다.

2012년 애플과 삼성의 특허 소송에서는 '블랙스톤 디스커버리'가 디스커버리(증거 제시) 과정을 자동화하는 소프트웨어를 사용했다.

미국 스탠퍼드대학교 법학전문대학원은 '코드엑스'라는 프로젝트를 2010년 발족했다. 이 프로젝트는 '컴퓨터 법학'에 대해 연구한다. 컴퓨터 법학이란, 법률 분석의 자동화 및 기계화와 관련된 법학 정보과학이다. 코드엑스는 '기술 발전이 어떻게 법조계와 법 자체를 바꾸고 그러한 변화가 우리에게 어떻게 영향을 미칠 것인가'를 주제로 연례회의를 개최한다.

한국계 미국인 존 서가 대표로 있는 미국의 리걸테크 회사인 '리걸줌'은 인공지능 등을 통해 유언, 신탁, 부동산 서류, 상표 등록 등 다양한 종류의 서류 작성 서비스를 제공한다.

이 회사의 목표는 '일반 미국 시민이 법에 더 접근하기 쉽게 하

리걸테크의 성장

배경	법률 산업 복잡성 증대 + ICT 발전

기대 효과

법률 업무 자동화	• 소모적 법률 업무 부담 경감 • 단순한 법률 업무 직접 (자동) 처리
법률 서비스 질 제고	• 창의적 업무에 집중 • 보다 정교한 법률 전략 수립
고객 경험 제고	• 가격, 변호사의 경력 등 정보 비대칭성 해소 • 서비스 선택권이 공급자에서 고객으로 이동

최종 효과	법률 산업의 경쟁력 제고 부가가치 창출

자료 : 현대경제연구원

는 것'이다. 리걸줌은 6,000달러에 이르던 법률 관련 업무 비용을 약 300달러로 줄였다.

리걸줌은 미국 여러 지역에서 수차례 법정 분쟁에 휘말리기도 했다. 하지만 결국 더 나은 법률 서비스를 제공하는 회사이며 법조인을 대체하는 회사가 아니라는 판결을 받았다.

이 회사는 2016년 말 영국 로펌 '뷰먼트 리걸'을 인수하는 등 영국 진출에 박차를 가하고 있다. 변호사와 잠재적인 고객들을 연결해주는 서비스도 하고 있다. 리걸줌의 고객들은 우버 고객들이 운전사를 평가하듯 변호사에 대해 점수를 매길 수 있다. 현재 리걸줌의 고객은 약 30만 명에 이른다.

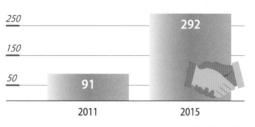

리걸테크 스타트업에 대한 글로벌 투자

단위: 100만 달러

250

150

50

292

91

2011

2015

자료: CBinsights

　리걸줌과 비슷한 사업을 하는 국내 기업들도 있다. '로아팩토리'의 이영준 대표는 처음에 변호사 검색 서비스사업를 시작했다. 하지만 한국에서는 사생활보호 관련 법규로 인해 변호사 정보를 공유하는 데 어려움을 겪었다. 이 대표는 "한국 법률 시장은 보수적이다. 이 서비스 때문에 고발을 당하기도 했다"고 말했다.

　이 대표는 이후 '모두싸인'이라는 서비스를 출시했다. 이 서비스는 온라인으로 계약서에 서명을 할 수 있게 하는 것이다. 이 서비스를 이용하면 변호사 고용, 직접 대면, 물리적 서명 등이 필요 없다. 또 전자계약은 안전하게 보관된다.

　이 서비스는 다양한 분야에 활용되고 있다. 결혼서약서에도 쓰인다. 사람을 만나 계약서를 작성하기 위해서는 특정 장소에 가야 하고, 그러자면 상당한 시간이 소요되기 마련이다. 그런 비용을 줄여주는 것이 이 서비스의 장점이다. 현재 약 10만 명의 개인회원과 8,000개의 기관이 이 회사의 서비스를 이용하고 있으며, 법인 회원 중엔 카카오 같

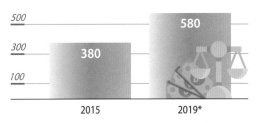

성장하는 법률서비스 소프트웨어 시장

단위: 100만 달러

500

300

100

380

580

2015

2019*

자료: Mitratech

은 IT 회사나 한국전력 같은 공기업도 있다. 회사의 매출은 매월 50퍼센트 이상 성장하고 있으며, 2018년 초 손익분기점에 도달할 것으로 예상된다.

한국 법률 스타트업 '인텔리콘'이 개발한 인공지능 기반 법률 추론형 엔진인 '아이리스-7iLIS-7'은 2017년 6월 런던에서 열린 세계법률인공지능경진대회Coilee에서 우승을 차지했다. 인텔리콘은 이 대회에서 2년 연속 우승을 차지했다. 2017년 대회는 일본 사법시험에 출제되는 민법 문제를 푸는 방식으로 진행됐다. 추론의 근거를 제시하고 결론을 설명하는 것이었다.

한국 정부도 이 분야에 관심을 갖기 시작했다. 2017년 법제처는 법에 능통한 인공지능 구축 프로젝트를 시작했다. 또한 인공지능 발전에 필수인 법령, 판례 등의 정보를 토대로 지식 베이스를 구축하기로 했다.

현대경제연구원은 2017년 한 보고서에서 "법률 서비스 분야는 그간 여타 지식서비스 산업에 비해 상대적으로 기술 도입이 지연되어 왔으나, 최근 빅데이터, 인공지능 등 ICT가 발전하면서 법률 서비스와 기술의 융합이 가속화되고 새로운 부가가치를 창출하고 있다"고 전했다.

리걸테크 관련 스타트업에 대한 투자는 2011년 9,100만 달러에서 2015년 2억 9,200만 달러로 확대됐다. 변호사 검색, 계약서 작성 등 다양한 서비스를 제공하는 법률 서비스 소프트웨어 시장은 2015년 약 38억 달러 규모에서 2019년 57억 달러 규모로 성장할 전망이다.

▌전문가를 돕는 기술

과연 인공지능은 법률 분야에서 인간을 대체할 수 있을까.

루미스 사건은 판사, 변호사 같은 법조인들이 조만간 다른 직업을 찾아봐야 할 것이라는 우려를 낳았다. 2013년 영국 옥스퍼드대학교 연구원들은 2030년쯤엔 인공지능으로 인해 판사라는 직업이 사라져버리게 될 확률을 약 40퍼센트로 예측했다.

하지만 장밋빛 전망만 있는 것은 아니다. 루이빌대학교 컴퓨터 공학과 교수이자 인공지능 전문가인 로만 얌폴스키 교수는 "사기업에 의해 만들어진 인공지능 알고리즘은 치우친 판결로 이어질 가능성이 있다"고 지적한다.

기계는 보조 역할에 머무를 것이라는 견해도 있다. 기술은 인간의 인지 편향을 최소화하도록 돕고, 대량의 정보 검색 업무를 돕는 것이 본연의 역할일 것이라는 전망이다. 인텔리콘의 임 대표는 "법률 업무는 지식뿐 아니라 직감 등 인간 고유의 특성들도 필요로 하기 때문에 기계는 사람을 대체할 수 없을 것이다. 판사와 변호사는 다른 사람보다 똑똑하거나 우수해서가 아니라 사회적 합의에 의해 자신의 위치에 설 수 있는 것이다"라고 말한다.

▌고전하는 한국 리걸테크 스타트업

전 세계적으로 리걸테크 회사들은 빠른 성장세를 보이고 있다. 하지만 한국 내 관련 스타트업들은 불리한 환경 속에서 고전을 면치 못하고 있다.

법무법인 '조인'의 유영무 변호사는 "미국은 판례 중심의 법률 체계지만 한국은 법조문이 중심이다. 서로 다른 법 체계를 갖고 있다"고 말했다.

미국은 사례와 판례 중심이라 데이터가 많이 축적, 공개돼 있다. 한국은 판례가 덜 중요한데다 법원의 판결문이 거의 비공개라 판결문 분석이 어렵다. 법률 검색은 판례문, 관련 법률 등을 검색하는 과정으로 재판의 결과를 좌우할 수 있는 중요한 재판 전 절차다.

현대경제연구원의 전해영 선임연구원은 국내 법 관련 스타트업에 대해 "정보와 데이터가 중요한데 국내에선 그걸 찾기가 어렵다. 미국에서는 그 내용이 자세하게 제공되지만 국내에선 판결과 관련해 단순한 사실관계만 확인할 수 있다. 리걸테크란 사실 전후관계 등 판결에 영향을 미치는 요소들을 파악, 분석해서 판결 결과를 예측하는 것이 중요한데, 국내는 관련 데이터가 충분하지 않다"고 말했다.

반면 미국의 웨스트로Westlaw 같은 회사는 4만 건의 판례, 법령, 규제 등을 바탕으로 법률 검색 서비스를 제공해서 변호사들이 쉽게 검

미국 법과 한국 법의 차이

🇺🇸 미국 법	🇰🇷 한국 법
영미법	대륙법
판례 중심	법조문 이론 (법령) 중심
법령 보조 역할	증거를 토대로 한 판결

자료 : Law Teacher

색할 수 있도록 돕는다.

국내 리걸테크 스타트업들이 넘어야 할 또 다른 장애물은 바로 엄격한 개인정보보호법이다.

대한변호사협회 스타트업 규제혁신 특별위원회 부위원장인 구태언 변호사는 "우리나라는 프라이버시에 상당히 예민한데 이게 시스템에 그대로 나타나 있다. 안전기준이 너무 높게 설정돼 있다 보니 정보의 중요성에 관계없이 개인정보가 모두 비밀이다. 개인정보를 포기하자는 말은 아니지만 종류와 민감도에 따라 차별화된 기준을 마련해야 한다"고 말했다.

미국에선 건강 정보 관련 법률인 'Hippa'가 그런 역할을 한다. Hippa는 누구의 어떤 정보가 법적인 보호를 받아야 하는지, 어떤 정보는 공개할 수 있는지 등에 대한 기준을 제시한다.

법조인들의 반대 또한 국내 리걸테크 산업에 제동을 거는 요소다. 이미 국내 법조계는 로스쿨 제도 도입과 사법고시 폐지로 지각변동이 일어나고 있다. 힘들기로 악명 높은 사법고시는 매년 소수의 법조인들을 배출해왔고, 그로 인해 한국의 법조계는 엘리트 집단으로 인정을 받아왔다. 하지만 로스쿨 제도 도입으로 과거보다 많은 수의 변호사가 배출되고 있고, 그로 인해 법조계의 위상이 낮아지고 있다. 리걸테크 서비스가 출현할 경우 이런 현상이 더욱 악화될 수 있다.

국내 유명 로펌에서 일하고 있는 한 변호사는 "우리 변호사들은 컴퓨터가 우리를 대체할 거라고 생각하지 않는다. 그건 불가능하기 때문이다. 법률 서비스를 더 싸고 보편적인 서비스로 만들 경우 법률 서비스의 질이 저하될 것이며, 오랜 노력을 통해 얻어진 법조인들의 사회적 지위도 낮아질 것이다"라고 말했다.

보수적이고 변화가 느린 법률 분야에 4차 산업혁명의 기술이 어떤 영향을 미칠 지에 대해서는 아직 섣불리 단정하기 어렵다. 특히 미국과 다른 법 체계를 갖고 있는 한국의 법률 시장에 미치는 영향에 대해서는 더욱 그렇다.

"세계 최초의 법률 검색 내비게이션"

인공지능 변호사가 인간 변호사를 대체할 수 있을까. 적어도 미국에선 그런 움직임이 있다. 법과 기술의 융합이 중요하게 대두되고 있다. '리걸테크'라는 용어도 등장했다.

하지만 한국은 사정이 다르다. '인텔리콘 메타연구소' 대표 임영익(48) 변호사는 "미국은 영미법 체계인데 한국은 대륙법 체계로 법률 시스템 자체가 완전 다르다"라며 "영미법은 판례를 중시하기 때문에 판례자료 검색이 매우 중요하지만 한국은 그렇지 않다"고 말했다.

인텔리콘은 법률사무소이자 리걸테크 기업이다. 2011년에 인공지능 전문가들과 함께 연구소를 설립하고 연구한 결과 인공지능 기반 법률 추론형 엔진인 '아이리스i-Lis'를 개발했다. 2017년 6월엔 '아이리스-7'로 영국 런던에서 열린 세계 법률인공지능경진대회Coilee, London에서 우승을 차지했다. 임 대표는 "우리가 개발한 원천 알고리즘으로 좀더 선진화된 법률 시스템을 만드는 데 일조하고 싶다"고 말했다.

이공계를 전공했는데 법률에 관심을 갖게 된 계기는.

대학에서 생명과학, 수학, 물리학, 전자공학 등을 공부했다. 대학에서 약 10년 동안 공부를 했다. 대학 졸업 후 메타연구소라는 회사를 설립해 다양한 융합을 시도했다. 연구소라고 해서 거창한 것은 아니고, 그동안 공부한 것들을 서로 연결해보는 아마추어적인 시도였다. 그때 한 선배가 인공지능 수학교육 시스템을 개발했는데 거기 참여했다. 하지만 1990년대 말 당시는 지금 같은 인공지능 인프라가 없었던 때라 실패로 끝나고 말았다. 하지만 중요한 밑거름이 된 경험이었다. 그 이후에 호적등본 같은 법률문서를 전산화하는 프로젝트를 진행하면서 법에 대해 관심을 갖게 됐다. 이미지 문서를 텍스트로 변환하고 그것의 법률적 의미를 분석하는 알고리즘 연구를 했다. 당시엔 상상도 못했지만 메타연구소의 시간들이 나중에 리걸테크로 발전하는 원동력이 됐다. 그 후 미국으로 유학을 가서 뇌과학을 공부했다. 그때 딥러닝 이론이 발표됐다. 인공지능 시대가 부활하고, 세상이 바뀌는 혁명적인 순간이 올 것이라 직감했다. 그동안의 지식과 경험을 이용한 지능형 법률 시스템 관련 비즈니스를 하기로 결심했다. 한국에 돌아와서 사법시험 공부를 해서 2009년 51회 사법시험을 통과했다.

인텔리콘 창업 당시 이야기를 해달라.

사법연수원 시절인 2010년경 서울 신촌에 인텔리콘연구소를 설립했다. 예전 메타연구소 시절의 연구원들이 다시 뭉쳤다. 이후 강남으로 사무실을 이전하고 '메타지식과 지능융합'이라는 슬로건을 걸었다. 외부투자는 없었고 모두 내 개인 돈으로 운영하다가 2013년에 법인화했다. 국가 R&D 프로젝트를 수행한 것을 계기로 본격적인 시스템 개발에 들어갔다. 그 결과물이 바로 '국내 최초의 지능 법률 시스템'으로 불리는 '아이리스-1'이다. 초기에는 인간 변호사의 지식 구조를 시각적으로 표현하는 것에 집중했다. 수학, 통계학, 머신러닝, 인지과학 등 다양한 분야를 총동원했다. 당시 수학자, 이론물리학자, 생물정보학자 등이 함께 프로젝트에 참여했다. 모두 나의 오랜 친구들인데, 나의 엉뚱한 도전을 응원해줬다. 우리는 세계 최초로 인공지능 법률 시스템을 개발한다는 것에 흥분했다. 미국에서 이런 연구가 이미 진행되고 있었다는 걸 나중에 알았지만 말이다. 그걸 모른 채 도전했었는데 그래서 그 과정이 더 흥미진진했다.

주위 변호사들의 반응은 어땠나.

냉담했다. 법률 시스템 개발을 하면서 법률 전문가들의 참여를 끌어내지 못했다. 그때는 리걸테크라는 개념이 없었던 때라서 그랬던 것 같기도 하다. 처음엔 아무것도 없는 허허벌판에서 집을 짓는 느낌이었다. 그냥 상상하고, 이것저것 시도하는 것 자체가 즐거운 시절이었다. 그런데 알파고 사건 이후 국내 상황이 급변했다. 갑자기 인공지능 붐이 생기면서 투자 유치에 성공하고, 지금의 인텔리콘 메타연구소로 성장했다. 남을 따라하지 않고, 최초로 무엇을 한다는 것은 힘들고 외로운 길이다. 주위의 냉담한 시선을 이겨내야 하고 투자를 받기도 힘들다. 주위에 스타트업들이 힘들어하는 모습을 많이 본다. 우리나라의 투자문화는 단기간의 수익과 성과를 중시하기 때문에 원천기술 개발이나 가시적 시장성이 없는 분야에 대한 투자를 꺼린다. '최고'가 아닌 '최초'에 더 비중을 둔다면 끝없이 밀려오는 파도를 맞을 마음의 준비를 해야 한다.

최근에 개발한 시스템은.

이번에 선보이는 것은 '유렉스U-LEX'라는 이름을 가진 '법률 내비게이션legal navigation' 시스템이다. 기존에 개발한 '시각화 지능 법률 시스템'을 보강하여 일반인도 사용할 수 있도록 개선했다. 이 시스템은 자연어 처리 및 '법률적 번역'이라는 과정을 통해 법적 의미를 추론하는 알고리즘이 특징이다. 관련 법률과 판례의 네트워크를 시각적으로 보여주는 기능이 들어 있어서 전체 지식 구조를 이해하면서 쉽고 빠르게 판례나 법률을 탐색할 수 있다. 이 법률 내비게이션 시스템은 세계 최초로 탄생한 법률 검색 도구다. '법률 지도legal map'라고 표현할 수 있다. 법조인뿐 아니라 일반인들도 쉽고 편하게 접근할 수 있게 구성했다.

한국의 리걸테크가 발전하지 못한 이유는.

리걸테크는 최근에 유행하는 분야다. 미국도 지난 5년 사이에 급성장했다. 우리나라의 리걸테크가 발전을 못했다기보다 세계적으로 이제 막 시작하는 상황이라 보는 것이 맞다. 미국에 리걸테크가 발전한 건 미국 법률 시장의 특징 때문이기도 하다. 미국은 법률 서비스 구조가 복잡하고 비용이 엄청나게 높다. 이 때문에 지능형 판례 검색을 비롯해 온라인 서비스가 우후죽순 생겨났다. 미국은 벤처 투자에 적극적인 분위기인데다, 고비용 구조의 법률 시장이다.

반면 우리나라는 공공 법률 서비스가 초기부터 발달했다. 대법원이나 법무부가 법률 정보나 검색 서비스 분야를 주도하고 있다. 비용도 모두 무료다. 우리나라의 전자 소송 시스템이나 법률 시스템은 세계적으로 우수하다. 일반적인 법률 서비스 비용도 미국에 비해 낮은 편이다. 이 때문에 민간 영역에서는 리걸테크가 발전하기 어렵다.

또한, 우리나라는 영미법 체계와는 다른 대륙법 국가 체계를 채택하고 있다. 그래서 판례보다 법률 자체를 이해하고 해석하는 것이 중요하다. 미국에 비해 판례 의존도가 낮으므로 판례의 검색이나 분석에 고급 기술을 적용하려는 시도가 적다. 특히, 국가가 제공하는 공공정보는 대법원 판례가 전부이고, 하급심 판례는 매우 제한적이다. 수요도 적고 데이터도 부족하기 때문에 미국 같은 리걸테크산업은 발달하지 못했다. 변호사 소개 서비스 정도가 있을 뿐이다. '개인정보보호법'이라는 막강한 규제와 보수적인 변호사 업계의 분위기도 리걸테크 산업에 부정적인 요소로 작용한다.

기술적인 면에서 보면 그동안 한국은 소프트웨어나 인공지능 분야 자체가 전반적으로 침체돼 있었다. 인공지능의 붐은 '알파고 사건' 이후 생겼다고 말할 수 있다. 따라서 인공지능 기반의 리걸테크는 탄생하기 어려운 상황이었다. 특히, 지능형 리걸테크를 구현하기 위해서는 전산법률학computational law이라는 학문이 필요한데, 우리나라는 그런 학문적 인프라가 전무하다. 게다가 우리나라 법률은 매우 복잡하고 방대하여 접근이 쉽지 않다. 이런저런 이유로 리걸테크가 늦게 탄생하게됐다.

한국에도 리걸테크가 발전할 가능성이 있나.

우리나라는 시장에서 자연스럽게 수요가 발생하고 그에 맞춰 리걸테크가 발전하는 구조는 아니다. 일본의 경우 변호사 수가 급격히 늘면서 법률 시장이 매우 어려워졌고 이 때문에 '온라인 서비스'나 '변호사 소개 사이트'들이 많이 생겼다. 몇몇 리걸테크 기업은 시장에서 성공했다. 후발 스타트업들은 인공지능을 적용하는 데 적극적이다.

우리나라도 결국엔 이런 식으로 발전할 것으로 본다. 특히 인공지능을 적용한 새로운 방식의 법률 서비스가 성공하고, 그것이 새로운 수요를 창출한다면 리걸테크 산업이 일본을 능가할 수 있다.

2017년 초 정부는 법률 인공지능 프로젝트를 시작하면서 관련 지식 데이터베이스를 구축하기로 했다고 밝혔다. 이로 인해 리걸테크 생태계가 형성되고 대법원에서 하급심 판례를 적극적으로 공개한다면 리걸테크 산업이 예상 외로 빨리 성장할 수도 있을 것이다.

4차 산업혁명 시대에는 인공지능이 인간 변호사나 판사를 대체할 수 있을까.

인공지능 분야엔 '어려운 문제는 쉽고, 쉬운 문제는 어렵다'는 '모라벡 패러독스'라는 것이 있다. 기계는 말 그대로 '기계적인' 업무나 '계산적 문제해결'에 초인적이다. 그러나 보고, 느끼고, 직관하고, 움직이는 능력들은 고등 생명체가 가지는 원초적 능력이며, 수십억 년의 진화라는 학습을 통해 DNA에 내재된 것이라 아무리 단순해도 기계가 모방하기 어렵다.

법률을 처리한다는 건 원초적 능력, 언어 능력, 고도의 법률 지식을 바탕으로 상황에 따라 논리를 역동적으로 재구성하는 것이다. '기계적인' 업무와는 거리가 멀다. 우리가 상상하는 터미네이터 같은 인공지능은 요원하며, 현재는 특정 분야의 특정 업무에 제한적으로 작동하는 수준이다.

따라서 특정 영역에서 조언을 하거나 데이터 분석을 하는 정도의 인공지능 법률가는 예상할 수 있지만, 판사나 변호사를 인공지능이 일대일로 대체하는 것은 기술적으로 거의 불가능하다. 특히 판사의 업무는 능력의 문제와 별개로 사회적 합의와 권위에 기반한다. 인공지능에게 이것을 넘겨주는 것은 완전히 다른 이슈다. 결론적으로 인공지능은 법률가의 특정 업무에 대한 기능적 도우미나 조언자 정도로 성장할 것이고, 그 정도의 발전이라도 말처럼 쉬운 것은 아니다.

인텔리콘의 인재상은 무엇인가. 빠르게 변화하는 산업 구조 속에서 성공하고 살아남기 위해 젊은이들이 무엇을 해야 할까.

융합의 시대라는 말이 식상하게 느껴질 정도로 융합이 활발하게 일어나고 있다. 인텔리콘은 지식융합을 실천하는 곳이다. 법률과 기술의 연결은 어울리는 모습이 아니다. 물과 기름 같은 것을 연결하여 융합으로 나아가는 것은 힘든 일이다. 그러니 이런 힘든 과정을 즐기는 모험 정신을 중요하게 생각한다. 융합을 위해서는 두 개 이상의 전공을 공부하는 것이 좋지만, 현실적으로 쉬운 건 아니다. 자신이 무슨 공부를 하건 그 분야를 정확하게 이해하고 통찰력을 얻는다면 다른 분야도 쉽게 접근할 수 있다. 새로운 지식이나 분야가 멋져 보이더라도 그동안 쌓은 개인적 지식이나 경험을 버리기보다 그것을 잘 활용하는 태도가 중요하다. 인터넷이나 유튜브 같은 도구를 잘 이용하는 것도 좋다. 이것을 통하여 많은 정보를 얻을 수 있고 다양한 간접경험을 할 수 있다. 급변하는 시대에 있다는 것이 오히려 행운이라는 역발상과 긍정적 사고가 중요하다.

앞으로의 계획은.

이번에 선보이는 법률 내비게이션 시스템을 고도화시켜 누구나 쉽게 사용할 수 있는 지능 정보시스템을 완성하는 것이 우선 목표이다. 법률 내비게이션 개념은 세계 최초로 탄생한 것이다. 국내 시장에서 성공하면 곧 바로 해외에 수출할 수 있다. 특히 일본은 우리와 법률이 유사해서 진출하기 쉽다.

사실 인공지능 기반 리걸테크 분야는 매우 광범위하고, 법률 인공지능 원천기술을 확보하면 쉽게 다른 리걸테크 분야에 적용할 수 있다. 따라서 법률 인공지능 원천기술을 고도화하기 위해 더욱 노력할 것이다. 또 전산법률학 이론을 집대성하고 그것을 바탕으로 로스쿨이나 대학과 연계하여 미래 인재를 양성하는 교육 프로그램을 만들 계획이다. 미국 스탠퍼드대학교의 '코드codeX' 프로그램 같은 것이다.

리걸테크의 발전이 우리 삶에 어떤 영향을 줄까.

리걸테크의 발전은 법률 서비스의 질을 높이고 소비자들에게 다양한 혜택을 줄 수 있다. 예를 들어, 컴퓨터가 세금이나 이혼, 상속 같은 분야에서 법률적 조언을 간단하게라도 해준다면 예방적으로 최선의 길을 찾을 수 있다. 더욱이 우리나라는 변호사 없이 '나홀로 소송'을 진행하는 경우도 빈번하다. 이런 경우에도 리걸테크는 많은 도움이 된다. 특히 자연어 처리 기반 법률정보검색 시스템은 법적 지식이 부족해도 쉽게 정보에 접근할 수 있어 시간이나 노력을 줄여준다. 우리나라 전체 법률 서비스 질을 높이는 결과를 낳을 것이다.

4차 산업혁명, 이게 실화다!

"인류는 이제껏 경험해보지 못한
거대한 변화 한가운데 놓여 있다!"

《코리아중앙데일리》는 2017년 9월 25일 '한국의 4차 산업혁명, 이게 실화다!'라는 제목의 패널 토론회를 열었다. 이 자리에서는 다양한 관련 분야의 전문가들이 패널로 참석해 《코리아중앙데일리》 독자들과 4차 산업혁명에 대한 지식과 인사이트를 공유했다.

현재 진행 중인 기술적인 진보 상황을 어떻게 불러야 하는지에 대한 논쟁은 여전히 진행형이다. 하지만 전문가 패널들은 모두 한국이 급속한 변화의 한가운데 있으며, 변화의 속도는 상상할 수 없는 수준이라는 점, 또 한국은 하루빨리 이 변화를 따라잡아야 한다는 것에 의견을 같이 했다.

이들은 또 인간은 여전히 인공지능을 기반으로 한 획기적 기술 발전의 중심에 있을 것이며, 인간과 기계의 공존과 협업이 미래에도 중요

한 가치로 남아 있을 것이라고 공감했다.

이 패널 토론의 진행은 정유신 서강대학교 경제학부 교수가 맡았다. 패널은 강인호 네이버 서치 리더, 권용현 과학기술정보통신부 지능정보사회추진단 기획총괄팀장, 김석중 툴젠 이사, 이정수 폴리토 대표, 임정민 구글캠퍼스 총괄, 한준성 하나금융그룹 그룹미래혁신 총괄 부사장, 한인수 펜타 시큐리티 이사로 구성됐다.

▶ 4차 산업혁명에 대한 이해 ◀

정유신 서강대 교수 오늘 패널 토론회 제목이 "제4차 산업혁명, 이게 실화다"이다. 실화란 현실 속에서 이루어지고 있는 이야기를 말한다. 올

해 대선 전부터 각 후보들이 이야기했고 바
로 오늘 오후에도 4차 산업혁명위원회 위원
장이 선임됐다. 하지만 일각에선 "4차 산업
혁명? 잘 모르겠다. 3차에서 더 진행된 것
도 아닌 거 같다"고 한다. 구글캠퍼스 서울
임정민 대표께 4차 산업혁명의 실체가 있
는 건지, 이 논의를 어떻게 보시는지 말씀
부탁드린다.

정유신 서강대 교수

임정민 구글캠퍼스 서울 총괄 한국에서 4차 산업혁명에 대한 얘기가 유난
히 더 많이 나오는 거 같긴 하다. 해외에선 정확히 4차 산업혁명이라
고 지칭하지 않는다. 누구나 지금 현재 일어나고 있는 변화에 대해 다
른 생각이 있고 다르게 정의를 한다. 그렇기 때문에 붙이는 이름도 다
르다. 하지만 3차든 4차든 어떻게 부르든 간에 공통적으로 이야기하
는 세 가지 핵심이 있다.

첫 번째는 디지털 전환digital transformation이
다. 사물인터넷IoT이나 빅데이터처럼 모든
데이터들이 기계가 이해하고 보고 배울 수
있는 형태로 바뀌고 있다.

두 번째는 기술의 분배distribution다. 과거에
기술과 데이터는 중앙집권적이었다. 비즈니
스 모델도 마찬가지였다. 예전엔 특별한 자

임정민 구글캠퍼스 서울 총괄

본이나 리소스를 갖고 중앙집권 형태로 비즈니스를 했다. 하지만 이젠 우버나 에어비앤비처럼 꼭 자동차나 호텔 방을 소유하지 않고도 전 세계에서 그것들을 운용할 수 있다.

세 번째는 민주화democratization다. 머신러닝의 영역에서 번역 연구 같은 기술 개발은 과거에 돈이 많이 들어가는 큰 프로젝트들이었기 때문에 대기업이나 정부만 할 수 있었다. 하지만 지금은 오픈소스 플랫폼과 태스크 프로그램을 활용하면 스타트업이나 개인 개발자들도 쉽게 할 수 있게 됐다. 과거 몇 조원, 몇 백억 원이 들던 유전자 분석도 이젠 100만 원 정도로 가능해졌다.

정유신 인공지능AI 분야 전문가인 강인호 리더의 의견은 어떤가.

강인호 네이버 서치 리더 내가 공부할 때만 해도 인공지능은 굉장히 광범위한 주제를 다루는 과목이었다. 그 안에 자연어처리, 정보처리, 기계학습 등이 포함돼 있었다. 그런데 요즘은 거꾸로다. 어디 가서 사람들한테 기계학습이나 자연어처리 한다고 하면 오히려 "인공지능을 해야지 왜 그런 걸 하고 있냐"라고 한다.

예전에는 새로운 기술이 나오면 그것을 분석하고 따라가는 데 6개월, 1년 정도 걸렸다. "이런 방법을 통해 성능을 이만큼 올렸다" 이야기하고 서로의 의견을 나누면서 기술 개선을 이뤄나갔기 때문이다. 요즘엔 학회에 논문을 발표하기도 전에 인터넷 아카이브에 먼저 내용을 올린다. 그리고 자기들끼리 전공 무관하게 달라붙어서 풀어본다. 똑똑한 애들 여러 명이 한 문제에 매달려서 "이 문제를 이렇게 접근하니 더 잘 풀렸다"라고 방법을 공유한다. 요즘은 우리도 주 단위로 모델이 바뀐다. 이젠 '어떤 모델이 최고'라는 말을 못한다. 1~2주 만에 더 좋은 모델이 나타나기 때문이다. 매일매일 경기를 하는데 계속 1등이 갱신되는 것이다. 개발자로서 이걸 따라가려면 장난 아니겠다는 생각이 든다.

강인호 네이버 서치 리더

요즘은 채용할 때도 전공이나 학위 같은 거 안 따지고 '이 사람이 새로운 기술을 배울 수 있는 기본 능력이 있는지, 머신러닝을 사용할 수 있는지, 코딩에 흥미를 느끼고 잘할 수 있는지" 같은 것을 질문한다. 이런 질문으로 선발한 친구들이 실제로 더 일을 잘한다. 전공이나 학위의 벽이 깨지는 걸 느낀다. '달라지는구나, 빨리 배우는구나' 하는 생각이 든다. 기술 개발의 정도에 대해서는 소비자들이 바로 쓸 수 있는 서비스나 물건이 나올 거 같진 않지만 변화가 있다는 것은 느낀다. 하지만 어디까지가 4차 산업혁명이고 어디까지가 2, 3차 산업혁명인지 이야기하기는 어려운 것 같다.

정유신 4차 산업혁명이 시작됐다는 전제하에서 정부는 이 현상을 어떻게 보고 있나. 한국은 어떤 특징을 갖고 있다고 생각하나.

권용현 과학기술정보통신부 지능정보사회추진단 기획총괄팀장 4차 산업혁명이

권용현 과학기술정보통신부
지능정보사회추진단 기획총괄팀장

라는 용어 자체가 우리나라에서 만든 용어가 아니었다. 이 용어가 한국에 들어온 후 그 개념에 대한 해석은 사람마다 달랐다. 클라우스 슈밥이 처음에 21가지 기술을 나열하고 이게 융합되면 세상이 많이 바뀔 거라고 이야기했을 때 "그럼 세상에 중요하지 않은 기술 어디 있냐"는 반박이 나왔다. OECD는 디지털 전환digitial transformation을 이야기하면서 디지털 기술 중심으로 이 현상을 설명하려고 했다. 우리 정부도 이런 담론을 분석해봤다. 분석한 결과 어떤 말로 부르든 우리가 거대한 변화의 한가운데 있다는 것은 확신할 수 있었다.

4차 산업혁명을 뭐라 부르든 이 현상에 관심을 갖고 뛰어드는 나라는 많지 않다. 미국, 일본, 중국, 독일 정도다. 모두 GDP 1~4등을 차지하는 나라들이다. 이 나라들만 패러다임 전환이 이루어졌을 때 새 판을 주도하려면 어떻게 해야 할까 굉장한 고민을 하고 있다. 한국은 ICT 관련 기술, 즉 데이터, 네트워크, IT 솔루션이 상대적으로 발전된 나라다. 그렇기 때문에 "여기 이런 변화가 실제로 다가오고 있구나"를 이해하고 달려들려고 하는 몇 안 되는 나라 중 하나가 아닌가 생각한다.

지난해까지만 해도 이런 기술적인 변화들은 기술용어로만 설명됐다. 그런데 올해 9월엔 미국의 저명한 경제·경영학 교수들이 모여서 이 현상을 분석하기 시작했다. 일반 대학교수들이 아니라 노벨 수상자들이 달려들어서 이 현상을 아주 정교하게 분석한 것이다. 지난해 슈밥이 처음 4차 산업혁명을 이야기했을 때 저명한 경제학자가 비슷한 분석을 했었는지 찾아보려 했었지만 당시엔 없었다.

"뭐가 변했는지 모르겠고 당장 일자리가 줄어든 것도 아닌데 벌써부터 4차 산업혁명이라고 설레발치고 있냐. 대선 주자마다 이 이야기하고 있는 것도 다 쇼다"라고 하는 사람들이 있다. 하지만 뭐라고 부르든 실제로 엄청난 변화가 다가오고 있는 것은 분명하다. 정부도 그 심각성을 확실히 느끼고 있다.

정유신 3차 산업혁명까지는 제조업 중심이었다. 근데 4차 산업혁명은 서비스와 금융 등 다양한 영역에 걸쳐 이루어지고 있기 때문에 개인적으로는 4차라고 부르는 게 맞다 생각한다. 특히 금융의 변화가 다른 어떤 영역보다도 속도가 빠른데, 그 이유는 무엇이라고 보나.

한준성 KEB하나은행 부행장 외국에 있는 금융 전문가와 임원들은 한국과 다르다. 가장 큰 차이는 경험이다. 그들은 지금 현재 벌어지고 있는 현상을 자연스러운 걸로 받아들이면서 적응하려고 노력한다. 하지만 한국은 당황하고 있다. 그들과 같은 경험을 한 사람들이 없어서다. 핀테크의 최전선에서 일해 온 나는 개인적으로 당황스럽지 않다. 다만 변화의 속도가 굉장히 빠르다는 생각은 한다.

여러분은 지금 쓰는 서비스가 과거와 비교했을 때 훨씬 디지털화되어 있다고 생각할 거다. 그런데 금융 분야에서의 디지털 전환digital transformation을 한마디로 정의한다면 바로 '정보'다. 핵심은 정보를 어

한준성 KEB하나은행 부행장

떻게 잘 컨트롤해서 고객의 문제를 잘 해결할 수 있을까다. 은행들은 더 많은 정보를 연결하고 고객에게 더 나은 서비스를 제공하기 위해 데이터베이스의 구조를 업그레이드해왔다. 하지만 현재의 데이터베이스 구조는 4차 산업혁명이라고 불리는 이 변화를 감당할 수 없다.

제대로 대처하려면 전 세계 금융회사 IT 시스템이 모두 바뀌어야 한다. 대학에서 IT를 전공하고 갓 입사한 신입사원들이 은행에서 일하기 시작한 지 1주일이 지나면 "은행의 정보 구조가 조선시대 같다"고 말한다. 이걸 바꾸려면 KEB하나은행만 해도 몇 조 원이 든다. 거의 불가능하다고 보면 된다. 그래서 전 세계 금융회사들은 데이터베이스 시스템을 바꾸는 걸 거의 포기한 상태다.

금융기관들이 이 위기를 견딜 수 있는 유일한 방법은 아예 다른 형태의 조직과 프로세스를 만들어내는 것이다. 바로 여기서 기회가 생긴다. KEB하나은행은 1년에 3조 3,000억 원의 비용을 쓴다. 문제는 이 돈이 모두 영업점이나 시스템 등 기존 인프라에 투입된다는 점이다. 그래서 은행들이 영업점을 없애는 거다. 비용 줄여서 미래에 투자해야 하니까. 이런 고통스러운 포인트들이 엄청나게 많이 존재한다. 게다가 요즘은 은행이 제공하는 서비스가 고객의 니즈에 부합하지 못하기 시작했다.

5년 전까지만 해도 고객이 창구에 오면 직원들이 새로 나온 기술을 보여주고 사용법도 가르쳐줬다. 요즘은 고객들이 먼저 창구에 와서 이 은행은 왜 이게 안 되냐고 한다. 고객의 기술이 은행을 앞서고 있다는 말이다. 이 갭 때문에 핀테크 회사들이 등장했다. 기존의 거대 은행들은 여기에 대처할 방법이 없다. 우리가 할 수 있는 건 더 많은 기능을 추가하는 것 정도인데 이것도 굉장히 어렵다.

은행은 기술 기업이 아니다. 기술을 활용해서 고객들에게 서비스를 제공하는 것이 우리의 일이다. 그러기 위해서는 디지털 인프라를 갖추고 여러 가지 노력도 해야 된다. 그런데 요즘 문제는 기술 기업들이 금융을 하겠다고 나서는 것이다. 이러면 은행들은 굶어 죽게 될 수도 있다. 글로벌 차원에서 한국의 금융 시스템은 최고 수준에 속한다. 우리뿐만이 아니라 영국, 미국, 일본도 사실은 같은 문제로 괴로워하고 있다.

정유신 카카오뱅크 돌풍은 어떻게 보나.

한준성 개인적으로 카카오뱅크는 두렵지 않다. 금융은 보수적이고 뿌리 깊은 산업이고, 그것을 깨기는 쉽지 않다. 자본금 등 여러 가지 복잡한 문제들이 많다. 편리함 같은 것만으로 시장을 상대하기는 녹록치 않다. 은행이 새로운 것을 내놓으면 고객들은 곧 더 편리한 걸 원한다. 한국 고객들은 실제로 6개월만 지나면 더 좋은 걸 원한다. 카카오뱅크는 탄탄하게 성장할 거라고 본다. 하지만 기존의 금융 질서를 바꾸기에는 한계가 있다고 생각한다.

그보다 더 큰 걱정이 있다. 바로 결제다. 중국의 알리페이Alipay, 위챗페이WeChat Pay 그리고 구글월렛Google Wallet, 애플페이Apple Pay 같은 결제 플랫폼 말이다. 우리나라는 그에 대해서 별 경험이 없다. 또 다른 걱정은 우리의 데이터를 어떻게 사용할 것인가다. 나는 우리의 라이프스타일에 대한 정보가 해외로 빠져나가는 것이 두렵다. 어떻게 대응하고 글로벌 경쟁력을 가질 것인가. 카카오뱅크는 계속 견고한 성장세를 보일 것이다. 하지만 이는 전체 금융업 가운데 은행업이라는 하나의 분야에서의 성장일 뿐이다. 금융업 전체로 보면 결제 플랫폼이 더 두렵다.

▶ 산업의 변화 ◀

정유신 카카오의 경쟁자인 네이버는 인공지능의 강자다. 어떤 전략을 갖고 있나.

강인호 인공지능 분야에서 네이버가 기술적으로 뒤지지 않는다고 자신한다. 요즘은 글로벌에 대해 많이 생각한다. 우리는 클로바Clova라는 인공지능 기술을 갖고 있다. 한국에서 잘하고 싶은 생각이 없진 않지만, 언어에 영향을 덜 받는 시스템으로 글로벌 시장에 도전하고 싶다. 우리는 또 라인 플랫폼이 있다. 라인이 잘 되는 곳에 이 기술을 가지고 가면 좋지 않을까 생각한다.
우리는 고객들과 소통하는 방법에 한계를 두고 싶지 않다. 텍스트뿐만 아니라 다른 방법도 있다. 그래서 영상 기술 등을 개발하고 있다. 고객의 행동을 인식하기 위한 기술을 위해 인공지능 자연어처리에 관심을 두고 있다. 지금으로선 인간의 5감 중 3개 감각 정도는 감지할 수 있지 않을까 생각한다. 어떤 상황에서든 고객들과 함께할 수 있는 서비스를 하고 싶다.

정유신 모션인식 서비스란 무엇인가.

강인호 우리는 어린아이부터 어른까지 다양한 연령의 고객을 갖고 있다. 동작으로 제어되는 장난감 로봇도 만들고 싶다. 세상에는 말하기를 좋아하는 사람, 글로 소통하려는 사람 등 다양한 사람들이 있다. 그중에는 동작이 편한 사람도 있다. 예를 들어, 내비게이션을 생각해보자. 운전하다가 주변 소음 때문에 소리가 잘 안 들릴 수 있으니 이를 움직임으로 대신할 수 있지 않을까 해서 이에 대해 연구하고 있다.

정유신 플리토Flitto는 인공지능 플랫폼이지만 인간 전문가가 번역에 관여한다.

이정수 플리토 대표 많은 사람이 인공지능 같은 기술의 출현에 따른 미래를 그리면서 각기 다른 전망을 내놓고 있다. 하지만 나는 인공지능의 일상생활에서의 사용 가능성에 대해서는 다소 거품이 있다고 생각한다. 하지만 이걸 4차 산업혁명이라고 부르든 부르지 않든 분명 많은 것이 빠르게 바뀌고 있다. 미국도 마찬가지다. 나는 카카오 같은 플랫폼 업체가 미래 변화를 선도하게 될 것이라고 생각한다. 이런 업체들은 어마어마한 데이터를 모아 거기에 서비스와 기술을 탑재해서 내놓을 것이다. 우리는 스마트폰을 들고 다니면서 끊임없이 정보를 제공하고 있다. 그 정보를 모은 회사들은 그 정보를 토대로 서비스를 제공한다. 데이터

이정수 플리토 대표

가 그만큼 중요하다. 인공지능에만 의존해서 정보를 모을 수는 없다.

내게 한국의 미래에 대해 어떻게 생각하는지 물어보는 사람들이 많다. 나는 상당히 비관적으로 본다. 왜냐하면 한국에서는 충분한 데이터를 수집하기가 힘들기 때문이다. 한국의 언어는 세계적 관점에서 볼 때 마이너에 속하며 인구도 적다. 한국 회사들이 한국 사람들의 소비 패턴 같은 데이터를 모으지만 그게 진정한 빅 데이터가 될 수 있을까. 한국에선 빅 데이터 분석을 하는 게 불가능하다. 빅 데이터 분석이 가능한 업체는 결국 인구가 많고 영어를 기반으로 하는 나라의 회사들이다.

언제까지 라인과 카카오가 경쟁을 할 수 있을까. 위챗WeChat을 쓰는 한국 사용자가 늘어나고 있는데, 왜냐하면 외국인이랑 소통을 하려면 위챗을 써야 하기 때문이다. 페이스북도 마찬가지다. 한국인들도 결국 글로벌 플랫폼으로 들어가는 추세고, 거기서 나오는 데이터는 국내 기업들이 아닌 해외 기업들이 가져간다. 그걸로 더 정교한 데이터를 만

들고 서비스와 기술을 내놓을 것이다.

어떤 기업들은 자신들이 기술 개발을 하기 위해 데이터가 필요하다는 것을 사람들에게 알리기를 꺼려한다. 예를 들면, 우리가 모은 데이터를 해외 유명 대기업에 판매하고 이를 미디어에 알리려고 하면 상대방에서 그러지 말 것을 요구하는 경우가 있다.

그런 기업들은 사람들의 데이터를 모으지 않고도 기술 개발을 하는 것처럼 보이게 하고 싶은 거다. 하지만 인공지능 기술을 위해서는 데이터가 필요하다.

인공지능에 대해서 너무 큰 환상을 가질 필요는 없는 것 같다. 인공지능이 학습을 하려면 결국 더 많은 데이터가 필요한데 그걸 모으고 분석할 수 있는 건 결국 사람밖에 없다. 인간 번역가는 결코 없어지지 않을 거다. 예를 들어, 몽골어 기계번역이 잘되면 사람들이 몽골에 진출하려고 할 것이다. 하지만 더 정교하고 상세한 번역을 하려면 전문 번역가가 필요하다. 결국 사람과 인공지능은 상생한다. 사람은 인공지능의 도움을 받아서 발전하는 것이고 인공지능도 사람의 도움을 받는 거다.

정유신 승자독식 시장 구조에 대해서 말하는 사람들이 많은데, 번역 플랫폼을 운영하는 상황에서 이런 구조가 계속 갈 거라 생각하나. 아니면 작은 플랫폼도 살아남을 수 있을 것인가.

이정수 결국엔 큰 플랫폼이 이기는 구조로 갈 것이다. 하지만 다양한 플랫폼들이 많이 늘어나면서 그 플랫폼으로 먹고 사는 업체도 많이 생겨날 거다.

정유신 툴젠의 유전자 교정 기술은 4차 산업혁명과 어떤 관련이 있으며, 사회에 어떤 변화를 줄 수 있을까.

툴젠 김석중 이사 바이오 메디컬 분야는 인공지능과 빅데이터의 도움을 받고 있다. 유전 정보를 획득하는 속도가 빨라졌다. 30년 전만 해도 한 사람의 유전 정보를 획득하기 위해서는 15년의 시간과 굉장히 많은 비용이 들었다. 지금은 한 사람의 유전 정보를 600달러만 내면 하루 만에 얻을 수 있다.

국가적 차원에서도 유전 정보 획득에 많은 투자를 한다. 영국은 유전 정보를 통해 국민건강보험 비용을 낮출 수 있다는 생각에서 수십만 명의 유전 정보를 분석하고 있다. 이런 전제하에 그들은 수십만 명의 유전정보를 읽고 분석한다. 단 하나의 유전 정보가 기가바이트 단위다. 이런 엄청난 규모의 정보로 인해 빅데이터 분석이 필요해지고, 그로부터 유의미한 정보를 가려내는 것이 중요해지는 것이다.

일반인 입장에선 진단 분야의 변화가 가장 체감하기 쉬울 것이다. 예를 들어, 엄마의 혈액에 있는 유전 정보를 분석해 태어나지도 않은 배 속 아이의 유전 정보를 읽을 수 있다. 유전 정보를 재미로 테스트해볼 수도 있다. 예를 들어, 침을 조금 뱉어서 작은 유리병 안에 보내면 선조에 대한 정보를 제공하는 유전 정보 분석 업체가 있다. 여러 종족이 뒤섞인 서양에서 더 유용한 정보일 것이다. 유전 정보를 바탕으로 내게 맞는 와인을 추천해주는 서비스도 있다.

툴젠 김석중 이사

툴젠의 핵심 기술은 유전자 가위다. 유전체 분석을 통해 이제 사람들은 한 사람의 건강에 대한 정보를 분석할 수 있다. 예를 들어, 이런 분석을 통해 당뇨병에 걸릴 확률이 높은 사람을 가려낼 수 있다. 하지만 이건 토정비결 같은 것이다. 주어진 유전 정보 내에서 살라는 거다. 그 이상은 할 수가 없다. 당뇨병을 조심하면서 살 수는 있지만 역시 수동적이다. 당뇨병에 걸릴 높은 확률을 감수하면서 살아야 하고, 이는 삶을 제한할 수 있다.

툴젠의 유전자 교정(편집) 기술은 사람들이 태어난 유전자의 한계에 머물지 않도록 하는 걸 목표로 한다. 가야할 길이 멀다. 하지만 빠르게 진전하고 있다. 현재의 유전자 교정 기술은 유전체 정보를 잘라내는 도구를 사용함으로써 그 과정을 효과적이고 정확하게 만들어주고 있다. 최근 'CRISPR/Cas9'이라는 좋은 유전자 가위가 나오면서 유전자 교정은 치료나 농업을 포함해 많은 산업으로 빠르게 확산하고 있다.

하지만 유전자 교정이 다양한 분야에서 가능하려면 산업적·사회적 인프라가 중요하다. 나는 한국이 유전자 교정 같은 혁신적인 바이오메디컬 기술을 위한 환경을 갖추고 있는지 잘 모르겠다. 그에 대한 경험이 부족하고 부정적인 사회 분위기가 여전히 존재한다. 하지만 혁신적인 바이오 기술을 보유하고도 이를 산업화하는 데 뒤처진다면 안타까운 일이다.

▶ 보안의 중요성 ◀

정유신 금융 분야에서 비대면 거래가 일반화되고 있다. 이런 상황에서 보안에 대해 어떻게 생각하나.

한인수 펜타시큐리티 이사 보안산업은 PC가 처음 등장한 약 30년 전부터 있었다. 인터넷 시대가 도래하면서 중요성이 높아졌다. 현재 전 세계 보안산업은 약 1,000억 달러 규모로 성장했다. 경제 규모가 큰 나라들은 보안산업, 즉 보안으로 인한 손실을 줄이려고 노력하고 있다. 과거 보안은 개인정보 유출이나 개인 컴퓨터의 랜섬웨어를 방지하는 것을 의미했다. 하지만 4차 산업혁명 시대의 보안은 인간의 생명, 안전과 직결된다. 이제 보안은 비용 감소의 문제가 아니라 절대 일어나면 안 되는 일을 방지하는 것이다. 자동차와 가전제품 등 모든 사물이 인터넷에 연결되면서 보안의 대상이 됐다. 사물인터넷 시대에는 모든 사물을 해킹할 수 있다. 지난 20년 동안 기업들은 PC가 바이러스에 감염되면 이를 고친 후 해커를 추적하는 식이었다. 지금은 선제적 보안이 훨

한인수 펜타시큐리티 이사

씬 중요하다. 보안을 먼저 한 후 인터넷 연결이 이뤄져야 하는 것이다. 선 보안, 후 연결이다.

정유신 사물인터넷에 맞춤형 보안 시스템이 들어가야 한다는 말인데. 그러면 비용이 높아질 것이다. 많은 사람이 사려고 할까

한인수 생명과 직결되는 부분은 법제화하려고 하고 있다. 최소한의 가이드라인을 준수해야 신제품을 낼 수 있게 하는 것이다. 그 외의 보안은 제조 업체들이 자발적으로 해야 한다. 보안 업체는 물론이고 제조사들도 자발적으로 화이트해커를 고용해 제품 출시 전에 취약점을 찾아내거나 자체 엔지니어를 통해 보안을 내재화하고 있다. 보안 업체와 제조사가 협력하는 일이 많아지고 있다

청중 질문 개별 소비자들은 보안을 위해 무엇을 해야 하나.

한인수 소비자들은 사실 비밀번호를 자주 바꾸는 것 외엔 할 수 있는 게 없다. 우리가 보안 내재화를 말하는 이유는 소비자들이 보안에 신경 쓰지 않아도 되도록 하기 위해서다.

정유신 금융 쪽 보안은 어떤가.

한준성 전자금융 10계명을 보면 결국 전자금융을 하지 말라는 소리나

다름없다. 소비자들에게 경고하고, 해킹에 대비하기 위해 무엇을 하지 말아야 할지를 말하고 있다. 그런데 실제로 소비자들의 사소한 실수에 의해서 개인정보가 유출되는 경우가 많다. 또 북한 해커들의 위협도 현실이다. 최근 랜섬웨어나 디도스 공격이 모두 그랬다. 금융에 관련한 한국의 보안은 매우 복잡하고 소비자들에게 까다롭다. 반면 미국이나 유럽은 소비자에 대한 규정은 상대적으로 느슨한 편이다. 사고가 나면 은행이 책임을 진다.

정유신 정부는 어떤 노력을 기울이고 있나.

권용현 보안은 어느 한 분야의 이야기가 아니다. 플랫폼, 법, 제도 등 여러 가지 요소가 섞여 있다. 그런데 문제를 해결하는 나라가 있고 해결은 못 하면서 이야기만 하는 나라가 있다. 예를 들어, 미국은 1~2년 걸려 법을 만들고, 결국 문제를 해결한다. 하지만 어떤 나라들은 그 문제에 대해 논의만 하고 해결은 안 한다. 한국은 전자는 아니다.

우버의 경우를 예로 들자면, 국내 도입 이후 많은 논란을 낳았지만 택시기사들과 갈등하느라 여전히 한 발짝도 못 나가고 있다. 반면 미국 정부는 우버 서비스를 가능케 하기 위해 제도를 혁신적으로 바꿨다. 이슈가 생길 때마다 법을 하나하나 바꾸는 것이 아니라 정부가 그들을 위해 완전히 새로운 법을 만들었다. 한국은 그렇지 못하다. 그래서 이런 포럼에서 다양한 산업 분야의 구체적인 문제들을 듣는 것이 중요하다고 생각한다.

▶ 4차 산업혁명에 대한 다른 관점 ◀

임정민 한 가지 덧붙이고 싶은 게 있다. 4차 산업혁명은 기술의 문제가 아니라 삶과 생각의 문제다. 철학적인 문제이기도 하다.

툴젠 김석중 이사가 중요한 말씀을 하셨다. 툴tool을 만드는 게 아니라 이것을 어떻게 사용하는가가 중요하다. 사회는 빠르게 변화하고 있다. 과거 공장 노동자들은 조립 라인 바로 옆에 서서 자동차 부품을 하나하나 조립했다. 하지만 이제 기계가 그들을 대체했다. 금융산업에는 인공지능이 도입됐다. 우리는 어떻게 빠른 변화와 새로운 기술에 대응할 것인가. 플리토 이 대표는 인간과 기계가 협력해야 한다고 말했다. 맞는 말이다. 지금 체스를 전 세계서 가장 잘하는 팀은 사람과 기계가 함께하는 팀이다. 인간은 자연이고, 기계는 효율을 우선한다.

평등의 문제도 불거지고 있다. 부유한 사람들은 유전병 치료 기술을 살 수 있겠지만 가난한 사람들은 그럴 수가 없다. 이런 흐름은 인공지능의 도입으로 더욱 빨라질 것이다. 우리는 어떻게 하면 기술이 모든 사람에게 평등하게 이용될 수 있는지를 생각해야 한다. 그런 문제가 해결되지 않으면 사회는 더욱더 불평등해질 것이다

청중 질문 IT 관련 대기업에 종사하고 있다. 머신러닝을 이용한 데이터 분석을 한다. 과거에는 100명이 하던 일을 이제는 20명이 한다. 숙련된 전문가라면 5명이면 같은 일을 해낼 수 있다. 머신러닝이 만든 알고리즘의 도움을 받으면 가능하다. 머신러닝 전문가가 되는 것 외에 다

른 능력을 길러야 할 것 같다. 앞으로 사람은 어떤 능력을 가져야 하는 것인가.

한준성 금융권의 고용문제 역시 심각한 상황이다. 과거엔 송금 부문에 많은 직원이 필요했지만 이제는 그렇지 않다. 은행들이 지점을 줄이고 있다는 기사가 연일 실린다. 나는 기업들이 교육에 대한 철학을 세워야 할 시기라고 생각한다. 가령 은행 경영이 악화됐을 때 은행은 중소기업 금융 전문가 육성 교육을 실시할 수 있다. 중소기업 금융 전문가는 국내에 많지 않다. 이를 통해 중소기업 활성화도 이룰 수 있다. 의사 결정자가 컬래버레이션을 이끌어낼 수 있다면 고용문제를 해결할 수 있는 방법이 있다고 생각한다.

임정민 현재의 상황에 대한 해법을 블루칼라와 화이트칼라 노동자로 나눠서 접근해선 안 된다. 기술자와 학자들 사이의 구분도 있어서는 안 된다. 우리는 모든 종류의 직업과 성과 연령대를 아우를 수 있는 보편적인 방법에 대해 토론해야 한다. 미국과 한국의 4차 산업혁명에 대한 인식의 차이는 무엇이라고 보는가. 내가 개인적으로 가장 큰 차이라고 생각하는 것은 미국은 실리콘밸리 100년의 역사를 갖고 있다는 점이다. 그들은 반도체 혁명을 비롯해 여러 차례에 걸쳐 그 같은 변화와 패러다임 전환을 수차례 겪어왔다. 하지만 한국은 그런 경험이 없다. 우리는 4차 산업혁명도 제품과 기술로만 인식한다. 다시 말해서 이는 사회적 문제이며 인류 전체의 문제다. 우리는 이번 혁명도 이런 관점에서 이해해야 한다. 오늘 토론회에도 패널 가운데 여성이 한 명도 없다. 남성 패널만으로 과연 제대로 된 토론이 이뤄질 수 있을까. 우리가 앞으로 3년 뒤 목표를 세운다면 이 패널의 절반은 여성 전문 가로 채우겠다는 것이 돼야 한다.

2030년의 사랑과 이별

새로운 기술이 끊임없이 등장하고 있다. 기술은 우리의 존재 방식을 바꾸며 생활 속으로 스며들고 있다. 4차 산업혁명의 기술이 어떤 형태로 실제 우리 생활 속에 나타나게 될까? 2030년 한국에 사는 29세 가상 여성 '진Jin'의 일상을 통해 생활 속에 구현될 가능성이 있는 기술을 알아봤다.

과거의 기술이 그랬던 것처럼 기술은 우리 삶의 방식을 구성하는데 중요한 역할을 할 것이다. 하지만 2018년과는 분명 다른 방식일 것이다. 각 기술이 어떻게 구현되고 어떤 의미를 갖게 될지 미래창조과학부, 한국전자통신연구원, 지능정보기술연구원의 감수를 받아 가상의 스토리로 구성해봤다.

오작동이 가져다준 사랑

'지난밤의 꿈이 생각나지 않았다. 분명 멋진 주말을 열어줄 행복한 꿈이었는데……'

진은 일어나 '제이J'를 불렀다. 제이는 진의 지능형 비서Personal intelligent assistant[1]로 가상모바일Virtual computing system[2]에 탑재되어 있다.

---

1 인공지능으로 구동되는 컴퓨터 프로그램. 현재는 음성을 인식해서 사용자의 지시를 수행하는 유형이 가장 널리 쓰인다. 애플의 시리, 아마존의 알렉사, 마이크로소프트의 코타나 등이 대표적이다. 현재는 음성 인식 기반의 지능형 가상 비서가 할 수 있는 일은 전화 걸기, 알람 설정, 계산 등에 불과하다. 하지만 미래의 가상비서는 사용자의 감정과 몸 상태를 목소리 톤과 신체에 부착된 센서를 통해 파악하고 그에 따른 조언을 해줄 수 있을 것이라고 전문가들은 내다보고 있다. MIT의 한 리서치 팀은 대화 중 목소리의 톤과 신체 반응을 통해 대화 분위기를 예상하는 인공지능 시스템을 2017년 2월에 개발했다. 과학기술정보통신부는 2,000명 이상의 전문가를 대상으로 실시한 델파이 조사(반복 설문을 통해 결론을 이끌어내는 조사)를 통해 인지컴퓨팅 기술이 대중적으로 상용화되는 시점을 미국은 2024년, 한국은 2027년으로 전망했다.

2 미래의 모바일 커뮤니케이션에서 하드웨어의 비중이 줄어들 것이다. 대신 웨어러블 기기나 하드웨어가 필요 없는 가상의 홀로그램 디스플레이가 스마트폰을 대체할 수 있다. 스마트폰 같은 기기를 사용하지 않고 커뮤니케이션을 할 수 있다면 스마트폰 관리, 유지 부담을 덜 수 있다. 마이크로소프트는 2015년에 홀로그램 디스플레이를 이용한 컴퓨팅 기술을 선보였다. 한국전자통신연구원은 테이블 위에 놓을 수 있는 형태의 홀로그래픽 디스플레이 기술을 발표했다. 모든 방향에서 3차원 홀로그램을 볼 수 있게 하는 기술이다.

"드림 리더Dream reader[3]를 켜줘, 제이."

드림 리더는 제이의 뇌-컴퓨터 인터페이스Brain-computer interface[4] 기능이다.

3D 홀로그램 화면이 진의 눈앞에 나타났다. 진의 뇌파를 해석해서 꿈속의 장면을 소리와 함께 보여줄 것이다.

'브레인 커넥트'는 1세대 '뇌-컴퓨터 인터페이스'다. 머릿속에 있는 이미지와 기억, 소리를 클라우드에 저장한다. 아직 출시 초기라 가격은 비싸다.

진의 눈앞에 나타난 여자는 진 자신이었다. 그리고 로봇 고양이와 개에 둘러싸인 한 남자가 있었다. 진과 하준이 반려로봇 동호회에서 처음으로 만난 날에 대한 꿈이었다.

꿈은 그날의 기억으로 이어졌다. 뇌-컴퓨터 시스템은 그날의 기억을 생생하게 저장하고 있었다.

---

3 뇌파를 이용해 꿈을 재생하려는 노력은 오랫동안 있었다. 하지만 주목할 만한 성과는 최근에서야 이뤄졌다. 미국 위스콘신대 연구팀은 우리가 꿈꿀 때 뇌에서 활성화되는 부분을 발견했다. 일본의 과학자들은 MRI 검사를 이용해 실험 참가자들의 꿈을 시각화하는 데 성공했다. 하지만 그 정확도는 60퍼센트 정도였다. 꿈에 나타났던 소리나 꿈속에서 느꼈던 감정을 현실에서 다시 구현하는 것은 현재로선 불가능하다.

4 뇌-컴퓨터 인터페이스는 뇌의 신호와 그 신호를 명령 형태로 바꾸는 컴퓨터로 이루어져 있다. 일론 머스크나 마크 저커버그 같은 이들은 뇌-컴퓨터 인터페이스가 모바일 커뮤니케이션의 미래가 될 것이라고 예상한다. 페이스북 CEO 저커버그는 최근 F8 개발자 컨퍼런스에서 비침습성 센서를 이용해 뇌의 신호를 파악할 수 있는 기술을 연구하고 있다고 밝혔다. 테슬라 CEO 일론 머스크 또한 최근 '뉴럴 링크'라는 뇌-컴퓨터 인터페이스 스타트업을 설립했다. 그는 액체 상태의 전자그물망(뉴럴 레이스)을 이용해 뇌와 컴퓨터를 연결하겠다는 목표를 밝혔다. 과학기술정보통신부는 뇌-컴퓨터 인터페이스 기술이 상용화되는 시점을 미국은 2025년, 한국은 2032년으로 예상했다. 일론 머스크 역시 8~10년 안에 뇌-컴퓨터 인터페이스가 가능해질 것이라고 내다봤다.

진은 반려로봇Robotic pets[5] '요니'를 돌아가신 할머니로에게 물려받았다. 요니는 할머니의 다른 유품들과 함께 상자에 들어 있었다. 하지만 힘없이 몸을 구부린 채 엎드려 있던 털복숭이 강아지를 본 진은 마음이 아팠다. 진은 요니를 자신의 반려로봇으로 삼았다.

하지만 요니는 진을 그다지 좋아하지 않았다. 요니는 진에게 자주 으르렁거렸다. 원래의 요니는 꼬리를 크게 흔들고 할머니가 원하는 일

---

[5] 반려로봇 또는 간병로봇은 사람을 즐겁게 하거나 도와주는 일을 위해 만들어진 기계를 말한다. 반려로봇이 출시된 지 수 년이 지났지만 아직까지 주된 기능은 작은 물건을 옮기는 것, 춤추기, 쓰다듬기에 반응하기 등에 불과하다. 반려로봇이 조금 더 대중화되려면 반려로봇이 이용자의 상황을 파악하고 생물학적 정보를 이해할 수 있도록 해서 노인들을 잠재적인 위험으로부터 보호할 수 있어야 한다고 말한다. 기술업계는 로봇의 기능을 향상시키려 노력하고 있다. 예를 들어, IBM은 이용자의 움직임, 냄새, 소리의 변화를 감지할 수 있는 센서를 개발해 애완로봇에게 부착하려 한다. 반려로봇이 주변 상황을 더 잘 파악할 수 있게 하려는 것이다. MERA는 IBM이 만든 로봇인데 사람이 넘어지거나 불이 켜져 있는 상황 등을 감지할 수 있다.

이라면 뭐든 즐겁게 하는 반려로봇이었다. 반려로봇들은 빨래를 널기도 하고, 가까운 슈퍼마켓에 가서 유통기한이 지난 음식을 바꿔오는 등 주인을 위해 많은 일을 한다.

동호회에 갔던 첫날 요니는 또다시 진에게 으르렁거리기 시작했다.

"친구나 지인한테서 입양한 거 같은데요."

그런 요니와 진을 보면서 하준이 말했다.

"프로그램을 수정해서 새 주인이 당신이란 걸 알려주는 게 좋을 것 같아요."

하준은 진에게 애완견 로봇은 이름을 불러주고 쓰다듬어 주고 웃어주면 충성도가 높아진다고 조언했다. 반려로봇은 살아 있는 동물보다 훨씬 빨리 배운다고도 했다.

요니 같은 반려로봇 동물들은 원래 혼자 사는 노인들을 위한 제품이었지만, 젊은 독신자들 사이에서도 인기다. 반려로봇 주인들은 정기적인 모임을 열곤 하는데, 다른 반려로봇들과의 교류가 늘어날수록 주인에 대한 소속감 지수가 높아지기 때문이다. 소속감 지수가 높아질수록 반려로봇 동물이 할 수 있는 것들이 많아지고 주인에 대한 애정과 애교도 늘어난다.

진은 동호회 모임에 정기적으로 참석하기 시작했다. 진짜 이유는 하준이 거기 있다는 것이었지만…….

두 번째 모임에 참석한 진이 요니와 놀고 있을 때, 하준이 진에게 다가왔다. 진은 아무렇지도 않은 척, 하준이 다가오는 걸 모르는 척하려고 애쓰는 중이었다.

"진, 심장 박동 수가 1분에 100회를 초과했어요."

제이는 진의 뇌파와 피부에 있는 바이오칩Bio chip[6]으로부터 데이터를 수집해서 신체 기능을 분석한다. 건강에 관심이 많은 진은 제이가 미미한 신체적 이상 신호까지도 알려주도록 설정해뒀었다.

"뇌 화학물질이 모두 정상치를 초과했어요. 도파미, 옥시토닌, 아드레날린, 바소프레신…."

"쉿!"

진은 빨개진 얼굴로 중얼거렸다.

"말로 하지 말고 문자로 보내라고 세팅해뒀잖아."

"그 옵션은 작년에 새로 나왔어요. 하지만 가끔 에러가 나죠. 당신 괜찮은 건가요?"

하준이 웃으며 말했다.

그들은 그날 이후로 더 많은 시간을 함께 보낸다. 그들은 둘 다 교외 스타트업 클러스터인 경기도 판교에 살았다.

기술이 사랑을 깨뜨리다

6개월 후, 진과 하준의 사랑은 더 깊어졌다. 하지만 두 사람은 달랐다. 진은 하준의 모든 것을 알고 싶어 했다. 하지만 하준은 자신의 프라이버시를 중시했다.

---

6 바이오칩은 극소형 칩에 RFID(전파정보인식) 형태로 정보를 이식해 인간의 피부에 이식하는 기술이다. 지금까지 바이오칩은 주로 인증이나 위치추적에 이용됐다. 하지만 사생활 침해와 해킹에 대한 우려는 바이오칩의 확산을 저해할 수 있다.

진은 불평하곤 했다.

"왜 당신에겐 그렇게 비밀이 많죠? 나는 당신이 가끔 멀게만 느껴져요."

두 사람은 주요 개인정보를 컴퓨팅 시스템을 통해 공유했다. 건강 상태, 위치, 일정, 좋아하는 음식이나 영화, 음악까지⋯⋯. 이 실시간 데이터 공유 시스템의 주요 사용자들은 어린 아이의 부모들이다. 하지만 가끔은 사랑에 빠진 연인들도 이 시스템을 사용했다.

처음엔 하준도 이 시스템이 편리하게 느껴졌다. 클라우드에 저장된 정보와 그날그날의 날씨를 고려해 데이트 계획을 대신 짜주는 것이 좋았다.

어느 토요일, 그날은 진과 하준이 데이트를 하기로 한 날이었다. 하지만 하준은 중요한 야구경기가 열리는 날이라는 걸 나중에 깨달았다. 열성적인 야구팬으로서 놓칠 수 없는 중요한 경기였다.

진과 만나기 시작하면서 하준은 경기장에서의 라이브 관람을 중단한 상태였다. 대신 그는 VRVirtual reality technology[7]로 경기를 시청했다. 최근에는 3D 홀로그램을 이용해 베이브 루스 같은 전설적인 선수들과 만나 대화를 나누기도 했다.

하지만 어떤 첨단 기술도 실제 경기장의 열기를 온전히 재현하지는 못했다. 관중들의 열기와 함성, 경기장에서만 느낄 수 있는 열광적인 분위기, 그리고 경기장에서 파는 음식과 맥주의 맛⋯⋯. 하준은 그날의 데이트를 취소하고 싶었지만 진이 상처받을까 걱정이 됐다. 대신 그는 선의의 거짓말을 하기로 결심했다.

"나 오늘 몸이 안 좋아. 열도 약간 있고. 우리 오늘 데이트를 다른 날로 연기할 수 있을까." 하준은 진에게 뇌-컴퓨터 인터페이스를 통해 메시지를 보냈다. 진은 그 질문에 답하기 전, 하준의 건강 상태를 체크했다.

"제이, 하준의 건강 상태 데이터를 보여줘."

비주얼 그래프는 체온과 심장 박동, 혈압, 혈중 산소농도 등 10가지 지표를 보여줬다. 10가지 지표 모두 정상이었다.

"왜 거짓말을 하는 거야. 시스템은 네 상태가 정상이라는데. 평소보

---

[7] 사람이 몰입할 수 있는 가상의 시뮬레이션 환경을 만드는 기술이다. 이 기술은 주로 게임이나 엔터테인먼트 분야에 쓰인다. 예를 들어, 미국 NBA에서는 매주 가상현실 기반의 경기를 선보이고 있는데 경기를 보기 위해서는 삼성 기어가 필요하다. 정보통신과학기술부는 가상현실 기술이 미국에서는 2020년, 한국에서는 2024년에 확산될 것으로 예측했다.

에필로그

다 전혀 나쁘지 않은데." 진의 목소리는 날카로웠다.

"미안해. 하지만 내 사생활을 존중해줄 수는 없는 거야?"

그 일이 있은 후, 사소한 이유로 인한 말다툼이 큰 싸움으로 번지는 일이 잦아졌다. 제이는 진에게 현재 둘의 대화 패턴에 관한 빅데이터를 분석한 결과, 둘 사이에 커다란 다툼이나 이별이 예상된다고 조언AI consultation[8]하기도 했다. 하지만 그런 이야기는 진에게 자신이 하준을 얼마나 사랑하는지를 새삼 깨닫게 해줄 뿐이었다.

진이 하진에게 새로 시작하자고 말해야겠다고 생각한 날이었다. 하지만 그날 하준은 진에게 말했다.

"우리 여기서 끝내는 게 나을 것 같아. 너도 할 만큼 했어. 나만큼 말이야."

진은 터벅터벅 집으로 걸어왔다. 집에 도착하니 요니가 재롱을 떨며 진을 맞았다. 이별의 아픔과 뒤늦은 후회가 밀려왔다.

네오 러다이트 운동 : 기술을 반대하다

귀청을 뚫을 듯 날카로운 목소리가 울려퍼졌다. 제이는 평소의 부드럽고 깊은 목소리가 아니었다. 진을 깨우려는 세 번째 시도였던 것이다.

진이 눈을 뜨자, 홀로그램 영상이 진에게 날씨와 오늘의 주요 뉴스, 추천 아침 식사 메뉴를 보여줬다. 아침 식사는 최근 진의 신체 기능과

---

8 인공지능의 응용 분야는 우리가 상상하는 것보다 넓을 것이다. 연애 상담까지도 가능하다. 미국 서던 캘리포니아대 연구팀은 최근 기계학습 알고리즘을 통해 체온, 신체 활동에 대한 정보를 분석해 미래의 대인관계를 예측하는 연구를 진행했다. 예측의 정확도는 79.3퍼센트였다.

영상 상태를 분석한 결과에 따른 메뉴였다.

"주요 핵심 영양소가 부족합니다. 에너지를 낼 수 있는 칼로리가 섭취되지 않았습니다. 부족한 영양소와 불충분한 칼로리 섭취는 피로와 두통을 유발할 수 있습니다" 진은 말했다.

진은 하준과 이별한 후 끼니를 거르는 일이 잦았다. 에너지가 떨어졌다고 느끼며 이제는 정신 차려야겠다는 생각을 했다.

"채소와 통곡물과 건강에 도움이 되는 오일을 추천합니다. 5분이면 충분해요"

제이가 말했다.

진은 버튼을 눌렀다. 그러자 인터넷 통합 스마트 키친Internet-enabled smart kitchen appliances⁹ 주방기구들이 식사를 준비하기 시작했다. 필요한 식재료를 모아 채를 썰었다.

진이 집에서 출발하려 할 때 제이가 말했다.

"저녁 때 비가 올 것으로 예상됩니다. 우산 챙기세요."

현관에 설치된, 우산이 들어 있는 서랍이 자동으로 열렸다. 진은 그중 노란색 우산을 집어들었다.

햇살 가득한 화창한 날씨였다. 하지만 진에게는 날씨를 감상할 여유가 없었다. 진은 브레인 인터페이스에 그 광경을 캡처해서 컴퓨팅 시스템에 저장해두라고 명령했다.

---

9 스마트 키친은 스마트홈과 홈 IoT 시장에서 중요한 비중을 차지하고 있다. 삼성전자 같은 IT 대기업은 레시피를 따라 요리할 수 있는 로봇요리사를 선보이며 이 분야에 뛰어들고 있다. '몰리 로보틱스'가 개발한 로봇셰프는 실제 유명 요리사의 팔 움직임을 모방해 스토브, 오븐, 싱크대가 설치된 주방에서 음식을 만든다.

진은 자율주행 세단Self-driving vehicles[10]에 뛰어올랐다. 그가 지난밤에 카셰어링 디지털 플랫폼Car sharing digital platform[11]을 통해 예약했던 차다. 컨버터블 스포츠카를 포함해 몇 개의 모델을 선택할 수 있었다. 카셰어링 플랫폼은 차종을 정하기 전에 가장 빠른 길, 가장 풍경이 좋은 길 같은 옵션을 먼저 제안했다.

판교 테크노밸리 인근에 있는 회사로 가는 길에 수백 명의 사람이 빨간 글씨가 적힌 피켓을 들고 거리에 서 있었다.

진의 눈에는 그 팻말에 뭐라고 써 있는지 잘 보이지 않았다. 그는 자동차의 창문을 가볍게 두드렸다. 그러자 오락, 지도, 카메라 기능 등을 제공하는 디스플레이가 눈앞에 나타났다. 진은 시위대 사진을 선택해 피켓에 뭐라고 써 있는지 확인해봤다.

팻말에는 '네오 러다이트 운동'을 연상시키는 슬로건이 적혀 있었다. 슬로건의 내용은 "인간을 위한 일자리가 없다", "기술이 노동자의 생계를 위협하나", "기술 발전은 인류의 진보가 아니다" 등의 문구가 써 있었다.

"무슨 일이야, 제이?" 진이 물었다.

---

10 무인자동차, 즉 자율주행자동차는 인간의 조작이 없어도 도로를 누빌 수 있다. 메르세데스 벤츠나 BMW, 테슬라 같은 자동차 회사는 부분적으로 자동화된 모델을 출시했다. 과학기술정통부에서는 자율주행자동차 기술이 미국에선 2023년, 한국에서는 2028년에 대중화될 것으로 내다봤다. 하지만 정부 규제와 보험과 관련된 문제들이 이런 기술을 수용하는 시기와 정도에 영향을 줄 것이다.

11 공유경제 개념의 확산으로 카셰어링 서비스는 자율주행자동차와 함께 미래 이동수단에 중요한 축을 형성할 것이다. 플랫폼은 주로 스마트폰 애플리케이션 형태로 제공된다. 멤버십 회원들은 애플리케이션을 통해 차를 예약하고 인근에 지정된 곳에서 차를 이용할 수 있다. 대표적인 기업으로는 해외엔 집카Zipcar, 릴레이라이즈RelayRides, 겟어라운드Getaround가 있고 한국에는 '쏘카'가 있다.

"급격한 기술 발전에 대항하는 전국적 반대 운동입니다." 제이가 설명하기 시작했다. "시위대는 대부분 중장년층입니다. 그들 중 다수는 제조, 미디어, 교육, 디자인 분야에서 자동화와 로봇 때문에 직업을 잃은 사람들입니다. 정부는 새로운 기술이 새로운 직업을 창조하고 있으며, 그들을 재정적으로 지원하겠다며 설득하고 있습니다. 하지만 시위대들은 그런 새 직업은 자신들이 속하지 않은 정보기술산업 중심으로 이뤄지고 있으며, 재정 지원은 기술 발전에 따른 대규모 실업문제를 해결할 수 없다고 주장하고 있습니다. 게다가……."

"알았어. 충분해, 제이."

진은 제이의 설명을 중단시켰다.

"진. 해외 바이어가 메시지를 보냈습니다."

스페인에 있는 바이어가 메시지를 보낸 것이었다. 색상이 변하는 실Color-changing threads[12]로 만든 면사 샘플을 받았으며 색조를 약간 조정해달라고 요청하는 내용이었다.

진은 브레인 커넥티드 시스템을 통해 바이어에게 답장을 보냈다. 브레인 커넥티드 시스템을 이용하면 한국어를 스페인어로 즉각 변환할 수 있다.

진이 스페인으로부터의 답변을 기다리는 동안 자동차가 사무실에 도착했다. '컬러 메이커'라는 이름의 이 회사는 판교에 직물 생산 본부가 위치해 있다. 이곳에서는 소비자들이 선호하는 실을 사용해서 각각이 원하는 향과 기능을 담은 직물을 만들어낸다. 몇 십 년 전에는 서울 도심에 위치한 동대문이 한국 방직 산업의 중심이었지만, 이제는 판교가 기술 중심 직물 의류 생산의 중심으로 떠올랐다.

전기 엔지니어링을 전공한 진은 이 회사에서 엔지니어겸 디자이너로 일하고 있다. 그의 현재 직무는 봄을 주제로 한 실을 만드는 것이다. 그는 파스텔톤의 핑크, 우윳빛 바이올렛, 그리고 민트색을 합친 색상이 이 계절에 가장 어울릴 것으로 생각하고 있다.

우선 할 일은 3D 프린터3-D printers[13]가 있는 공장으로 실의 디테일을 보내는 것이다. 동시에 그런 색깔의 실로 만든 린넨 직물을 만들어줄 공장과 향수 디자이너를 찾아야 한다.

---

12 'Ebb'이라는 기술을 활용하면 전류 자극을 이용해 실의 색깔을 바꿀 수 있다. 이 기술은 구글과 미국 버클리대학교에서 공동으로 개발됐다. 언젠가 이 기술이 우리가 일하러 가는 도중에 셔츠 색깔을 바꿀 수 있도록 해줄 것이다.

오후 4시가 되자 그날의 업무는 끝이 났다. 진은 집으로 떠날 채비를 했다.

죽은 할머니를 만나다

제이가 예상했던 대로, 부드러운 봄비가 진의 창문을 두드렸다. 봄비는 할머니를 떠올리게 한다. 직장 때문에 판교로 이사하면서 진은 서울에 살 때만큼 할머니를 자주 보기는 힘들 거라고 생각했다. 그래서 진은 '리:마인드'라는 스튜디오에 할머니를 모시고 갔었다.

두 사람은 사진과 비디오를 찍었다. 할머니 3차원 아바타[15]를 만들기 위해서였다.

유전체 검사Genetic test[14]는 할머니가 110세까지 살 거라고 했지만 할머니는 93세를 막 지난 2년 전에 돌아가셨다. 사고를 당한 자율주행차가 사람들이 많이 모인 곳을 피하려다 할머니를 친 것이었다. 반려로봇 요니가 사고 직후 119와 가족들에게 연락을 했지만 할머니의 생명을 구하진 못했다. 그날 봄비가 내렸다.

---

13 3D 프린팅은 다양한 재료를 이용해서 3차원 물체를 만드는 데 사용되는 공정을 말한다. 이 기술의 핵심은 재료가 여러 층을 형성하는 적층공정 방식이다. 3D 프린팅의 발전과 보급이 확산되면 일반 가정에서도 제조가 가능해진다. 미래부는 3D 프린팅 기술이 대중화되는 때를 미국은 2021년, 한국은 2024년이라고 본다. 기술 전문가들은 더 나아가 4D 프린팅에 대해 말하고 있다. 4D 프린팅 기술은 3D 프린팅 기술에 시간의 흐름에 따라 물체의 속성이 바뀌는 기술이 더해진 것이다.

14 혈액, 머리카락 또는 피부 샘플로 의심스러운 유전자 상태를 확인하거나 배제하기 위해 이뤄지는 경우가 많다. 이 검사는 한 사람이 유전병을 얻을 확률에 대해서도 알려준다. '일루미나' 같은 DNA 염기 서열 분석 회사들은 보다 많은 사람이 DNA 테스트를 활용할 수 있도록 해야 한다고 주장한다. 한국에서는 제한적인 유전체 검사만 허가된다. 이 때문에 관련 산업의 발전이 저해되고 있다는 지적이 나온다.

에필로그

진은 아바타 프로그램Avatar program[15]을 작동시켰다. 그러자 할머니가 진의 앞에 나타났다. 구부정한 허리와 눈을 깜빡이는 버릇은 4월 봄비 내리던 그날의 모습 그대로였다.

"진, 누구나 살면서 실망하게 마련이란다" 할머니는 부드러운 목소리로 말했다. "그런 시련이 너를 더 성숙하게 만들지, 나중에야 알게 되겠지만 말이다."

15 영화에 쓰이는 3D 아바타 기술, 음성 동기화 기술, 증강현실 기술, 인공지능 등을 종합해 죽은 사람을 다시 구현하는 연구가 진행 중이다. 서던캘리포니아대학교 연구팀은 실제 사람과 같은 3차원 그래픽을 만드는 데 집중하고 있다. 2013년에는 디지털 카메라를 통해 인간의 얼굴을 스캔하고 실시간으로 재구성하는 기술을 선보였다. 2014년에는 오토멀티스코픽 디스플레이라는 시스템을 통해 실물 크기의 인간을 만들어내는 시스템을 발표했다. 딥러닝 알고리즘을 통해 사람들이 웃을 때의 움직임을 분석하면 더 정교하게 사람의 표정이 구현될 것이다.

진은 "터치" 버튼Haptic Technology[16]을 눌렀다. 거칠고 주름진 할머니의 손을 잡아보고 싶었다.

진이 할머니에 대한 기억에 빠져 있을 때, 제이가 끼어들었다.

"잠자리에 들기 전 전자파에 노출되면 수면의 질이 떨어집니다."

진은 눈을 감았다. 그리고 스위치를 눌러 제이를 중단시켰다. 할머니와의 추억을 되새기고 싶었다.

"저를 너무 오랫동안 혼자 두지는 마세요." 제이가 진에게 애원했다. 진은 제이 작동중지 모드를 내일 아침까지만으로 설정했다.

---

16 다양한 촉감을 구현하는 것은 어려운 일이다. 하지만 많은 발전이 최근 들어 이뤄지고 있다. 미국 시카고에 위치한 '탠바스'라는 회사는 터치스크린에서 사물의 질감을 손가락으로 느낄 수 있게 해주는 표면 햅틱 기술을 선보였다.

경험 가능한 미래

4차 산업혁명 2018

초판 1쇄 인쇄 2018년 1월 10일
초판 1쇄 발행 2018년 1월 15일

지은이 박혜민, 서지은 외

펴낸이 김문식 최민석
기획편집 강전훈 이수민
디자인 엄혜리
일러스트 배민호
사진 박상문
제작 제이오
펴낸곳 (주)해피북스투유
출판등록 2016년 12월 12일 제2016-000343호
주소 서울시 마포구 성지1길 32-36 (합정동)
전화 02)336-1203
팩스 02)336-1209

ⓒ 박혜민, 서지은 외, 2018
ISBN 979-11-88200-30-6 03320